华中农业大学公共管理学院学科建设经费资助

公共政策与社会治理论丛

研究生全面收费的政策分析：目标、限度与改进

杨秀芹/著

科 学 出 版 社

北 京

内 容 简 介

本书围绕我国研究生教育进入全面收费阶段政策标志，分析了全面收费政策对研究生学习动机、学习策略、学业成就的影响；分析了全面收费政策的实施现状及面临的问题，对全面收费政策的实施进行在学科、性别、研究生类别等特征变量上的差异分析；基于政策限度的视角分析了政策在实施过程中的阻力和障碍的来源，希望研究能够为构建科学的研究生全面收费政策体系提供可参考的依据，并在政策执行过程中采取必要的措施去规避非预期结果，提高政策的有效达成度。

本书适用于高等学校和科研机构中从事教育科学研究和政策分析的研究人员、教师和学生，政府部门分管教育、财政和发展改革的行政人员，在职学习人员以及其他对于教育研究、政策分析等问题感兴趣的群体。

图书在版编目（CIP）数据

研究生全面收费的政策分析：目标、限度与改进 / 杨秀芹著. —北京：科学出版社，2020.4

（公共政策与社会治理论丛）

ISBN 978-7-03-058552-3

Ⅰ. ①研… Ⅱ. ①杨… Ⅲ. ①研究生教育-收费制度-政策分析-中国 Ⅳ. ①G643

中国版本图书馆 CIP 数据核字（2018）第 187614 号

责任编辑：邓　娴 / 责任校对：王丹妮
责任印制：张　伟 / 封面设计：无极书装

科 学 出 版 社 出版
北京东黄城根北街 16 号
邮政编码：100717
http://www.sciencep.com

北京虎彩文化传播有限公司 印刷
科学出版社发行　各地新华书店经销
*

2020 年 4 月第 一 版　开本：720×1000 B5
2020 年 4 月第一次印刷　印张：13 1/2
字数：269000
定价：120.00 元
（如有印装质量问题，我社负责调换）

作 者 简 介

　　杨秀芹，山东昌邑人，现为华中农业大学公共管理学院副教授、博士、博士生导师，中国教育科学研究院博士后，先后赴 Texas Tech University、Illinois State University 访学，主要研究方向为教育政策分析及教育经济理论。现已出版专著 1 部，参编 2 部，发表论文 50 余篇，其中在《教育研究》《高等教育研究》等 CSSCI 来源期刊发表 30 余篇，多篇论文被《新华文摘》及人大复印报刊资料转载。共主持国家自然科学基金项目 2 项，省部级项目 7 项，兼任国家自然科学基金同行评议专家、教育部学位与研究生教育发展中心通讯评议专家、中国教育学会教育管理分会专家委员。

"公共政策与社会治理论丛"总序

公共管理学科是管理学、经济学、政治学、法学和社会学等相关学科交叉而形成的一门应用型学科。自从 20 世纪 20 年代引进我国以后，特别是中华人民共和国成立、改革开放以来，公共管理理论与方法得到了长足的发展。国家治理体系，社会组织与社会治理能力，国家发展与国际竞争战略，能源、资源、环境与可持续发展战略，人口、卫生与社会保障，公共安全与危机管理，创新体系与公共政策成为国际公共管理学科普遍关注的重大课题。随着我国经济社会转型，政府法制化建设、政府职能转变、公共部门和非营利组织的发展，公共管理理论与方法研究已经在国家体制机制改革、政府和社会治理能力建设、改善民生中发挥着越来越重要的作用。

华中农业大学公共管理学科有近 60 年的历史。1961 年创办了全国第二个公共管理本科专业（土地资源管理）；1987 年获得全国第一个公共管理类硕士点（土地资源管理）；1996 年获得全国农业院校第一个教育经济与管理硕士点；2003 年获得全国第三批土地资源管理博士点；2005 年获得公共管理一级硕士点；2012 年获得公共管理博士后流动站；2015 年开始招收行政管理专业本科生。2018 年获得公共管理一级博士点。经过近 60 年几代华农公共管理人的不懈努力，华中农业大学已经成为中国公共管理本科、硕士、博士和博士后教育体系齐全的人才培养重要基地。

华中农业大学 1960 年建立土地规划系；1996 年成立土地管理学院；2013 年土地管理学院从经济管理学院独立出来与高等教育研究所组成公共管理学院。经过近 60 年的研究积累，已经形成了行政管理与乡村治理、公共政策与社会服务、土地资源管理和教育经济管理四个稳定的研究方向。近年来主持教育部哲学社会科学重大课题攻关项目 1 项，国家自然科学基金项目 36 项，国家社会科学基金项目 21 项，教育部人文社会科学基金、博士点基金项目 20 项，中国博士后科学基金项目 15 项。

华中农业大学公共管理学科在兄弟院校同行的大力支持下，经过学科前辈的艰苦奋斗，现在已经成为中国有影响力的、重要的人才培养、社会服务、科学研究基地。《县级政府基本公共服务质量管理体系研究》《新型城镇化进程中的县域合作治理研究》《典型治理——基于联系点制度运作的分析》《基于信任的网络社区口碑信息传播模式及其演化研究》《农村综合信息服务：供求分析、模式设计与制度安排》《研究生全面收费的政策分析：目标、限度与改进》《城市垃圾治理中的公众参与研究》《房地产市场与股票市场的关联性研究——基于政府治理的视角》《城市弱势群体住房保障制度研究》等为华中农业大学公共管理学科教师承担的国家自然科学基金、国家社会科学基金和教育部人文社会科学基金项目的部分研究成果，其共同组成"公共政策与社会治理论丛"。

"公共政策与社会治理论丛"的出版，一来是对我们过去在四个研究方向所取得的研究成果的阶段性总结；二来是求教、答谢多年来关心、支持华中农业大学公共管理学科发展的领导、前辈、国内同行和广大读者。

张安录

2018 年 1 月 20 日

前　　言

　　2013 年，财政部、国家发展和改革委员会、教育部联合印发了《关于完善研究生教育投入机制的意见》。根据该意见，从 2014 年秋季学期开始，按照"新生新办法、老生老办法"的原则，向所有纳入全国研究生招生计划的新入学研究生收取学费[1]。这标志着我国研究生教育正式进入全面收费阶段。该政策从颁发到实行一直以来备受争议，各方政策利益相关者对其褒贬不一。全面收费政策实行至今已有近六年的时间，政策是否产生了预期效果还有待考察。因此，关注研究生全面收费政策的实施现状及其存在的限度和问题，对促进收费政策优化、提升研究生培养质量具有重要的意义。本书围绕研究生全面收费政策认可度、研究生学习动机、学习策略和学业成就四个维度展开调查，探寻全面收费政策的实施现状，并通过对比全面收费政策实施前后入学的研究生的学习动机、学习策略和学业成就来探讨全面收费政策是否有效，最后在政策限度分析的视角下对其进行描述、分析和总结，为后期全面收费政策的完善和发展提供理论和实践层面的指导。

　　第一，研究缘起，对研究生全面收费政策的背景、理论基础和已有文献进行全面梳理。在此基础上，对研究中所涉及的关键概念进行界定，如研究生全面收费政策、学业成就、政策限度等；对支撑研究的重要理论基础进行论述，如公共产品理论、人力资本理论、成本分担理论、学习动机理论、学习策略理论等；对国内外相关研究动态进行梳理，如收费政策的导向、影响及关系等。

　　第二，政策分析，对研究生全面收费政策的过程与实质追根溯源。从研究生全面收费政策变迁的视角全面梳理政策制定及实施的过程与实质。政策变迁是旧政策修改与新政策采纳的过程。研究生收费政策的变迁是根据事物自身发展的需要和外部环境的改变，为实现一定的目标对现有政策进行调整与创新以适应其不断发展的过程，研究生收费政策关乎大多数人的利益而被推向舆论的焦点，但还存在一些问题，如其发展过程如何？哪些因素影响着研究生收费政策变迁？发展的实质是什么？鉴于此，本书集中探讨研究生收费政策变迁的发展脉络、动力、主要特征与实质，以此进一步来了解研究生收费政策发展的状况，从而不断完善研究生收费政策。

第三，政策目标，引入关系模型分析研究生全面收费政策与学业成就的关系。本书对湖北、北京、浙江、广东与陕西等地代表性高校研究生的调研数据进行分析，从研究生全面收费政策满意度与政策有效性两个方面出发，探究研究生全面收费政策对研究生学业成就的影响，以及学习动机、学习策略的中介作用。通过三个模型的比较选择出最佳的模型进行验证与模型修正，最终模型验证结果表明：第一，研究生全面收费政策满意度对学业成就具有正向影响效应，表现为直接影响；第二，内在动机、学习策略在研究生全面收费政策与学业成就的关系上起中介作用，表现为间接影响；第三，间接影响作用大于直接影响作用，且学习策略间接作用大于内在动机间接作用。

第四，政策效用，进行研究生全面收费政策执行的差异性分析。对研究生全面收费政策实施的总体现状进行分析，并分别对全面收费政策进行有效性分析和差异性分析，发现收费政策实施前后入学的研究生在学习动机、学习策略和学业成就上的表现存在显著差异，且收费政策的认可度、研究生学习动机、学习策略和学业成就在性别、学科、研究生类别和家庭年收入上均呈现显著差异。

第五，政策限度，分析研究生全面收费政策的局限性与表达。通过对研究生全面收费政策进行客观分析，厘清政策在实施过程中的阻力和障碍的来源，如哪些来源于政策执行过程，哪些来源于政策的内生性限度。分析研究生全面收费政策的限度不是消极意义上的否定，而是对政策有恰当的判断和心理预期，一方面理解研究生培养机制改革的多样性与复杂性；另一方面理解政策问题也是政策限度的一种表达，进而在政策执行过程中采取必要的措施去规避非预期结果，提高政策的有效达成度。

第六，政策改进，基于研究生全面收费政策现状及问题的分析提出政策的改进空间与路径。基于研究生全面收费政策的实施现状和对政策限度的分析，提出如下优化建议：政策调整遵循理性审视视角、政策变迁遵循"自下而上"的路径、政策保障遵循系统协调原则，并从收费标准确立、奖学金评定、"三助"岗位管理三个方面提出有助于完善研究生全面收费政策体系的可行措施，为构建科学的研究生全面收费政策体系提供可参考的依据。

任何国家，无论收取学费还是取消学费，都是一个漫长且复杂的过程，涉及众多的利益相关者，涉及资源配置的调整和权力结构配置的调整，研究生全面收费亦如此。本书一方面关注了收费政策产生的实际影响，讨论政策达到预期的程度和差异性，以及政策有效发挥的机制；另一方面也从政策限度的视角关注了政策在实施过程中存在的内生有限性，有助于对研究生全面收费政策有合理的预期和科学的改进措施。本书理论分析与实证研究相结合、定量分析与定性分析相融合，研究既有助于丰富高等教育成本分担理论的内涵，也能够从实践角度促进研究生收费政策的逐步完善。

目　　录

第一章 导　　论

《关于完善研究生教育投入机制的意见》对于完善研究生教育财政拨款制度、完善研究生奖助政策体系和建立健全研究生教育收费制度三方面内容做出了相关规定。对学校来说，国家财政拨款的增加和学费收入的增加拓宽了学校的收入来源，同时也会带来学校收入的增加；对学生来说，学生可以获得的奖补收入显著增加，奖补结构更加优化。因此，《关于完善研究生教育投入机制的意见》对我国研究生教育事业的发展具有重大意义，也受到了多方教育利益相关者的广泛关注。本书试着从完善收费政策入手，分析全面收费政策的实施起点与过程，以及在实施过程中对该政策的改进与完善。

第一节　研究的背景与意义

百年大计，教育为本。教育对国家的经济发展、科技进步都起到了至关重要的作用，而研究生教育作为最高层次的人才培养模式，更是在国家发展中发挥着不言而喻的作用。研究生人才培养机制的改革是促进社会发展的有力保障，作为改革中的重要环节，研究生全面收费政策是以满足社会需要，促进研究生教育公平为目的，推动高层次人才培养、社会可持续发展的重要手段。

一、研究背景

（一）完善研究生教育投入机制

研究生教育作为高等教育的最高层次，是积聚高层次人力资本的绿色通道。由于研究生规模增长速度与研究生培养单位经费投入力度的不匹配，同时已有政策的疲惫之态与新环境下研究生教育发展的活力之势的不协调，研究生培养质量堪忧，研究生教育改革举步维艰，因此研究生教育政策的改革创新已迫在眉睫。

1. 已有政策的内在缺陷

从 1978 年我国恢复研究生招生制度以来，研究生教育在 1981~1985 年实行的是单一国家财政模式，即研究生教育经费全部由政府承担。这种教育投入方式保证了社会各阶层公平享有受研究生教育的机会，最大限度地实现了国家培养高层次人才及促进社会公平竞争的目的，为国家培养了一批优秀的高层次人才，极大地促进了我国的经济发展和科技进步。但随着社会的发展和公众需求的增长，政府提供的受教育机会已不能满足社会大众日益增长的高等教育需求，并且这种培养模式是国家教育成本最大化和个人教育收益最大化的体现，不符合我国可持续发展的要求。

基于此，1985 年，国家教育委员会、国家计划委员会、财政部《关于高等学校招收委托培养硕士研究生教育的暂行规定》，明确提出招收委托培养硕士研究生的高校应向委托培养单位收取培养经费，拉开了从单一国家财政模式转变为"双轨制"的序幕。1993 年国家颁布《中国教育改革和发展纲要》，要求按照教育投入渠道的不同，将全日制研究生划分为国家计划内研究生和国家计划外研究生两大类。国家计划内研究生又被称为公费研究生，是指由国家按照研究生培养计划进行招收并提供培养经费的研究生，分为非定向培养和定向培养两类；国家计划外研究生又被称为自费研究生，培养经费由委托培养单位或学生本人提供，分为委托培养和自费培养两类。自此，研究生接受教育实行自费和免费并存模式，"双轨制"收费模式逐渐变得成熟，研究生收费政策也随之向财政投入多元化的方向演变。

"双轨制"的收费制度虽然在一定程度上缓解了政府投资教育的压力，但研究生自费或是公费接受教育的标准过于单一，不仅有违教育公平原则，也无法有效地调动研究生的积极性。而且由于制度效率与时间、环境的恒定性呈反向相关，某项教育制度的持续时间越长，其效率呈现递减趋势的概率就越高，再加上公众理性的变化和环境的变化都会影响制度效用的发挥，"双轨制"收费制度逐渐显露出其政策弊端。"投入总量较低，且来自预算拨款、学生资助和学费三方的经费供给标准较低"的"双轨制"收费模式已经不能适应个体的理性追求和环境变化[2]，制度效率"生命"曲线下滑，最终形成政府推动变革的原动力。基于此，研究生全面收费政策改革合乎内在逻辑，改革刻不容缓。

2. 外部环境的协同驱动

其一，我国研究生招生从 1951 年开始，当时招生仅仅 500 人，1981 年正式实行学位制度建设，1999 年实行大面积扩招，2009~2016 年研究生招生人数逐年增长（图 1-1）。2009 年全国研究生招生总规模为 47.50 万人，2016 年全国研究生招生总规模为 66.705 2 万人（表 1-1），8 年间研究生招生规模几乎增长了 40%。与此同时，高校学生选择继续深造的热情有增无减，报名人数平均以每年约 27%的速度爆发式递增。2018 年，全国硕士研究生报名人数再创新高，约为 238 万人。这也呼唤研究生教育转型，一方面要从传统的重视少部分人接受教育的学术型人才培养转变到重视大批人接受教育的应用型人才培养上，这是社会发展从粗放型发展转向集约型发展的必然趋势；另一方面研究生教育要兼顾公平原则与获益原则，逐渐完善研究生教育成本分担机制。

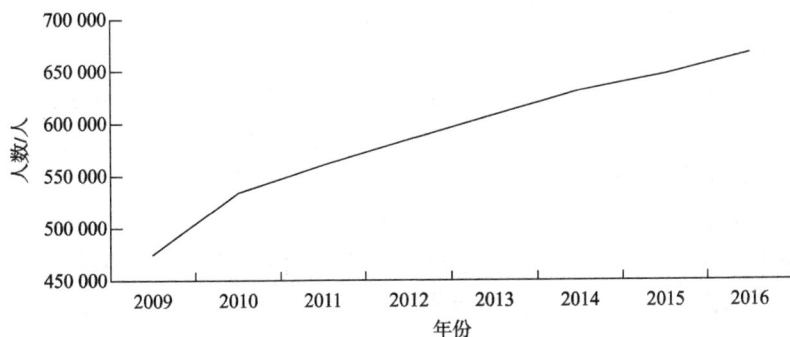

图 1-1　全日制研究生招生人数折线图

表 1-1　全日制研究生招生人数　　　　　　　　　　单位：人

年份	硕士研究生	博士研究生	总规模
2009	415 000	60 000	475 000
2010	472 000	62 000	534 000
2011	495 219	65 263	560 482
2012	517 200	67 216	584 416
2013	539 000	69 000	608 000
2014	560 000	71 020	631 020
2015	574 000	73 100	647 100
2016	589 800	77 252	667 052

资料来源：http://www.eol.cn/e_html/report/index.shtml

对比西方高等教育发展模式，西方中世纪大学在建立之初除了与政府关系比较薄弱，主要受教会力量的主导之外，另一个典型特征是大学的运行主要依靠学生的学费和捐赠来维系，这也使大学具有较高的自治权，成为大学主体化的萌芽。随着工业革命的到来，高等教育的经济价值逐渐显现，导致政府和高校都要付出努力，相互配合和支持，力求在高等教育规模增长和质量提高上寻求更大突破，高等教育的投资强度达到顶峰。特别是随着 20 世纪 60 年代人力资本理论的兴起，政府和民众都认识到接受高等教育不仅是一种消费，更认识到这是一项回报丰厚的投资。20 世纪 80 年代，随着高等教育规模的扩大，高等教育面临经费短缺的危机，其成本也开始从政府投资向多渠道、多元化的方向转变。在 20 世纪 90 年代，向学生或者家长收取学费成为美国高校办学经费的重要来源，在私立高校中占办学总经费的 50%，在公立高校中占办学总经费的 20%[3]，公立高校中，Ⅰ类研究型高校、具有博士授予权的高校以及具有硕士授予权的高校中学费分别占总经费的 17.4%、22.3%、26.5%[4]，可见研究生收取学费是必然选择。

其二，"双轨制"中自费和公费确定标准的公平性有待考量，公费研究生和自费研究生的差别性对待既不利于创新机制的建立，也不利于营造良好的校园氛围。公费名额成为众多学生争先恐后竞争的焦点，名额的确定也会导致教育寻租现象的发生。公费从权力层面上决定了可以免费接受研究生教育的名额。权力既包括学校的行政权力，也包括学术权力[5]。行政权力由学校行政管理人员行使，他们掌握名额分配权力；学术权力主要由教授行使，他们对研究生进行评价，以此为依据来确定谁可以获得公费指标。公费名额的出现为权力寻租效应提供了可能性，在很大程度上会造成权力的腐败。而学生们为了争取公费名额，可能通过主动寻租达到自己的目的，在这个过程中可能会产生行政和学术的双重腐败，不仅败坏了社会风气，阻碍了社会公平目标的实现，还会对学生个人的心理造成伤害，学生个人的人生观和价值观也会被误导，进而产生对研究生学费收费不公的负面认识，严重影响研究生的培养质量。

研究生经费投入方式的改变可以在一定程度上弥补上述问题：一方面，现有理论和国际通行做法支持了研究生应适度缴纳学费以缓解教育经费不足。另外，为了减轻学生与家长的经济承担，确保必要的办学质量，政府就要弥补逐年上涨的高等教育成本和经费需求，这就需要扩大教育经费投入力度[6]，因此研究生参与成本分担不但是应对研究生教育经费短缺的有效途径，而且有助于研究生教育资源的科学合理配置。另一方面，就目前而言，我国研究生教育的规模与西方发达国家相比还存在较大差距。目前在校研究生所占人口的比例尚不及 20 世纪 90 年代中后期美国的 1/15，英国的 1/14，法国的 1/13，日本的 1/3。这至少说明了一点：与发达国家相比，我国研究生教育依然十分落后，在高层次人才的培养和战略储备上依然处于劣势[7]，因此研究生扩大招生规模是一种增长性的补偿。但是，这个过程也对研究生培养质量带来了一定程度的影响。一项调查显示，有 56.9%的硕士研究生导师与 47.8%的博士研究生导师指出研究生教育质量形势严峻[8]。虽然从表面上来看是因为研究生教育规模的扩大而带来的质量下滑，但是研究发现，导致质量下滑的根本原因不在于研究生的规模，而是缺乏相应的教育资源的支撑[7]和研究生创新能力提升的不足[9]，而研究生创新能力提升不足的原因主要在于现有研究生培养机制上的严进宽出，以及激励制度的不完善，学生没有足够、可持续的动机来投入学习和科研工作，从而影响了研究生的培养质量。因此，对研究生实施全面收费政策不仅是研究生培养机制改革的重要环节，也能够充分调动研究生参加学术科研的积极性和主动性，提高其学业成就，进而改善研究生教育质量。

（二）完善研究生奖助政策体系

中华人民共和国成立之后，为了提高研究生的培养质量，我国研究生奖助政策体系经历了人民助学金阶段（1949~1992 年）、奖学金及"三助"并存阶段（1992~2000 年）、"奖、贷、助、补、减"多元化阶段（2000~2006 年）、绩效导向的改革阶段（2006~2013 年），虽然经过半个多世纪的调整，我国研究生教育已经初步建立了国家拨款、学校专项经费、院系培养经费、导师资助经费和社会捐赠等多元奖助政策框架，但是仍然有很多问题亟待解决，如研究生个人、家庭和社会投入相对不足，研究生资助导向不明确，资助缺乏评价标准等，这些都在一定程度上限制了研究生奖助政策体系的发展。

从国际比较的视角来看，我国研究生资助体系相较德国、日本、美国还有待进一步完善。国外已经逐步形成了相对完整的助学金、奖学金和学费减免政策体系，如美国，其研究生资助体系是一个多元化资助理念并存、多渠道资助经费来源并用、多种资助方案和方式并施的混合型资助体系。在这个体系中，美国国家战略实施对人才的需求、美国社会对公益慈善文化的广泛共识和美国人的六种核心价值观都得到了充分的体现[10]。因此，我国在研究生资助体系方面除了管理理念和模式的调整之外，最重要的是积极拓宽经费资助的渠道，构建起符合我国研究生教育实际的多元资助体系。美国高校为了激励学生更加积极主动地学习、培养他们的竞争意识和创新意识，除了缴纳学费已经成为共识之外，对研究生的资助更倾向于参与式的资助，联邦的研究生资助项目以贷款和勤工助学为主，高校的研究生资助中，助教和助研占了很大比重，这也反映出美国政府和高校资助体系的重点不是无偿发放，而是通过资助来调动学生的学习积极性。

由此反思我国现行的奖助政策，无论是资助来源、资助形式、奖学金类别还是金额设置，都有待完善，这在很大程度上影响了奖助学政策的激励作用和参与性。因此《关于完善研究生教育投入机制的意见》进一步明确了我国研究生奖助政策的基本定位：国家奖学金和学业奖学金注重奖励优秀研究生，以激励研究生勤奋学习、勇于创新、潜心科研、积极进取；国家助学金、国家助学贷款等注重教育公平，以资助研究生基本生活和学习费用，尤其是家庭经济困难的研究生；"三助"津贴注重酬劳，以调动学生参与科学研究、教学实践、管理工作的积极性和主动性。这为激励研究生积极进取，全身心投入学习与科研具有积极的意义。

（三）扩大高校研究生教育自主权

近几年来，转变政府职能，扩大高校办学自主权是我国研究生教育管理体制改革的重要议题。高校作为研究生教育的直接提供者，其办学质量将接受社会各界的监督。一方面，在"双轨制"阶段，政府配置成为研究生教育资源配置的主导形式，虽然政府配置可以全面掌控研究生教育的发展，但是产权的模糊混乱导致高校缺乏办学自主权，高校与学生在教育资源配置中处于不协调地位。与之相反的是美国的学费政策，早在 2002 年，华盛顿州就已经把学术性研究生、职业性研究生以及所有非本州学生的学费定价自主权交由高校自己做主[11]。另一方面，市场机制在高等教育资源配置中没有起到应有的调节作用，从而引致政策低效。全面收费政策可以减弱政府在资源配置中的主导地位，并在一定程度上引入市场机制和竞争机制，带来高校在获取资源途径、资源分配中的地位和角色的改变，相应地在其培养理念和培养模式方面都将带来显著变化。

与此同时，全面收费政策还能赋予高校相应的激励和约束机制，在原有"双轨制"收费模式下，严进宽出的培养政策让高校在调动研究生学习主动性和积极性上束手无策，平均主义的研究生指标分配原则很难让优势资源发挥应有的价值。研究生全面收费政策可以促使研究生培养单位改革研究生指标分配模式及调整机制，也在一定程度上调动了高校在创新和改革中的积极性。因此，研究生教育资源配置的不断改变，其目的是让高校逐步成为独立的法人，拥有更大的办学自主权，同时适度引入市场机制以激发研究生教育发展的活力，提高高校的办学能力与科研能力。

二、研究意义

我国研究生全面收费政策的施行，是伴随高等教育大众化进程推进的必然产物，对推进高等教育可持续发展具有重要的意义。本书重点关注研究生全面收费政策产生的实际影响，讨论政策达到的预期程度和差异性，以及政策的有效发挥机制。从理论上来看，有助于丰富公共产品理论、人力资本理论、教育公平理论和高等教育成本分担理论的内涵。从实践上来看，有助于对研究生全面收费政策进行全面客观的认知和评价，提高研究生收费政策的效度，促进研究生全面收费政策的逐步完善及其效用的发挥。

（一）理论意义

1. 有助于丰富公共产品理论的内涵

国外对高等教育的研究并没有严格地区分大学教育和研究生教育，而是笼统地认为高等教育属于准公共产品[12~14]。国内研究认为随着我国市场经济的迅速发展，研究生教育逐渐转变为准公共产品[15]或者应该被视为准公共产品[16, 17]，甚至有人认为研究生教育应该属于私人产品[18]。本书充分论证研究生教育属于准公共产品的主张，因为每年研究生招生人数存在上限，导致研究生教育具有消费上的竞争性和排他性，加之研究生教育更多的是带来个人收益率的增加，在一定程度上，接受研究生教育是来自社会各阶层的社会成员进行社会流动和社会分层的主要途径[19]。因此将研究生教育确定为准公共产品。本书进一步认为研究生教育首先会给社会带来正外部性，因而具有公共产品的属性，同时研究生教育具有较高的个人收益率，具有私人产品的属性。萨卡罗普洛斯在 1958~1978 年对 44 个国家和地区的教育收益率进行测算，他的基本结论之一是"教育的个人收益率超过社会收益率，尤其是在大学层次"[20]。根据萨卡罗普洛斯的结论，卢晓东认为研究生教育的社会收益率低于本科生的社会收益率，个人收益率高于社会收益率，应当是结论的合理外推[21]。因此，研究生教育属于更靠近私人产品的准公共产品，依据"谁受益、谁投资"的原则，研究生个人和家庭应当分担教育成本。本书研究发现，把研究生教育视为准公共产品可以在实践中得以验证。

2. 有助于丰富人力资本理论的内涵

美国著名的经济学家、诺贝尔奖获得者舒尔茨指出，高等教育能够给个人带来巨大的个人收益，个人是接受高等教育的最大受益者。随着经济的发展，人们逐渐认识到知识的重要性，不再把教育看作消费行为，而是看作一种投资行为。美国经济学家贝克尔也指出人力资本的投资对个人经济价值具有很强的促进作用。相较于基础教育，研究生教育是一种更高级的人力资本投资，它能为个人创造更高的收入，提供更多的就业机会，成为研究生在社会分层结构中向上流动的重要途径。由此可见，现有的人力资本理论是一种结果导向，其重点在于人力资本增值[22]的结果。而本书则基于人力资本理论，将研究的重点放在人力资本理论增值的过程，也就是说，在接受研究生教育的过程中，如何通过外生变量（政策变化）的变化及调整来改变研究生的内控变量（学习策略、学习动机），并进一步提高其学业成就，实现人力资本的增值。研究发现，作为外生变量的研究生全面收费政策不仅直接影响研究生的学业成就，还可以通过改善研究生的学习策略和提高研究生的学习动机而间接提高研究生的学业成就，提高人力资本存量。

因此本书认为人力资本形成的过程在一定程度上扩张了人力资本理论，学生接受教育的时间越长，拥有更高专业素养的概率也就越高，就可以带来越大的劳动生产率，创造越大的经济效益和社会效益。

3. 有助于丰富教育公平理论的内涵

作为不确定性的最优选择激励机制设计的主流理论，信号理论[23]开创性地将教育水平作为"信号传递"的手段在劳动力市场上使用，分析了市场中具有信息优势的个体如何通过"信号传递"将信息可靠地传递给处于信息劣势的个体，从而成功地开拓了信号传递理论研究领域。赖利进一步检验了斯彭斯的信号传递模型，认为信号在工人的生产力难以测定的经济部门和人才劳动力市场是最重要的[24]，因为工资和教育密切相关。市场信号筛选理论利用教育信号的发送成本与其生产能力呈负相关性的分离条件，在给定的教育学年制的成本范围内，认为只要存在足够的教育信号元素，就可有效地、清晰地、充分地发挥信号筛选作用，将高生产能力者与低生产能力者区分开[25]。简言之，接受教育层次越高，越具备高生产率、低信号发送成本的特征。研究生教育位于我国学历教育层次的金字塔顶端，在劳动力市场的信号特征明显，较高的学历特征所体现出的教育信号元素，使研究生在群体中脱颖而出，这也充分揭示了研究生报考热持久不退的行为逻辑，信号理论给出的行为逻辑为高教育水平=高就业率=高工资。

在原有研究生招生计划"双轨制"阶段，人为地将研究生划分为公费研究生和自费研究生，其中公费研究生的经费来源于教育财政拨款，即用所有纳税人的钱来为个人收益最大的研究生教育付费，学生只要获得公费名额，就可以无偿享受教育资源，既没有体现教育公平，也使缺乏相应激励机制的学生失去了对学习的兴趣和全身心投入科学研究的动力。研究生全面收费政策的推出，改变了"一考定终身"的局面，国家不再依靠某种考试来划分公费研究生与自费研究生，而是对所有考生收取学费，并通过研究生奖助学金的方式返还给学生，把每个人的科研进步与奖助学金联系起来，鼓励学生努力求学、力争上游，进而激发研究生的科研动力，在研究生教育过程中丰富了教育公平的形式，更有利于提高研究生的培养质量。

4. 有助于丰富高等教育成本分担理论的内涵

研究生教育是高等教育的重要阶段，长期以来，国家计划内研究生享受免费的教育，不需要支付学费，没有成本意识，这既不符合利益获得原则，也不利于促进研究生珍惜学习资源和机会，研究生的学习和科研动机处于较低的水平。高等教育成本分担理论的内涵是高等教育的教育成本应当由在教育中获得益处的各个主体分担，凡高等教育的受益者，包括学生家长、学生本人、纳税人或政府、慈善机构（社会捐赠）及企业，共同承担高等教育的成本。该理论依据也成为对研究生实施全面收费的重要理论基础，因为研究生教育是一个导向性和预期性很强的教育阶段，受过研究生教育的人一般都能获得较高的收入和具备较强的社会竞争力，因此，应当参与成本分担。但是在研究中发现，研究生教育和本科生教育存在巨大的差异。

第一，本科在层次教育的覆盖范围大于研究生层次。《2017 年全国教育事业发展统计公报》显示，2017 年我国高等教育毛入学率已达 45.7%；而研究生层次的教育则属于精英教育，只有少部分大学毕业生才有机会接受研究生教育。

第二，研究生层次教育更趋向于专业教育，本科阶段学习的重点是本专业的基础知识，追求"宽口径、厚基础"的通识教育，对学生没有特殊的科研要求；而研究生阶段则更趋向于专业研究与创新，学习的专业方向更加细化，更加注重知识的创新与能力的提升。

第三，研究生层次教育的目标更明确，本科阶段学习的重点在于课程学习，没有明确的发展方向和目标，而研究生阶段则施行导师制，进入课题组，通过方法、路径、工具的掌握来锻炼自己的研究能力，从而具备从事科研的基本素质。

也就是说，研究生教育的成本结构和收益结构会与本科生教育存在差别，相应的教育成本分担的模式及奖助体系等也会存在差异。因此，本书基于高等教育成本分担理论，并在此基础上结合研究生教育阶段在学科和科研上的特殊性、预期收益的差别性等特征，探讨研究生成本分担的结构及奖助体系的安排。一方面，研究生全面收费政策是我国高等教育成本分担制度的重要表达；另一方面，对于研究生教育成本分担结构和奖助体系安排的研究也是探索研究生全面参与教育成本分担模式的一个重要途径。本书在一定程度上丰富了高等教育成本分担理论的内涵。

除此之外，本书也承载着间接丰富教育制度理论体系的积极效应。任何政策的实施到成熟都要经历一个不断探索的过程，根据新制度变迁理论，制度变革初期将伴随各种问题和阻碍，会加剧教育过程中的一些现实矛盾，也会使研究生教育出现新的矛盾和风险，需要政府、学校和研究生等不同利益主体的不断适应和调整。研究生收费改革的复杂性和现实考验是本书研究的起点，意在说明：一方面，可以有针对性地回答和解释政策在实施和探索过程中的问题，保证政策作用的有效发挥；另一方面，高等教育成本分担理论在实践中表达为完整的制度体系，可以通过研究不断加强研究生全面收费政策的设计，采取必要的配套政策以规避风险，逐渐完善研究生收费制度体系，进而丰富教育成本分担理论的内涵。

（二）实践意义

1. 有助于对研究生全面收费政策进行客观评价

理论的合理性并不必然带来现实的可行性，虽然研究生全面收费政策有着很好的理论基础和实践支撑，但是在实施过程中也面临很多问题，现有的研究中已经对该政策实施的效度产生了质疑，主要是围绕政策全面实施过程中可能带来的一些困难和阻碍，已出现的问题如下：研究生收费会不会带来研究生就读期间的经济问题？会不会遇到现行制度的障碍？会不会带来新的教育公平问题？会不会对本科阶段的教育产生影响？如何保证研究生平等的教育权？如何构建科学规范的收费标准？也就是说，虽然研究生全面收费政策是研究生培养机制改革的重要途径，但是现实研究中缺乏具有足够说服力的证据来明确其对研究生培养正向积极的作用，也无怪乎现有研究中表现出对全面收费政策的担心。因此，本书一方面通过表达不同变量之间的关系来构建研究生全面收费政策与研究生学业成就之间的结构方程模型（structural equation model，SEM），从而获得研究生全面收费政策对研究生学业成就的直接影响、间接影响和总影响的结果；另一方面从差异性分析的角度明确研究生全面收费政策的效用表达，分析政策的制度效用、经济效用及人力效用的表达现状，结合政策限度剖析，将有助于对研究生全面收费政策进行理性审视与客观评价。

2. 有助于提高研究生收费政策的效度

从政策限度的角度审视研究生全面收费政策，有利于促进政策优化。研究生全面收费政策在施行过程中出现了一些非预期的问题，本书围绕全面收费政策在实施过程中存在的问题，从实证分析的角度，结合政策的生成过程和执行过程，从政策的主体、客体与环境三个视角，对该政策进行全面客观的认知和评价，有针对性地回答和解释政策在实施过程中存在的问题，以及问题形成的根源。对于内生性的原因分析将有助于从更加客观理性的角度来审视研究生全面收费政策；对于外生性的原因分析将有助于建立合理有效的补充措施或者规避措施来避免存在的问题或者潜在的可能问题。因此，通过本书，可以了解收费政策偏差的影响因素及影响过程，在政策实施过程中修正其消极影响，促进政策不断优化，提高政策的有效性。

3. 有助于促进研究生全面收费政策的完善

如前所述，研究生全面收费政策所表征的研究生培养机制改革包含的是一个完整的制度体系，不仅包括全面收费制度，还包括资助制度及相应的配套制度。

根据 2013 年的《关于完善研究生教育投入机制的意见》，这个制度体系除了要建立研究生收费制度、取消"双轨制"之外，还要保证研究生教育财政拨款制度与研究生奖助制度的逐渐完善。因此，本书通过分析收费政策作用路径和主要变量间的差异性，对政策实施在不同变量上的差异表现有直观的认识，对政策实施的影响因素和变量关系有清晰的掌握，进而在配套制度的设计中能够充分体现，缓解现行收费政策上的约束乏力现象，形成体系内部不同制度之间的耦合的完整体系，为我国研究生教育体制的改革提供参考意见。

第二节 核心概念及理论基础

一般来说，核心概念的确定关系整个研究的方向，它是教育理论框架赖以建立的核心，是一系列范畴、定律、结论及严密论证的基础，而理论基础的确定又是通过对一个个基本概念的解释逐一展开的。相同的概念从不同的角度出发就会有不同的含义，在本章中关于研究的核心概念主要确定为六个：研究生全面收费政策、研究生学习动机、研究生学习策略、研究生学业成就、政策效用和政策限度，并根据研究需要，分别对六个概念结合研究语境进行详细的阐述。并在此基础上依托公共产品理论、人力资本理论、成本分担理论、学习动机理论和学习策略理论对研究生全面收费政策进行深入分析与探究。

一、研究的核心概念

（一）研究生全面收费政策

研究生教育阶段属于非义务教育阶段，依据国家规定以及高等教育成本分担理论，学生享受非义务教育需要承担相应的成本，研究生全面收费政策便是国家出台制定的对自愿接受研究生教育的学生按照受教育成本的比例收取相应费用的制度，主要包括研究生教育费用标准的确立、奖助学金及配套政策的相关设置等，是研究生收费制度发展过程中的重要一环。

研究生全面收费政策主要围绕"收取学费、完备拨款、完善资助"三大内容展开。其一，建立健全研究生收费制度，合理确定收费标准，加强收费管理。从2014 年秋季学期起，按照"新生新办法、老生老办法"的原则，向所有纳入国家招生计划的新入学研究生收取学费，即将以前施行的收费政策中的公费和部分自费并轨。其二，完备财政拨款制度。健全生均综合定额拨款、绩效拨款、奖助经费在内的财政拨款体系，建立动态拨款标准，逐步提高拨款水平。其三，完善研究生奖助政策体系。设立研究生国家奖学金、学业奖学金、国家助学金（博士≥10 000 元、硕士≥6 000 元），加大"三助"岗位津贴资助力度，完善国家助学贷款等一系列资助政策，以"奖励与补助"的方式来确保贫困家庭的学生拥有相同的就学机会，进而保障全面收费政策的顺利实施。需要说明的是：①全面收费政策并不意味着全部自费，而是国家通过学生缴纳学费的方式来弥补办学经费的不足；②研究生缴纳的学费并不是全部的培养成本，仅是培养成本中的一部分；③研究生全面收费政策的施行目的并不是收取学费，而是通过收费改变研究生教育成本结构，养成其成本意识，并配合奖助制度完善研究生学科和科研投入激励制度。

　　研究生全面收费政策基于我国研究生教育可持续发展的需要而推行，它的实施不仅在理论层面上具有必然性，且从现实角度出发，尤其在研究生教育财政短缺、国家支付能力和支付意愿下降以及持续扩招的背景下，研究生全面收费政策是深化研究生教育投入机制改革的重要环节，是优化研究生资源合理配置、缓解高等教育供求矛盾和提高研究生培养质量的必然选择，其作用在于充分调动研究生参与学术科研的积极性和主动性、改善研究生学习策略、提升研究生学业成就，进而提高研究生的教育质量。为便于从具体意义上把握研究生全面收费政策概念，本书主要选取研究生全面收费政策满意度与政策有效性来进行分析。

（二）研究生学习动机

　　人们由于种种原因会做出某种指向一定目标的行为，心理学家将引发这种行为的原因称为"动机"。动机（motivation）一词来自拉丁文"movere"，中文解释为推动有机体进行活动的内部原因或动力。人类任何行为的产生都是由于内在心理动因的存在，但往往行为的选择与心理动因是不相对应的，看似相同的行为可能是出于不同的动机，相同的动机在不同的情境下也会产生不同的行为[26]。有关动机的研究已经历经百年之久，关于动机的概念也是众说纷纭，通过梳理相关著作发现，"动机"主要是指通过激发、维持人的行为，使之满足个体的需要及愿望的内在过程[27]。

　　学习动机是指由于学习的需要而将学习活动直接指向一定学习目标的内在心理动力[28]。学习动机是学生学习活动发生的推动力，它可以激励学生从事学习行为并努力实现学习目标，在学习行为中占据重要地位。随着社会的不断发展，教育在复杂多变的社会环境下也随之发生变化，学生的学习动机并不是静态的，而是处在动态的变化过程中，同时还会受到外界环境的影响。虽然学习动机不能被直接观察，但可以通过个体对学习任务的坚持程度、努力程度等外部行为间接表现出来[29]。基于此，本书将学习动机定义为"促进研究生进行学术科研的内部心理动力"。

根据引发动机因素的不同来源，可以把学习动机分为内在动机和外在动机[30]，本书在进行学习动机定义时，将学习动机划分为内在动机和外在动机。对研究生而言，内在动机来源于研究生在学习上对科研的兴趣、专业的兴趣及自身求知欲等内在的心理因素，受内在驱动力的作用而非外力的影响，其作用持久主动；外在动机则来源于读研之外的客观因素，如满足物质奖励、获得文凭、追求个人价值的实现甚至是随波逐流等外部诱因，其作用短暂被动，两种动机交替发生作用。

（三）研究生学习策略

认知学习理论的兴起，使得人们开始关注学习者在学习过程中发挥的作用。积极有效的学习者会通过各种策略的实施帮助自己储存信息，进而达到解决问题、促进认知发展的目的。也就是说，学习策略是检验学生是否学会学习，是否获得经验和技能的重要标志。长期以来，研究者虽然充分肯定了学习策略的重要性，但关于学习策略的含义却各持己见，并没有给出统一的定论。根据已有文献，研究者对学习策略的界定主要有以下三种观点：学习策略是学习的过程、程序、步骤和行为[31~34]；学习策略是一种计划或方案，也是一套学习的规则系统[35~37]；学习策略是技能或能力[38~42]。20世纪90年代之后，研究者对学习策略分类的研究随着该领域的发展逐渐趋向系统化和全面化。例如，有研究者从信息处理理论出发，将学习策略从结构上划分为三个维度，即元认知策略（meta-cognitive strategy）、认知策略（cognitive strategy）和社会（情感）策略（social/affective strategy）[43]。Oxford针对学习策略与学习目标的关系，进一步把以上三个维度的策略归纳为直接策略（direct strategy）和间接策略（indirect strategy）。直接策略就是直接对学习产生影响作用的策略，把直接策略划分为认知策略、记忆策略和补充策略；间接策略则是对学习起支持和管理作用的策略，把间接策略划分为元认知策略、情感策略和社交策略[44]。

结合以上分析与研究需要，为全面把握学习策略的结构和研究生学习科研的特点，本书认为研究生的学术和科研有效进行必须具备四个条件：①能够自己确立学习目标；②能够意识到自己拥有的学习策略并确信它对自己学习的价值；③确信自己能够成功地进行自我调节学习；④具有为自己学习的意识、愿望与动机，并把学业作为一个积极的过程去探究、追求与享受。基于此，本书将研究生学习策略定义为研究生为实现学术和科研有效性而采用的规则、方法、技巧及其调控方式的综合，并从元认知、认知、情感和社交四个方面来衡量学习策略。学习策略既可以是内隐的规则体系，如情感策略和元认知策略；也可以是外显的操作程序与步骤，如认知策略和社交策略。

（四）研究生学业成就

学业成就是学生在教师的指导下获得学习成果的表现，同时也是学校教育成果的反映，目前学界关于学业成就的界定参差不齐，如朱智贤主编的《心理学大词典》一书将学业成就定义为"个人通过学习训练所获得的知识、学识和技能"[45]；郑日昌在其主编的《心理测量》中认为"学业成就是指在一个相对明确和限定的范围内，通过一定的教学或训练所得到的学习效果"[46]；赵学勤认为学业成就由知识与技能、能力、学业情感三部分组成，其中，知识与技能在学业成就中起基础性作用，学业情感是学生完成学业的动力，能力是学生能否顺利获得学习成果的核心，三者之间相辅相成，相互作用，共同促进学生学业成就的实现[47]；Nietzel 和 Harris 则将学业成就概括为学生经过学习和训练之后获得的与学业相关的知识和技能，集中体现了学生的学习状况和水平[48]。此外，还有研究者将其定义为广义的学生受教育后各方面的发展状况，还有狭义的指学习成绩。考虑已有研究结果，本书认为学业成就主要源于就读期间学生对于所获得知识或者技能的积累效应，而研究生阶段除了正常的课程学习之外，主要课业的重点在于从事科研工作，因此，研究生的学业成就与大学生的差别之处在于对于科研的主观积累体验，通常情况有三种方法来测量学业成就[49]：①主观评定法；②客观测量法；③学业能力测验。考虑到研究生的课业特点，加上研究生的知识、情感、态度和价值观已经趋于稳定和成熟，主要采用主观评定法，选取学业满意度和科研满意度来度量。

（五）政策效用

政策效用是指政策正式实施过程中对目标群体当前或者未来所产生的一切效果的综合[50]。基于研究生全面收费政策的视角，其政策制定的主要目标就是通过制度安排的改变来激发研究生、各级办学主体的行为动机。

对于研究生教育而言，教育资源投入的结构发生了变化，构成研究生成本的不仅仅是政府的财政投入，还包括研究生个人和家庭缴纳的费用，这种成本分担机制的确立，在一定程度上增加了研究生接受教育的直接成本，因而导致其学习动机更加多元化。研究生教育培养过程中的资源分配模式也发生了变化，教育资源不再以定额的形式进行分配，而是依据学生的学习情况进行选择性支持，资源的分配与切身经济利益发生关系，进而影响研究生的学习动机。从研究生培养单位来讲，研究生全面收费政策会带来研究生教育自主权的日益扩大，可在一定程度上调动研究生培养单位在创新和改革中的积极性。

因此，研究生全面收费政策安排的效用核心在于通过改变研究生教育的成本结构和资助模式来建立激励机制，优先培养质量和效率，兼顾公平，进一步健全和规范研究生成本分担机制。因此，虽然从形式上来看研究生通过缴纳学费参与成本分担，但是从本质上讲，收费政策的改革是将研究生教育资源的分配模式从"获得"演变为"分配"，同时激发研究生学习动机，因此在本书中把政策效用区分为制度效用和激励效用。

（六）政策限度

《汉语大词典》中对"限度"的解释是："限度，一定的范围；规定的最高或最低的数量或程度"[51]。《现代汉语词典》解释为："限度，范围的极限；最高或最低的数量或程度"[52]。由此可知，限度包括两个方面的含义：一是范围的极限；二是程度的极限。范围意义上的限度是从横向视角来说的，程度意义上的限度是从纵向视角来说的。无论是从范围还是程度来看，限度都是指事物具有一定的边界或限制，而不是没有限制地存在着。简单来讲，限度即局限性或有限性的意思[53]。也就是说，公共政策的局限性有两个来源：一方面是基于政策生成过程中的内生局限，即政策限度；另一方面是政策的执行过程存在局限、阻滞或者其他非预期因素，会导致公共政策低效或者无效，即执行限度。

教育政策是公共政策的一部分，制定和实施的主体均为国家教育行政部门和各级各类教育行政部门，根本目的是对"全社会的价值做权威的分配"[54]。这里的"价值"实际上是指"利益结构"，因此教育政策的过程属性表现为一个动态连续的利益结构调整和选择的过程，教育政策的价值属性包括教育的利益、价值、文化传统从冲突到融合的选择过程。因此无论是教育政策的生成过程还是价值属性切合公共政策的路径上，都隐含潜在局限，这种局限主要来源于"机会主义、成本-收益的忽视以及由此而来的腐败的危险，随之而来的是政府本身合法性的侵蚀"[55]。因此，教育政策问题中包含的政策限度主要是来源于制度生成过程中政策主体的合法性基础。

二、理论基础

（一）公共产品理论

公共产品理论指的是新政治经济学的基本理论，也是正确处理政府与市场关系、政府职能转变、构建公共财政收支、公共服务市场化的基础理论。公共产品理论始于 19 世纪 80 年代，迄今为止，已有 100 多年的历史。早在 19 世纪末，奥地利和意大利学者就将边际效用价值论运用到财政学科研究上，论证了政府和财政在市场经济运行中的合理性、互补性，形成了公共产品理论，为政府干预经济打下了理论基础。作为瑞典学派的代表人物，威克塞尔和林达尔的研究为公共产品理论做出了重要贡献。

威克塞尔指出公共产品的供给应该使个人效用最大化，而利益赋税原则能实现这一目标。他认为，国家提供公共服务给予个人的边际正效用与个人纳税损失财富的边际负效用相等，尽管征税是由国家权力机关决定和执行的，但国家应依据利益赋税原则，按个人的主观效用评价来课税。他明确地将公共部门的决策看成一个政治性与集中性的选择过程，这为其后公共选择论的创立奠定了基础。作为威克塞尔的学生，林达尔进一步对公共产品理论展开研究，1919 年产生的林达尔均衡是公共产品理论最早的成果之一。林达尔认为公共产品价格并非取决于某些政治选择机制和强制性税收，恰恰相反，每个人都面临着根据自己意愿确定的价格，并均可按照这种价格购买公共产品。处于均衡状态时，这些价格使每个人需要的公共产品量相同，并与应该提供的公共产品量保持一致。因为每个人购买并消费了公共产品的总产量，按照这些价格的供给恰好就是每个人支付价格的总和。林达尔均衡使人们对公共产品的供给水平问题取得了一致，即分摊的成本与边际收益成比例。总之，林达尔均衡指个人对公共产品的供给水平以及它们之间的成本分配进行讨价还价，并实现讨价还价的均衡。

萨缪尔森在 1954 年和 1955 年分别发表了《公共支出的纯理论》和《公共支出理论的图式探讨》，提出并部分解决了公共产品理论的一些核心问题，如如何用分析的方法定义集体消费产品，怎样描述生产公共产品所需资源的最佳配置的特征。他在《公共支出的纯粹理论》一文中将公共产品定义为这样一种产品：每一个人对这种产品的消费并不减少任何他人也对这种产品的消费，即公共产品在消费过程中具有非竞争性和非排他性[56]，这一描述成为经济学关于纯公共产品的经典定义。

基于公共产品理论，布坎南在 1965 年的"俱乐部的经济理论"中首次对非纯公共产品（准公共产品）进行了讨论，公共产品的概念得以拓宽，认为只要是集体或社会团体决定，为了某种原因通过集体组织提供物品或服务，便是公共产品。在此之后，新制度经济学是以产权和制度为研究对象的理论，以科斯为代表的交易费用与产权学说为公共产品理论的发展做出了巨大的贡献。与新古典经济学对于公共产品的认识不同，后者是从公共产品的根本属性出发，因为公共产品具有正的外部性，从而得出的结论是政府供给公共产品这样一种固定的模式。而新制度经济学是从交易费用和产权的角度进行分析，以供给效率为评判标准，得出了公共产品的供给形式可以多样化的结论。

稍加概括不难发现，公共产品理论的核心是依据产品的属性来决定产品的供给主体和形式，无论是基于传统的公共产品理论还是公共发展理论的新发展趋势，都可以对社会存在的任何物品进行归类和划分，公共产品理论在教育领域的应用意味着我们可以通过消费的竞争性、享用上的排他性等特性来确定研究生教育的属性，从而为研究生教育的成本分担模式确定合理的依据。

（二）人力资本理论

人力资本理论是西方教育经济学的主流支撑理论，西方古典经济学派及近代庸俗经济学派开始把人力支出与资本投入结合起来讨论。人力资本体现在劳动者身上，以劳动者的数量和质量表示，即用以提高人的能力的资本。经济学家配第、斯密、李斯特、马歇尔等都对人力资本理论的研究做出了巨大的贡献，斯密和马歇尔都认为，对人自身的投资在各种资本投入中是最有经济价值的。

20 世纪 50 年代末期，美国经济学家、西方人力资本理论和教育经济学的创始人舒尔茨对农业问题进行了长期的研究，他发现促使美国农业产量迅速增长和生产率提高的重要因素不是土地、劳动力和资本的增长，而是人的知识和技能水平的提高，从而提出了人力资本理论。他在题为"论人力资本投资"的演讲中首先从宏观角度系统阐述了人力资本理论，认为人力资本是指由劳动者本身的知识、技能等个人条件所表现出的能力[57]。人力资本与其他资本的区别在于，人力资本不能被买卖，也不能被当作财产，两者均有促进经济增长的作用[58]。通过大量的研究和统计分析，证明了人力资本是所有资本中对经济增长起主要作用的资源。人力资本包括人口的数量和质量，相对而言，提高人口质量更为重要，教育投资作为人力投资的主要部分，是提高人力资本质量最基本的手段，因此，人力资本的投资也可以理解为对教育的投资[59]。

基于人力资本理论，认为教育的成果是一种人力资本投资的结果，根据人力资本产权"谁受益、谁投资"的原则，应当实行成本分担。王祖益通过分析国内外人力资本收益率，发现受教育程度与工资薪酬息息相关，即受教育程度越高，工资薪酬越高[60]。陈爱娟和万威武根据受教育者之间的就业竞争力与收入高低进行分析发现，学费应与受教育程度呈正比关系，博士生应收取最高学费[61]。从以上研究可知，受教育者个人是教育投资主体中的核心受益者，不仅可以提高受教育者工资水平，还能给受教育者带来巨大的经济收益[62]。研究生是教育投资中的核心受益者，对研究生教育收取学费是必然的政策选择。

（三）成本分担理论

高等教育成本分担理论是在全球面临高等教育财政危机的背景下形成的。经济学家弗里德曼提倡在基础教育阶段实行教育改革的同时，学生个人及家庭负担部分高等教育费用。约翰斯通在美国"大学生资助服务第 30 届年会：2000 年议程"上第一次提出高等教育成本分担理论，该理论认为：高等教育成本无论在什么社会、体制和国家中，都必须由来自政府、家长、学生、纳税人和高等学校等多方面的资源来分担[63]，这种分担遵循两种原则，即利益获得原则和能力支付原则。利益获得原则是指无论是政府、社会、企业还是个人，只要从教育中获得了好处和利益，就需要支付相应的教育费用，获得的好处越多，支付的费用就越多，获得的好处越少，相应支付的费用就越少。能力支付原则是指从教育中获得好处的政府、社会、企业或个人，均应该根据自己支付能力的大小提供教育费用，能力越强，支付的费用越多，能力越小，支付的费用就越少。

依据利益获得原则，研究生教育属于个人效益较高的教育类型，给受教育者个人带来的收益更多，受教育者应当参与成本分担。林文达提出，高等教育成本分担理论应遵循能力与受益原则，两者呈正相关关系[64]。而部分研究者以"分担说"为基础详尽地进行了分析，如苌景州等深层次分析了分担主体的目的、动机及影响因素，并指出个人主体的三大支出方式，即实际、意愿和最大可能支出[65]。依据能力支付原则，研究生学费要考虑研究生及其家庭的支付能力和收益能力[66, 67]，成本分担能有效缓解研究生教育经费紧张，促进教育公平。

（四）学习动机理论

动机理论是指对动机的产生、机制、行为和目标关系所做的理论性解释，是研究动机对人的行为的影响机制。心理学家关于动机理论有诸多流派，如本能理论、内驱力与需要理论、认知理论。基于教育实践的需要，加之学习动机多种多样，对学习动机作用的解释也种类繁多，由此派生出众多的学习动机理论，如强化理论、需要层次理论、成就动机理论、成败归因理论和自我效能感理论，这些理论从不同的视角说明了学习动机对人产生的影响。

强化理论由联结主义心理学家提出，他们不仅用强化理论解释学习行为的发生，也用来解释动机的产生。联结主义心理学家用 S-R 公式来解释人的行为，认为行为的产生是由外部刺激所导致的[68]，将外部行为看成是学习动机产生的必要条件。

成就动机理论由麦克莱兰和阿特金森提出，他们将成就动机理论定义为源于人的成就需要，激励个体在完成其认为重要的或有价值的工作时，力求取得成功的内部驱动力。成就动机由追求成功与回避失败两种意向构成，两种意向具有相辅相成的作用[69]，是人们完成任务力求成功的内部动机。可用如下公式表示：①Ts（追求成功的倾向）=Ms（追求成功的动机）×Ps（获得成功的概率）×Is（成功的诱因值）；②Taf（避免失败的倾向）=Maf（回避失败的动机）×Pf（失败的可能性）×If（失败的诱因值）；③Ta（成就动机）=①-②=Ts-Taf，如果Ms > Maf，Ta 是正值，趋向成就活动，如果 Ms<Maf，Ta 是负值，逃避成就活动。以此来反映个体成就动机的强度。

学习动机理论认为行为的产生既需要内部动机也需要外部动机。对于研究生而言，其努力学习的行动既有成就需要的内驱力，如研究生对专业的兴趣[27]、自身的求知欲与自尊心等[70]，还有环境中引发的外部动机力量的作用，如讨父母欢心、获得更高学业奖学金或荣誉、逃避失败的惩罚、给导师留下好印象等，这些外部力量虽与成就需要无关，但也具有引发研究生追求成功的力量，仍能反映出追求成就活动的倾向。

（五）学习策略理论

随着 20 世纪 60 年代认知理论的发展，在教育心理学领域内，西方心理学家开始积极探索学习策略。学习策略理论具有系统论的思想，把学习视为一个系统的过程，一方面要求主体全面客观地分析影响学习过程的因素，统筹全局以选用合适的学习方法，进而减少消极因素对主体学习的影响，另一方面要求主体对学习的观察要着眼于全过程。学习策略理论认为学习成功与否主要取决于学习方法是否选用得当，认知策略是否持续于学习的全过程，因此学习策略理论对研究生学业成就的研究具有重要的指导意义[71]。目前关于学习策略的主流研究理论认为学习策略主要包括元认知策略、认知策略和社会（情感）策略。元认知策略是指学习者通过制订计划、评定结果进而对认知过程进行管理与调控；认知策略是学习者获取信息和知识进而解决问题的过程；社会（情感）策略则是为学习者解决问题提供辅助[72]。

元认知策略是学习策略理论的核心，在学习策略结构中处于最高层次，是学生对自我认知策略的自我意识和体验。国内外众多研究者的研究均表明元认知策略的使用在培养学生自主学习能力方面具有积极的促进作用，如 Nunan 认为元认知策略有利于学习者的计划、反思和评估等行为[73]，纪康丽从阅读理解的角度对元认知策略进行研究，认为元认知策略可以提高学生自主学习的意识，有效管理和支配学习[74]。基于研究生教育，元认知策略意在指出研究生在使用认知策略进行科研和学习的过程中所进行的自我监控和自我评价，如果发现这个认知策略并不适合当前学习任务，那么就需及时进行调整和决策。

认知策略是学习者针对某一活动所采取的具体处理方法，如推理、概括等，它将直接影响学生的学习活动，是学习必不可少的工具[75]。认知策略的实施可以帮助学习者整合信息，以便存储与提取。认知策略与元认知策略两者协同作用于学习活动，元认知策略帮助学习者制订计划、自我评估，认知策略则是在元认知策略的基础上使学习主体直接获得发展。对研究生而言，认知策略是在知悉自己学习、科研优势与劣势的基础上，制订具体可行的学习计划，以顺利完成学业。

社会（情感）策略是学习者为促进学习任务的完成而跟别人进行交流或者个人情感因素的自我调整，是学习策略不可缺少的组成部分，可以辅助学习者完成学习活动。国内外的研究也表明了学习主体的情感因素对学习的成功有着重要的作用，如 Brown 指出情感因素在语言学习中具有"决定性本质"的意义[76]。Stern 认为情感因素对学习的影响程度等同于认知因素[77]。Arnold 也指出，学习者的情感状态可以直接影响他们的学习行为和学习结果[78]。对于研究生而言，社会（情感）策略的研究着重于研究生与导师、同学之间的交流与沟通是否会对学习和科研产生影响。为了研究，本书参考 Oxford 对学习策略的细分，把社会（情感）策略区分为社交策略和情感策略，社交策略比较侧重于研究生与导师及周围群体的交流程度，而情感策略则侧重于研究生在学习和科研过程中的情感参与程度，以及遇到学习困难时的态度和采取的对策。

第三节　文献及相关研究综述

虽然现有研究中关于高等教育收费的理论研究和实践研究比较丰富，但相对而言，与国外仍存在一定差距。国外的公共产品理论和人力资本理论内化为制度和行为，因此，对于教育的分类、受益结构和成本分担结构已经形成了比较成熟的制度体系，而我国由于高等教育发展的特殊轨迹，高等教育从集中到分散，从免费到收费，是一个渐进的过程，这个过程既要找寻理论依据，又要考虑实践上的可行性，研究生全面收费政策亦如此。对研究生全面收费政策提供参考支撑的起点源于约翰斯通提出的教育成本分担理论，该理论详细阐述了由政府、学生及其家长和社会有识之士（捐赠）等共同分担高等教育成本的合理性。国外研究的主流是基于成本分担格局的制度体系的不断完善和修正，我国的研究从 20 世纪90 年代开始，研究重点在于对国外已有关于教育成本分担理论的借鉴和发展。

一、国外研究综述

研究生收费政策的研究基本上是随着高等教育成本分担而进行的，国外对于高等教育成本分担的研究从未把研究生教育单独开列出来[79]，研究生收费制度是高等教育成本分担理论在研究生教育阶段的表达。纵观国外关于研究生收费的研究，其特点主要表现在如下几个方面。

（一）研究生收费政策的制度演进

研究生教育起源于德国，兴起于英国，目前在美国高度发展。工业革命的到来，使大学成为连接高深学问和社会生活的纽带，人力资本理论认为人力资本是现代经济增长的重要因素，促成了世界性的高等教育投资热潮，各国的学费也在普遍下降。到 20 世纪 80 年代世界经济持续衰退，同时高等教育规模不断扩张、培养成本不断提高，原来的政府负担教育经费模式难以为继，在这样的背景下，有越来越多的研究高度支持高等教育全面收费政策的出台和实施，很多国家开始由政府承担或者部分承担高等教育经费转变为政府和个人分担教育经费。表 1-2 总结了政府主导型的欧洲模式、个人主导型的日本模式和介于两者之间的美国模式[80~84]。

表 1-2　部分国家高等教育的收费政策的演变

模式	国家	政府承担	政府与个人分担
欧洲模式	英国	1920 年学费占培养经费的 1/3，20 世纪 70 年代后完全由政府承担	1990 年正式实施"收费+贷款+助学金"的高等教育收费政策。2012 年研究生教育市场化操作
	法国	1989 年之前，以政府投入为主	1989 年开始政府通过合同制拨款，学费比例大约占培养成本的10%，对公立综合性大学的研究生免除学费
美国模式	美国	1860 年《莫雷尔法案》的颁布推动公立高校免除学费，20 世纪中叶私立高校也施行免收学费政策	20 世纪 70 年代开始收取学费，施行教育成本分担
	澳大利亚	1939 年学费占培养经费的 30%，此后逐年下降，到 1965 年这一比例为 13%，1974 年开始实施免收学费政策	1989 年开始收取学费，施行教育成本分担
日本模式	日本	第二次世界大战之前，公立学校由政府承担，私立学校主要靠学费补偿成本	第二次世界大战之后，全面实施收费制度

（二）研究生收费政策理论依据研究

研究生收费政策的理论依据主要有舒尔茨的人力资本理论、约翰斯通的高等教育成本分担理论和萨缪尔森的公共产品理论。美国高校对研究生教育实行收费政策已有多年的实践经验，比较有代表性。早在 1975 年，美国就已经以成本分担理论作为学费的定价基础。2002~2003 年，政府把研究生学费定价自主权完全给予高校，外州学生学费开始大幅度超过生均教育成本[87]。这标志着研究生学费定价更加趋向市场化。约翰斯通提出高等教育成本应由纳税人、学生家长和社会人士（捐赠）共同负担的理论[63]，根据教育成本分担的客观依据与理论依据，高等教育成本分担的原则可以借用西方税收制度理论的两个基本原则，即利益获得原则与能力支付原则，利益获得原则指出研究生教育作为高等教育中的最高层次，其私人收益率也处于最高水平[86]，因而应支付相应的成本；而能力支付原则支持现有形成的财力分配格局，是社会和个人具备教育成本分担的能力的根本，因此要考虑居民个人及家庭教育成本分担的负担能力，并辅以资助政策，兼顾教育公平[87]。

（三）研究生学费标准的制定研究

在西方，研究生教育不属于义务教育阶段，而美国是研究生教育发展较成熟与教育成本分担政策体系较为完备的国家。首先，从理论基础分析，有研究者根据美国公立和私立大学的学费政策文件的文本进行分析，指出其研究生学费制定实施的理论基础大体以成本分担理论为主[88]。例如，早在 1975 年，美国就有 6 个州以成本分担理论作为学费的定价基础。随后，美国部分州逐步开始实行成本分担政策，并开始研究学费标准如何制定。例如，华盛顿州从 2002 年开始，研究型大学的全部研究生和外州本科生的学费定价自主权完全下放至高校，随后，外州学生的学费大幅度超过生均成本[85]。有些学校甚至根据研究生教育所授的学位不同而制定不同的收费标准，如加利福尼亚大学伯克利分校就采用学术型与职业型研究生差异性收费标准①。部分研究者对 21 世纪以来美国高校研究生学费出现的新特点进行总结：一是收费金额持续上涨，以哈佛大学为例，每年的研究生学费在原来的基础上增加 3%~4%；二是收费标准多样化，如以学校层次高低为依据的收费标准、大学内部不同学院之间的收费标准、以所修专业学分多少为依据的收费标准以及以生源区域分布为依据的收费标准；三是分段式收费方式，以学年为单位，年级与收费标准呈负相关关系[89]。此外，美国高校在确定收费标准时，会依据居民的经济情况、教育产生的实际成本及预期收益等进行收费。并有研究者了解到美国高校会先收取学费，而后根据学生学业表现给予资助奖励。基于此，学费定价标准的变化显示了市场机制对研究生学费的定价发挥着越来越重要的作用。

---

① https://registrar.berkeley.edu/tuition-fees-residency/tuition-fees/fee-schedule。

（四）收费政策对研究生的影响研究

1. 收费政策对就学人数和学习效果的影响

Leslie 和 Brinkman 将高等教育作为商品，将学费作为价格，利用需求曲线理论分析了学费的高低对不同高校入学人数、学生特征、学生资助结构、潜在生源范围的影响[90]。Sloan 以美国医学院为研究对象，研究了学费、资助变化对学生入学的影响，研究表明，学生对医学院的选择除了受学费等直接成本影响，还受到奖学金、录取率及就业市场等因素的影响[91]。另外，Hoenack 通过个案研究分析学费对学校入学人数的影响作用，并提出除了学费因素之外，入学规模、生源质量等都是影响学生入学选择的重要因素[92]。另外，为了能在高昂的学费压力下帮助学生入学以提高就学人数，各国政府积极采取切实有效的教育资助政策和贷款计划。例如，澳大利亚"高等教育贡献计划"（Higher Education Contribution Scheme，HECS）首次引入按收入比例还款型学生贷款（income contingent student loan），学生无须承担利息，随后英美等国也逐步开始效仿[93]。

在学生贷款方面，Flint 从不同的角度，以社会学、心理学、经济学等为理论依据[94]，将影响学生贷款偿还的因素划分为入学前的学生背景、所在高校类型、在校学业情况、毕业后就业和收入状况等变量组，进而研究各变量对贷款拖欠行为的影响程度[95]。另外，英国对中低收入家庭的学生施行学费补贴政策，将公共高等教育经费的36%用于对学生提供财政资助，政府对家庭收入低于2万英镑的学生进行全部学费补贴，对家庭收入为2万~3万英镑的学生进行部分学费补贴[96]。Ehrenberg 和 Mavros 研究了博士研究生资助对博士学位完成情况的影响，研究结果表明，博士研究生资助是影响博士学位完成时间和学位完成率的重要因素，获得资助的学生更倾向于在短时间内完成博士学位的攻读[97]。1998年，美国国家学生资助管理联合会在全美500多个研究生专业中进行了学生资助调查，调查结果显示，贷款是最广泛的研究生资助方式。牙科、医学、法学等专业中90%的研究生获得贷款，私立大学中60%的研究生获得贷款。美国国家科学基金会也对研究生资助情况进行了调查，结果显示，研究生负债与性别、种族等因素有一定的联系。此外，美国国家科学基金会的科学资源研究部的《欧洲、亚洲、美洲研究生教育变革以及科学家、工程师国际流动报告》、芝加哥大学国家观点研究中心的《美国博士毕业生调查报告》等都是非常具有研究价值的文献[98, 99]。这些研究为研究生资助体系的完善提供了一定的理论支持。

2. 收费政策对学业发展的影响

Wilson 的研究表明好的政策可以促进学习者之间相互合作，以解决相应问题，达到学习的目标[100]。随着 20 世纪 70 年代院校影响力模型的提出，研究认为学生对院校环境认可度越高，他的成长变化就越大[101]，研究者试图把政策对学生产生的影响释放到院校环境中，表达为政策的有效性和对政策的满意度。Cabrera 等的研究认为学生的支付能力是学业发展的前提条件[102]，而收费政策会对学生的支付能力带来直接的影响，体现为政策的有效性，从而对学生的学业发展产生影响。Girves 和 Wemmerus 为了更深入地研究学生学业发展情况，把学生、院校特征、资助和师生关系视为第一阶段变量，学生成绩、参与度、满意度和融合度视为中介变量，通过建立模型来探讨上述各因素对学生学业进展的影响，结果发现，在博士研究生阶段，学生参与度在资助与学业发展的关系上起到中介作用；此外，与其他资助方式相比，获得奖学金或助理津贴的学生参与度最高，学业发展更好[103]。Tinto 的 "学生整合理论" 提出，学生与高等教育机构的学术性整合和社会性整合是决定个人学业表现的主要因素，他认为学生的学业保持率受学校学术和社会因素的影响，而收费政策和资助政策是学术性整合的衡量指标[104]。它可以通过合理收取学费，并对经济压力大的群体提供大力资助，同时给予奖学金的激励，让学生投入更多的时间和精力在学习上，从而提高学习成绩。而后 Bean 在 Tinto 的研究上进行了更深入研究，他将学生资助的影响延展至动机、社会及学术融入，并阐明了影响学业保持率的影响因素，以及各因素对学生学业发展的影响机制[105]。从实证研究出发，Stater 以美国公立精英大学的数据为样本，研究发现，在控制学费影响后，助学金与学习成绩呈正相关关系，如助学金每提高 1 000 美元，学生第一年平均学分绩点（grade point average，GPA）提高 0.06[106]。Cornwell 等使用面板数据同样得出奖学金与学习成绩呈正相关关系，如控制其他因素影响后，获得奖学金的学生绩点比其他学生高 0.13[107]。John 等的联结理论认为，学生的入学选择和之后的学业发展关系密切[108]，如果学生是基于对收费政策良好预期而进入大学，那么这种满意度体现为对院校环境的满意度，进而影响学业成就。

二、国内文献综述

我国研究生教育收费研究起步比国外稍晚一些，从可收集到的文献来看，已有研究主要包括研究生全面收费政策、研究生教育成本分担教育投资模式的构建，并在研究中分析了研究生全面收费政策的理论依据和现实依据，结合研究生全面收费政策的实施过程中出现的问题对政策进行分析，并在此基础上给出相应的完善对策与建议。

（一）研究生全面收费政策的背景

1. 研究生全面收费政策的现实性与合理性

首先，研究生规模与教育经费之间不协调。孙也刚从研究生规模上用数据说明了研究生在劳动力市场上的需求非常旺盛[109]，政府增加教育经费的步伐始终跟不上研究生教育规模的扩大速度，这无疑会影响研究生的教育发展，因此研究生教育改革迫在眉睫。其次，教育资源分配不公。陈迁认为先前的低水平"双轨制"并没有有效缓解教育不公的问题，优质的教育资源依然会流向高水平收入者，因其在获取资源上占据优势地位[110]，故研究生实行全面收费政策有利于优化公共教育资源配置。最后，从教育的性质而言，它是一种准公共产品，但是研究生教育更具有私人产品性质，受教育者以消耗公共资源为自己带来较高的预期经济收入和其他收益时，应该支付一定的费用[111]，既符合市场经济的原则，也有利于促进我国研究生教育国际化[112]。

2. 研究生全面收费政策的必要性和可行性

其一，从我国对教育投入的现状来看，对研究生教育实行全面收费政策是有必要的。研究生教育规模不断扩大，经费问题亟待解决，实行全面收费政策是我国研究生教育发展的必然选择。其二，对研究生教育实行全面收费政策符合研究生教育发展的基本规律，是可行的，主要基于以下几个原因：①教育作为一种投资的观念已为人们所认同；②我国经济发展水平不断提高，人们的收入水平和文化水平普遍有所提升，公众对于教育支出的付费意愿及能力在增强；③本科、专科教育收费政策的先行实施在一定程度上缓解了研究生教育收费政策对公众的心理冲击；④委托培养研究生和自筹经费研究生制度为研究生全面收费政策的施行奠定了一定的基础；⑤国家的配套资助政策能在一定程度上减轻贫困研究生的经济负担。因此，实行收费政策是社会发展和经济体制转轨的现实选择，具有促进高等教育质量提高、促进研究生教育管理体制改革和促进社会公平公正等重要意义[113]。

（二）研究生全面收费政策的理论依据研究

国内大多数研究者都认同研究生全面收费政策，主要有以下三个理论依据。第一，教育准公共产品理论[114]。按照著名经济学家厉以宁和王善迈的观点，受招生名额的限制，研究生教育具有较强的排他性和竞争性，但由于外部性较强、效用不可分割等原因，故属于准公共产品[115, 116]。第二，人力资本理论。潘军通过 1996 年我国城市家庭收支调查数据得出结论：高等教育可以为个人带来更高的私人收益，个人出资接受高等教育是值得的，也是合理的[117]。陈娟和赵静认为接受研究生教育能帮助受教育者提高其劳动生产率、工资水平和社会地位等，接受研究生教育后，个人获得的收益比社会获得的收益要多，因此，提高个人分担研究生教育成本的比例是合理的[118]。第三，教育成本分担理论。王效仿和刘俊认为，教育成本分担理论是研究生收费更直接的理论基础[113, 119]。邓朴等阐述了教育成本分担的模式，即政府负担基础设施和部分培养经费，学校和导师负担部分培养经费，用人单位分担部分教育成本，个人和家庭负担生活费用[120]。王祖益认为按照教育成本分担理论，应由受益的各方（学生、家庭、政府、社会等）共同分担研究生教育成本[60]。

（三）研究生学费的标准制定

全面收费政策的出台不可避免会带来收费标准确定的难度。一是按研究生生均成本，实行差别收费。陈淑梅以 X 大学为个案用本科生、硕士研究生、博士研究生 1：5：2 的比例对学生数进行折算后，计算出硕士研究生和博士研究生的生均成本分别为 40 554 元和 54 071 元[121]。随后崔邦焱通过对影响学费的其他因素进行变量控制，推算出硕士研究生和博士研究生的生均成本分别为 27 548 元和 96 547 元[122]。以上研究均力证了学费与教育成本成正比。为使收费标准更合理，运算生均成本的方式越来越严谨，如陈敬良等认为，高校的收费标准应剔除与教育无关成本，应为准成本的 50%[123]。另外，也有研究者认为高等教育学费应该相当，不应考虑教育层次，如卢晓东认为教育成本应该是用于学生课程学习的成本，而通过计算研究生和本科生在此成本上极其接近，所以学费应按 1：1 考虑[124]。二是按居民收入比例收费。按照居民收入，可以将贫困生家庭经济压力考虑在内，居民收入易确定且执行较简单。王善迈指出高等学校培养成本、居民支付能力是确定学费标准的基本依据[116]。陈爱娟等深入分析影响学费的诸多因素，指出应尤为考虑居民支付能力这一因素[125]。赵乐东和颜日初结合国外经验，认为学费占居民收入比例不能太大[126]。三是结合学校实际情况与个人收益来确定学费。从学校差异来看，苏良军和孙便霞论证了高校学费受诸多因素影响，如学校性质、当地经济情况等，应结合学校实际情况来确定学费[127]。还有研究者提出为缩小弱势学校及学科与其他学校及学科的差距，促进教育公平，收费标准应倾斜于弱势学校和学科[128]。从个人收益来看，钟宇平等认为，个人收益一般高于社会收益，因而受益更多者理应支付部分学费[129]。还有研究者有其他确定学费的方式，如从就业角度应考虑按人均国民收入确定，从供需角度考虑学费标准应与地区经济发展水平相衔接等[130]。

（四）研究生全面收费政策的效用研究

其一，优化研究生教育资源配置。根据 2015 年全国教育经费执行情况统计公告可知，相较于 2014 年，普通高等学校生均公共财政预算公用经费支出增长 8.41%，而义务教育增长为 8.14%[1]，这说明基础教育经费投入有待加大。因基础教育是输送优质研究生教育生源的基础，所以研究生实行收费后，可协助分担部分国家教育支出，让教育资源流向基础的环节，提高经费使用率，优化教育资源配置。

其二，提高研究生参与学术科研积极性。研究生培养机制改革核心是建立激励机制，调动学术科研热情，因而诸多研究者主要研究资助体系对研究生的切实影响。有研究者运用实证分析方法探索收费政策实行的有效性，其研究发现"导师责任制"强化了导师的指导责任，增加了课题参与机会，奖助制度激发了研究生参与学术科研的热情[131]。许多研究者运用多种研究方法来探讨资助对学生的影响。例如，李海生利用全国 42 所学校在读博士生的调研数据发现"科研资助政策对博士研究生按期完成学业具有双重影响"，并发现助研和助教起促进作用，而助管影响反之[132]。彭安臣和沈红建立博士研究生资助分析框架，分析资助和培养质量的关系，结果发现"高水平效率主导型"资助类型对吸引优秀生源有促进作用[133]。刘文娟为探究资助对研究生学业成就的影响机制，引入结构方程模型，并加入院校满意度与学业科研投入时间的中介变量，合理剖析各变量之间的关系与作用路径[134]。另外，周佳玲和石龙分析了 X 大学的学业奖学金，发现学业奖学金在一定程度上发挥激励作用，但其作用有限[135]。耿精通过分析广州两所高校全日制硕士生的学习投入情况发现，其学习投入程度整体偏低，并发现奖学金与其学习投入程度成正比[136]。杨孟孟的研究认为"双轨制"下的研究生由于缺乏明显的压力和驱动力，学习状态明显不如收费制度下的研究生学习状态，足以看出研究生收费政策对研究生群体的影响是不容忽视的[137]。总体来看，研究生全面收费政策的实施：首先，有利于解决我国教育经费短缺的问题，促进研究生教育的改革和发展；其次，可以促使培养单位更加注重教学和科研管理，督促教师提高教学质量，从而提高培养单位的办学质量；最后，学费的缴纳使学生更加理性看待考研，有利于遏止本科毕业生的盲目读研风。

（五）研究生全面收费政策的局限性研究

在研究生全面收费政策实施过程中，很多研究也关注到了政策在实施过程中面临的一些问题，这些问题一方面体现了研究生全面收费政策的限度，另一方面也体现了研究生全面收费政策在执行过程中面临的阻滞。

其一，收费政策可能会带来公平问题。陈超从贫困生的角度出发，认为"研究生收费加剧了原发性贫困，研究生收费可能引发再生性贫困"[138]。郑美玉同样支持上述观点，其认为，中国研究生全面收费政策会增加贫困家庭子女的继续深造难度，加剧研究生专业的内部分化等[139]。王玉云和康玉唐也认为研究生收费制度的实施可能会增加贫困生的心理压力和经济负担，使其接受研究生教育的机会减少等[140]。从利益分析视角来看，研究生全面收费政策涉及多方利益主体，魏静从利益博弈的视角，探讨了研究生全面收费政策实施中所关涉的多方利益群体的博弈关系，并提出应建立配套机制来努力均衡各方利益以实现政策的最优效果[141]。

其二，收费政策可能会影响学生的选择。由于研究生全面收费政策还在实行初期，研究者多在研究对学生考研意愿、入学人数等方面的影响。从影响大学生考研意愿和考研人数的角度来看，金晓晨和林子赛通过实证研究得出，大约39%的同学会因政策原因改变自身的考研意愿，并有 78.8%的学生因家庭经济压力而改变考研意愿，考研人数下降主要集中在家庭经济压力较大的学生中[142]。王帅等运用交叉表和相似性分析方法，通过调查南京 4 所高校大四学生的考研情况并进行比较分析得出，考研情况在户籍、本科学费来源、家庭经济情况方面存在显著差异[143]。罗曼等通过对湖北省在校大学生的考研意向调查发现，家庭经济条件相对优越的考生的考研意愿不会因收费政策而改变，低收入家庭中 33.3%的学生会因为成本上升而放弃考研[144]。杨孟孟详细分析了该政策对不同利益主体产生的影响，实行收费之后，有25%的人会放弃考研，其中15%的人来自农村，进而指出收费政策对研究生群体的影响是不容忽视的[137]。唐利华和陈敏也指出收费制度的施行使得研究生教育以成绩和学费作为入学的标准，会使同样优秀的穷孩子因为缴不起学费而被拒之门外，不可避免地损害了教育公平[145]。

其三，收费政策可能会带来功利性导向。很多研究者从科研贡献等多个角度分析发现，研究生收费政策的实行会导致研究生无法全身心投入学习和科研工作；国内优秀科研生源流失加剧；研究生学习和科研的功利化思想严重[146~148]。吴渝和曾立梅则从更微观的角度来分析问题所在，即在学业奖学金的评定上，会造成学生急功近利、学术不端等不良行为[149]。

其四，收费政策可能会带来高校（专业）的分层。部分高校由于长期依赖政府的财政拨款和学生的学费作为日常运营的成本，自筹经费的能力明显不足，严重影响高校自身的发展[150]。此外，收费政策的实施也导致普通高校与重点高校、冷门专业与热门专业之间的两极分化现象严重。全面收费政策让学生在选择学校和专业的时候更加慎重，从而导致某些培养单位和专业挤破门槛，而另一些就业前景不明确或者不理想但缺乏人才的特殊专业无人问津[151]。

（六）研究生全面收费政策的完善研究

许多研究者根据政策研究提出了针对性的建议，主要集中在以下几个方面。

1. 对于学费标准的政策建议

贺芳玲就研究生的经济状况和收费问题，通过调查上海市高校的 354 名在读研究生对收费政策的看法、学费来源、学生消费状况等问题，提出了热门专业应当先收费、应当改革研究生教育拨款体制等建议[152]；赵玉珍和许克毅认为根据专业的热门程度实行收费，对于基础学科不予收费，学科在学费标准中占主要考虑因素[153]；季明等认为分担主体应各自承担确定的教育成本份额，60%由国家负担，20%由个人负担，其余通过其他集资渠道负担[154]；孟东军和褚超孚完成了对 694 名在校研究生消费水平及其家庭支付能力的实证调查，通过访谈不同人群对研究生教育收费的看法，提出建立研究生教育成本分担机制、拓宽筹资渠道等建议[67]；樊华强认为除了根据利益获得原则进行成本分担以外，还要依据能力支付原则，综合学费收入比、学费成本比和学费财源比，根据地区差异、学校差异及专业差异，建立动态的收费标准，重点院校的收费标准一般应高于普通院校，冷门专业和热门专业的收费标准也应根据市场的供求有所区别[155]。

2. 对配套政策完善的建议

从奖学金方面，有研究者认为应缩小奖学金之间的等级，实行弹性奖学金制度，对奖学金进行合理分类，争取让每位研究生都能发挥自身优势，获得各自的奖学金[156, 157]。从助学金方面，应该建立健全导师课题参与报酬制度，让辅助导师完成课题的研究生获得一定科研报酬[158]。有研究者认为应着重考虑贫困生，真正确保助学金实际用于贫困生。李文利和杨希通过调查研究发现，我国研究生以赠予性资助为主，资助水平与覆盖面呈负相关关系[159]，因此应该从赠予性资助向参与性资助和鼓励性资助过渡。

三、文献研究述评

综上所述，研究生全面收费政策的研究有效结合国外已有研究重点和我国研究生教育发展实际问题，研究中凸显的问题意识比较明显，关注了政策在实施过程中的不确定性因素，以及政策所引发的一系列问题及影响等，其特点如下：定性研究居多，定量研究偏少；理论研究居多，实证研究偏少；宏观研究居多，微观研究偏少。这样的研究现状注重分析收费政策的主客观需求、注重表述收费政策的作用边界和空间以及收费政策体系的构建，尚未定量地分析收费政策与学业发展的关系，因而也缺乏说服力来表达收费政策的切实效用，收费政策实施中潜在问题也在相互的逻辑推断中不断滋生。究其原因，第一，研究生全面收费政策处于政策实施初期，定量的研究需要时间介入；第二，合适的研究方法是影响研究效度的重要原因。

随着研究生全面收费政策的全面实施，按照现有的研究规律和逻辑，更多的研究将主要集中在收费政策的完善和收费政策体系的构建方面，这方面研究已初现端倪，而这种研究趋势必须基于对研究生全面收费政策的效用发挥路径和差异性，并且应对其有比较清晰的掌握，这也是本书研究的价值所在。本书利用结构方程模型建立起收费政策与研究生学业成就之间的关系模型，并分析外在差异变量在模型中影响的差异表现关系及特征，为收费政策的效用表达提供定量的、可观测的支持，为收费政策体系的构建提供可参考的依据，让本书研究能够更有效、更全面地分析现有收费政策对研究生教育的影响，研究结果能够比较直观具体地反映出收费政策的效度。此外，本书在研究政策限度时，并没有局限于政策执行过程中出现的问题，而是着眼于分析政策出台时所存在的内生性局限，进而促进研究生收费政策的不断完善。

第四节　研究方法与创新

一、研究方法

（一）文献研究法

通过对现有文献的搜集与整理获得研究生收费政策、研究生学业成就、政策效用、政策限度等内容的尽量全面的信息，并对文献研究中的方法、内容、偏好等方面进行整理、分析和归纳，丰富和加深研究论证内容，从而形成对研究生收费政策的全面认知。同时，通过图书馆查阅相关教育年鉴档案、书籍和学术期刊等，查找相关研究的资料。最后，提取、廓清、梳理研究生收费政策各方面的基本情况，为问题的研究提供事实材料和现实依据，对影响收费政策和学业成就的衡量指标进行科学的选择与合理的解释。

在对现有文献综述基础上，搭建研究的理论基础，并结合问卷调查及访谈资料建立本书的研究体系。首先，综合运用指标分析、结构分析和关联分析等方法厘清研究生收费政策与学业成就的结构关系；其次，运用相关性分析和差异性分析辨清研究生收费政策主要变量之间的相关性和差异性，并构建研究生收费政策与学业成就之间的结构方程模型；再次，通过研究研究生全面收费政策对学业成就的影响机制，旨在完善研究生全面收费政策，构建科学的收费政策体系；最后，通过对研究生全面收费政策进行效用和限度的客观分析，厘清政策在实施过程中的阻力和障碍的来源，提高政策的有效达成度。

（二）调查研究法

调查研究法主要分为访谈法和问卷调查法。

访谈法是为了使研究更加科学合理。本书基于政策的差异性和关联性在设计问卷前进行了访谈，访谈对象主要选取了华中科技大学和武汉大学这些最早试点的高校以及华中农业大学的部分研究生和相关管理人员，共计 26 人。访谈内容主要关注被访者对研究生全面收费政策的认识、影响、存在的问题及针对性的改进建议等，访谈的内容详见"研究生全面收费政策与学业成就的关系模型及影响机制研究访谈问卷"（附录 1），访谈内容整理结果可作为设计问卷的参照根据。

问卷调查法主要是以国内高校的研究生为研究对象来获取基础的建模数据，围绕研究中涉及的变量特征来确定测量模型中用以反映该特征的观测指标，试图发现研究生全面收费政策实施的现状，为本书提供可靠的数据支撑。了解研究生全面收费政策的实际效用，发现研究生收费政策与学业成就之间的关系，确立变量之间的结构与关系，构建指标间的关系模型。为确保研究的真实有效与科学严谨，本书在设计问卷时，不仅结合已有研究，还合理利用访谈内容。问卷编制完成后，首先进行了预调查。预调查问卷共发放 40 份，对象有公费生和自费生。根据预调查分析结果得出 KMO（Kaiser-Meyer-Olkin）值为 0.785>0.7，说明其效度较好。随后进行相关性分析，发现收费政策与学习策略、学习策略与学业成就之间的相关性较强，收费政策与学习动机、学习动机与学业成就之间的相关性较弱。根据预调查结果和预调查期间答卷者反馈的意见，对问卷中存在歧义或表述不清晰的题项进行修改，最终定稿用于正式调研。问卷的内容详见"研究生全面收费政策与学业成就的关系模型及影响机制调查问卷"（附录 2）。

二、研究创新

（一）对于研究生全面收费政策有效性的关注

研究生全面收费政策预期会提高研究生学业积极性和科研积极性，从而提高研究生质量，但是收费政策从 2006 年开始实施试点到现在已经经历了一段时间的检验，全面收费政策在本书研究跨度内也经过了 4 年的探索期，其实施效果如何，在多大程度上影响了研究生学业成就的改善等都是切实有效的思考。因此，本书的创新之处在于有效地捕捉到了研究生收费政策从规范性研究向验证性研究过渡的转变，可以有效地对研究生全面收费政策的实施效果进行全面的评价，为政策的进一步完善提供实践支撑。

（二）对于研究生全面收费政策限度的关注

任何政策的出台都不是完美无瑕的，总是会存在这样那样的问题。研究生全面收费政策作为研究生人才培养机制改革过程中的重要组成部分，其制定和实施必然受政府因素的影响，表现出一定的局限性。本书的创新之处在于通过对研究生全面收费政策进行客观的分析，厘清哪些来自内生性的政策限度，哪些来自政策执行过程中的外在因素的阻滞，以采取必要的辅助政策或者对政策的修正与改善来弥补政策局限性带来的利益损失。

（三）基于结构方程模型的政策影响机制分析

全面收费政策评价中存在的变量主要是潜变量，很难通过直接的测量手段获得，为了弥补这一影响，本书采用结构方程模型来分析研究生全面收费政策对研究生学业成就的影响。由于这种影响存在间接性，本书选择了学习策略和学习动机作为中介变量来构建结构模型。因此，本书的创新之处在于研究方法的选择上具有针对性和有效性，选择的研究方法可以有效地解决潜变量之间的关系，而且是在现有对于研究生全面收费政策还处于规范和描述阶段的定量研究的探索，通过研究可以对该政策有更直观具体的评价，也可以发现研究生全面收费政策在作用路径和空间上的差异性，为政策体系的构建奠定基础。

第二章 政策分析：研究生收费政策变迁的过程与实质

在社会转型过程中政府治理存在着机遇和风险，一方面是由于社会转型必然带来公共服务需要的增加，如教育、就业、医疗等公共问题逐渐显现弊端，亟须政府职能的发挥；另一方面社会转型也带来权力结构调整和社会风险的增加，社会转型意味着政府权力运行方式的重大变化，政府自身需要面临职能上的巨大转变，除此之外，公众主体意识的崛起，也使政府在治理方式上面临巨大挑战，特别是随着我国社会由总体性社会向分化性社会转型，政策对象之间的利益差别逐渐扩大，不同政策对象在同一项公共政策中的遵从收益和遵从成本情况也越来越呈现多样化，治理方式和服务方式获得普遍认可变得越来越困难。公共政策作为政府治理的重要工具，也因此承载了庞杂的功能，如要反映大多数人的利益，要对社会利益进行权威性分配，要体现社会公平。因此，科学合理的政策分析也就显得越发重要。研究生收费政策变迁是根据自身发展的需要、外部环境的改变，为实现一定的目标对现有政策进行调整与创新以适应其不断发展的过程。本章将从政策变迁的视角对研究生收费政策进行分析，探讨研究生收费政策变迁的发展脉络、动力、主要特征及实质，以此来了解研究生全面收费政策形成的过程与实质。

第一节 政策分析与政策变迁的界定

政策分析在一定程度上可以避免不科学的决策，能够有效地帮助决策者减少决策失误及提高决策的质量。对政策进行分析，必须站在历史的角度，从整个发展过程中去观察政策变迁的情况，以把握政策发展的规律性，找到存在的问题，从而更好地对未来进行预测，因此，政策变迁是政策分析过程中的一个重要研究领域。本节分别对政策分析和政策变迁的概念进行详细阐述，通过了解其内涵、功能及过程的定义，从而为分析研究生收费政策奠定基础。

一、政策分析的内涵及作用

政策分析可以用来描述、解释各种政策的起因及后果，并由此来研究政府的实际功能，了解政府为何制定这类政策，以及政策的实施会产生什么影响[160]。

（一）政策分析的内涵

早在20世纪40年代末50年代初，一些政治学家就在社会政治领域建立了政策分析的基本框架，通过运用政策分析的方法来分析社会生活中存在的问题，以此提出解决问题的对策。美国经济学家林德布洛姆把政策分析定义为将定性与定量相结合的渐进比较分析的类型[161]。政治学家通常根据经济学前提假设的方法（即在投入固定的资源时，通过增加效益能够使产出更高）进行政策分析，其过程是先确定政策要达到的目标，然后寻找如何通过提高资源配置效率的途径来实现政策目标，但在政策分析前期需对政策问题进行确认，并收集有关政策问题的资料，这样做的目的是为决策者提供有效的决策依据。由此看来政策分析有助于提高政策目标效率，有利于决策分析。

随着政策科学的不断发展，人们分别对政策分析持不同的看法，国外研究者认为政策分析是调查研究预选方案，并对方案的不同意见进行整合研究的过程。内格尔和戴伊从广义的角度出发，认为政策分析属于政策科学范畴，是政府为了解决社会问题，对公共政策制定的原因、性质以及实施的效果所进行的研究。而对政策分析持中观立场的代表奎德和邓恩认为政策分析是一门应用研究学科，其可通过研究和论证的方法来分析解决各种政策出现的问题。小麦克雷和巴顿是从微观层面来阐释政策分析，他们认为政策分析是对政策备选方案的评估与选择进行研究。基于此，本书认为政策分析是政策决策者、分析专家及研究者为寻找解决社会公共问题的方案，通过科学的原则，采用有效的方法来制定和优化政策方案的过程，是对与政策相关的资料进行收集整理的过程，也是信息与知识创新的过程，通过提供合理有效的信息来规划、评估、检测、选择公共政策方案。

（二）政策分析的作用

政策分析提供的信息包含了以下五个方面的问题：①政策问题是什么类型？②如何选择合适的行动方案来解决政策出现的问题？③所选择的行动方案会产生

什么样的效果？④达到预期目标的行动方案是否能够真正解决问题？⑤其他的预选行动方案会出现什么样的结果？以上这些问题分别体现了政策分析的过程：界定问题、收集资料信息、建立评估标准、创新政策知识、形成政策主张。政策分析与政策执行过程密切相关，之所以被广泛运用于公共政策领域，主要有以下几个原因。

1. 减少政策失误，提高决策效率

政策分析是根据科学的方法和原则对政策进行研究的过程，是政策决策科学化的重要环节，在政策的制定和执行过程中起着导向作用，为政策分析者提供认识基础。一方面，政策分析可以帮助政府思考，通过在社会调查中发现社会问题，分析大量收集的可靠信息和数据，制定和评估各种方案，从而准确预测政策后果，提出合理可行的政策建议，避开政策制定的弊端，减少政策失误。另一方面，政策分析可以解决政策低效问题，政策低效是影响政策发挥效用的一个不可忽视的重要因素，通过政策分析不仅可以有效地解决决策中存在的低效问题，确保政策制定的科学性，而且可以对政策的实施计划和资源配置提出正确的建议，从而提高政策效率，促进公共政策资源的优化配置。

2. 完善政策，纠正偏差

政策是主观治理理念见诸客观实践的过程，在政府将自己的意志转变为公共行为的过程中，即使人们提出了比较完整的公共政策方案，实施中仍然会出现这样或那样的问题。而通过政策分析可以提高政策的科学性，首先在政策制定阶段，研究分析者通过对政策文本（或草案）进行分析、归纳和凝练，可以促进政策不断完善；其次在政策文本（或草案）完成提交后，研究分析者根据科学的方法和原则，并从政策的经济和技术可行性角度出发，对政策文本进行梳理，能够确保数据的有效性和真实性；最后，通过政策分析能够确保政策达到合法化，另外在政策执行的过程中进行分析，可以分清哪些属于实施者理解和执行的问题，哪些属于政策自身的问题，从而有针对性地提出建议意见[162]。政策只有通过不断地修改，纠正偏差，才会更加完善，但在对政策分析的实际操作过程中，由于政策分析的范围已经逐渐扩大，其影响也扩大到政策的制定、发展过程以及实施效果，因此不能仅局限于政策信息的选择过程，还应包括政策方案的完善过程及其他方面。

（三）教育政策分析的含义

教育政策是党和国家在一定历史时期为了实现教育发展目标及完成教育任

务，根据教育原则和教育政策基本方针所制定的教育准则，其作为公共政策中的一个重要组成部分，是以政府为主体的权威部门在社会范围内对教育利益进行分配的过程。遵循公共政策生成的逻辑，教育政策分析也是教育政策形成和实施的重要组成部分。教育政策分析也有广义和狭义之分，广义的教育政策分析覆盖政策制定、执行和结果全过程，如 Haddad 认为教育政策分析包括政策前的决策活动、决策过程本身以及决策后的活动[163]；孙绵涛认为教育分析是教育分析者运用科学的方法和技术对教育政策的内容、过程及结果等方面进行分析，从而促使教育政策达到预期目标的活动，教育政策分析从本质上来说是一种研究活动和评价活动[164]。狭义的教育政策分析则主要是针对某项教育政策进行的分析、评估以及预测的过程，如张芳全认为教育政策分析是指运用系统分析步骤及方法，对某项教育政策进行分析，提供可行的教育政策、计划及方案，使教育政策可以达到预期目标[165]。袁振国认为教育政策分析是对各种备选教育政策方案进行整合及系统的调查研究，评价各种教育政策方案，寻找教育政策方案内部之间各因果关系，以及对各教育政策方案可能会产生的后果做出预测的过程[166]。

本书中对于研究生全面收费政策的分析覆盖了政策的制定过程、执行过程和政策结果，因此是一种广义的教育政策分析。教育政策变迁的过程是多重循环和动态演进，多重循环是政策变迁的手段，从政策制定、执行到结果评估，通过不同的教育行为个体和团体的竞争、合作和调整，使教育政策得到不断的修正与补充，体现的是教育政策的渐进特征；动态演进是政策变迁的路径，是教育政策多重循环基础上教育根本利益结构的调整，体现的是教育政策的改革特征。无论是政策变迁的哪种形态，政策分析都是不可或缺的组成。

二、政策变迁与政策分析

一切事物都是不停运动、变化和发展的，政策变迁是旧政策修改与新政策采纳的过程，是公共政策动态运行过程中的一个自然的环节。了解政策变迁的内涵及过程，可以帮助我们更深入地理解政策变迁的原因及方式，而了解政策分析与政策变迁的关系则是帮助我们保持政策创新的重要途径。

（一）政策变迁的过程

在公共政策动态运行过程中，政策变迁是一个自然的过程环节。政策变迁实际上就是新旧政策之间的替代和转换过程，公共政策变迁是社会正式制度的变迁和改革形式，是围绕集体行动而开展的自发的或者通过人为安排的秩序演进过程[167]，并呈现出结构性逻辑和阶段性逻辑的过程。结构性逻辑表现为政策限度、政策阻滞、政策效用；阶段性逻辑包括政策失效、政策创新和政策均衡三个阶段。因此，政策变迁包括横向的结构性调整和纵向的阶段性调整的过程。

1. 政策变迁的结构性调整

从总体上来说，政策变迁是对现有政策进行变革使其不断适应社会发展变化的过程。由于受到外部环境或内部因素的影响，没有任何一个政策是处在保持不变的状态，政策变迁是客观存在的。政策变迁的结构性调整基于政策变迁的完整的过程，包括政策的制定、政策的执行过程和政策的结果。

政策制定过程中的结构性调整目标是尽量避免政策限度，公共选择理论认为，公共政策存在限度主要包括：①社会实际上并不存在作为政府公共政策追求目标的所谓公共利益；②政府存在的自立性导致政府内部性，存在偏离政策的公共性；③现有的各种公共决策过程及方式存在缺陷（投票交易、寻租）；④信息不对称、政府内部性、利益集团等对合理决策的制约。因此公共政策制定过程中存在的潜在局限一定会在政策的有限性上体现出来。

政策执行过程中的结构性调整目标是尽量避免政策阻滞。公共政策在执行过程中的执行资源短缺影响执行效率，执行环境恶劣影响执行效果，执行客体阻碍影响执行效用，因此，在政策执行过程中要尽量避免集体行动困境和旧有政策的惯性。

政策结果的结构性调整目标是尽量避免政策正义和公共性的丧失，即政策效用的丧失，具体是指政策实施的结果忽略了社会公平和正义，回避了社会公共利益。当然政策实施的结果一方面是政策制定和执行过程的结果反应，另一方面也是政策分析效用的欠缺，因此，在政策结果上，一方面要结合政策的制定或者执行过程进行客观的分析，另一方面也要进行有效的政策分析，并反馈在下一轮的政策实施过程中。

2. 政策变迁的阶段性调整

政策变迁的结构性调整考虑的是政策的整体性，而政策变迁的阶段性调整考虑的是政策的动态演进性，既包括整体的政策替代过程中的路径依赖，也包括政策转换过程中的非均衡到均衡状态的过渡，因此，政策变迁的阶段性调整考虑的是不同阶段下公共政策的状态及调整方向，划分为政策失效、政策创新和政策均衡三个阶段。

（1）政策失效是指政策不能有效地发挥应有的功能，失去了推动社会发展的能力，因此，政策变迁的阶段性调整的方向是分析政策失效的原因并采取相应的创新策略。政策失效的原因可能来自政策的结构性调整的任何环节，如来源于政策执行过程中的政策利益者之间的博弈、政策执行不科学。政策失效时会产生

"停滞"阶段，实际上是不同利益集团的力量抗衡。政策失效虽然使政策丧失了效力，不能实现资源的有效配置，但是事物的发展是波浪式前进、曲折式上升，也正因为政策失效，才能推动政策不断变迁更新。

（2）政策创新是政策变迁过程中最重要的一个阶段，是新政策代替旧政策的过程，政策失效推动政策创新，而政策创新又能推动政策变迁演进，但并不是所有的政策失效都能够推动政策创新。因此政策变迁的阶段性调整的方向是促进政策创新的方向，政策创新阻力很大程度上来源于利益结构调整中的利益损失者，他们希望维持政策现状以保障他们的权益，会千方百计阻碍政策的创新；还有一部分群体虽然不存在利益结构上的调整，但是在旧有政策环境下已经形成的惯习也会促使他们不愿意或者不想更换新的政策环境。无论是基于以上哪种原因，政策创新的方向都是发展的推动力，因此政策变迁调整的方向是消除政策阻碍，以合适的方式来进行政策创新。

（3）政策均衡是一种基于政策失效和政策创新的有效状态，使政策达到一种稳定的理想状态，即政策从失效到分析评估，到政策创新，到政策创新后的稳定性保持。这种均衡体现为公共政策供求数量上的均衡和质量上的均衡两个方面，数量上的均衡是公共政策供给与需求直接的有效匹配，质量上的均衡是指公共政策对于利益结构的调整达到了一种"帕累托最优"的状态，体现了政策的有效性，因此，政策均衡调整的目标是根据政策的结构性特征，动态调整政策供求关系，也要认识到政策均衡是一种相对状态，包含着政策失效和政策创新的可能，因此，政策变迁的阶段性调整并不是彼此鼓励的过程，而是存在重叠和包含关系。

（二）教育政策变迁与教育政策分析

政策变迁是政策调整的表现形式，政策分析是政策变迁的内部驱动力和政策变迁有效性的重要保障手段。政策的制定和表达虽然是一种主观存在，但是政策变迁是政策的客观存在形态，也就是说政策平衡是相对的，政策变迁是绝对的，政策分析是为了保障政策变迁的创新性和前进性而进行的主观选择和判断行为。因此政策变迁的目的是了解政策的阶段特征、变迁动力和变迁方向，而研究政策分析的目的是了解政策变迁的过程与实质，同样的逻辑关系也表现在教育政策变迁和教育政策分析上，也就是说虽然在表面形式上教育政策变迁更具有显性特征，但是离开教育政策分析的变迁很难保证教育政策变迁的有效性，脱离教育政策变迁的教育政策分析没有目的性，因此，两者都是指向教育政策的有效性和创新，两者不但在内容和目标上相互渗透，在过程和功能上也实现了相互补充。

1. 内容和目标的相互渗透

在西蒙看来，政策制定者不可能收集到所有有关政策状况的信息，不可能对所有相关决策信息做出完全正确的分析和处理，不可能做出百分之百的最佳决策；在现实决策活动中，决策者是不会等到了解了全部信息之后才决策的，而是在具备相关决策的基本印象后就开始决策；西蒙认为，完全理性模式实际上是一种绝对的决策准则，是一种理想化模式，不具有实际价值。基于此，西蒙提出了有限理性模型（bounded rationality model），也就是说公共政策形成的过程都是有限理性模型下的结果，这从另一个角度说明了教育政策潜在的局限性，而如果实现教育政策的改革创新，就需要进行政策分析。

1）政策手段与政策目标的矛盾

西蒙认为政策手段受有限理性的影响，在政策目标形成的过程中很难形成系统、全面的决策系统，政策形成手段和政策基本目的之间的联系常常是模糊不清的，也存在着冲突和矛盾，因此教育政策分析增加教育政策形成的知识储备，规范教育政策形成的过程和手段（分权机制、监督机制、权责配置等），合理制定教育政策目标，增加政府教育决策的理性程度，进而推进政府教育决策的科学化。

2）理想追求与有限追求的矛盾

政府在决策的过程中一方面要考虑公共利益，追求理性以明确公共组织的目标，协调所有的利益关系。但是由于从客观上来看，政府中的决策主体知识有限，也不可能掌握全部信息，无法认识决策的详尽规则；从主观上来看，在劳动合同不完全的情况下，"经济人"的属性会导致决策主体的价值取向多元，而不是只考虑公共利益，而公共利益与私人利益之间一般表现为此长彼消的关系，公共利益的实现通常以减损私人利益作为成本，这也就导致了政策形成的过程是理性决策的追求目标，但又不是最大限度地追求理性，只能尽力追求在能力范围内的有限理性。因此，必要的政策分析要基于有限理性对政策效果、效益、效应进行客观的评价。对于教育政策来讲，除了对教育政策的效益、效果和效应进行评价之外还要注重政策的教育性和正义性，考虑教育政策的直接效应和间接效应，以及理性因素和非理性因素，以弥补教育政策制定过程中的有限理性带来的问题。

3）"满意"标准与最优标准的矛盾

政策在形成的过程中一般是围绕政策目标形成政策要求，根据现有的备选方案，如果有方案能较好地满足制定的要求，决策者就实现了"满意"标准，缺乏再去研究或寻找更好的备选方案的动机，也就是"满意"仅仅是政府决策者的"满意"而不是公共利益的"满意"，"满意"的标准并非是最优的标准，导致政策在边界、职责、时间、目标等导向上的局限。鉴于公共政策的变迁是"一个循环周期，根据目标和情境公共政策被制定、执行、评估和再调整"[168]，因此，教育政策分析通过对政策的制定、执行进行分析与评估，一方面调和教育政策制定者和受众的满意度和最优标准，另一方面教育政策分析的反馈结果将促进下一个周期教育政策的调整。

2. 过程和功能上的相互协同

教育制度变迁是新制度经济学分析视角下的教育制度改革与创新。教育制度变迁常用于学术研究与表达，在书面公文及口头表达上通常用教育制度改革、教育创新、教育体制改革等来代表，体现的是教育在制度、体制和机制方面的改革和创新的调整，主要包括两个方面：①正式教育制度变迁，即教育政策的变迁，主要是指宏观、正式教育制度的变迁，涵盖正式教育制度的新旧替换、借鉴性移植、转换与调整等，主要变迁形式为政府主导的自上而下的强制性制度变迁；②非正式教育制度变迁，指微观层面教育创新、更替与调整形式，如办学主体的规制调整、学校内部治理结构调整等，发起主体和初始创新主体在基层个体或者单位，所影响和涉及的范围不及教育政策宽泛，主要变迁形式为自下而上的诱致性制度变迁。由此可见，教育政策变迁是一种正式教育制度的变迁，是教育改革和教育变迁的重要组成部分。

教育政策的公共性特征决定了其不可能靠市场或社会自发的力量来实现，政府干预是必不可少的。虽然从政策变迁的阶段性上来看，教育政策变迁一方面表现为政策均衡下的稳定性，另一方面也表现为政策失效和政策创新状态下的动态性，稳定性是相对的，政策演进的过程就是不断从均衡状态到非均衡状态，再从非均衡状态到均衡状态的调整过程。从政策变迁的方向上来看，教育政策变迁的导向是教育政策的改革和创新，但是教育政策变迁本身是一个中性表达，也就是说，教育政策变迁可能包括积极向上的改革和创新，也可能包括原地踏步式的返回，或者教育制度的还原。

无论是阶段性稳定与调整，还是方向上的创新与反复，教育政策变迁从根本意义上来描述教育政策的改变轨迹，教育政策的价值效度和教育政策的执行效度是衡量教育政策的两个主要标准，因此，实现教育政策变迁积极有效，一方面要关注教育政策变迁在价值上的正当性、公共性、合法性等，另一方面也要考虑政策执行过程中教育政策主体的有效性失衡，如教育政策主体在价值选择上的主观故意和政策执行过程中的有效操作性、技术性失衡，教育政策主体在执行行动上的价值参与"缺位"或者"缩减"等。而要解决以上问题必须有赖于科学合理的教育政策分析，因此教育政策分析的结果是在教育政策变迁过程中的反馈，而教育政策变迁中存在的问题则构成教育政策分析的主要内容。

1）在过程上相互衔接

教育政策分析与教育政策变迁的协同是保障教育政策创新价值取向的重要手段，在教育政策变迁的过程中，很难在教育政策变迁和教育政策分析上进行明确的边界划分，两者存在阶段上的衔接和内容上的包含关系。一项教育政策的变迁首先有变迁需求与动机，并在政府的决策过程中成为决策内容，进而到教育政策变迁的形成，教育政策分析是教育政策变迁的主要内容，也是教育政策变迁形成的必要阶段。

我国的政治体制、经济体制决定了教育制度变迁的主要形式是教育政策的变迁，因而变迁的形式是政府主导下的渐进式变迁，基于政府的"有限理性"，教育政策变迁的任何阶段和过程都包含有教育政策分析，也就是说教育政策渐进式的变迁，从不平衡到平衡从来都不是"顿悟"型的改变，而是在不断的教育政策分析基础上的自我完善和制度化的过程。

2）在作用上互为基础

当教育政策被提上政策议事议程，教育政策分析随之展开，包括如何把现实问题界定为教育政策问题，对问题的性质、范围、程度等进行科学合理的分析，在此之后才能确定教育政策的目标及教育政策方案，也就是教育政策的预期目标是在什么范围、何种程度上解决教育政策问题，这是教育政策分析的核心。教育政策分析的结果是教育政策方案的确定，后续环节是教育政策的合法化过程，因此，教育政策分析是影响教育政策变迁科学性和合理性的基础。反过来讲，教育政策目标转化为教育政策现实的过程必须要经过教育政策执行过程，教育政策执行是教育政策变迁的中间环节，教育政策执行不当或者不力非但不能解决教育政策指向的教育公共问题，反而会导致教育政策问题的恶化或者衍生出其他非预期的教育问题，如此，教育执行过程和教育执行结果（教育政策结果）中存在的问题，又成为下一轮教育政策变迁的基础，最终推动教育政策变迁呈现动态调整基础上的不平衡向平衡的过渡。

第二节　研究生收费政策变迁的过程

本章第一节已详细阐述政策变迁、政策分析、教育政策变迁以及教育政策分析的理论定义，为我们分析研究生全面收费政策奠定了基础。因此本节基于教育政策变迁的视角对研究生全面收费政策的酝酿、试点到实施过程进行分析，一方面，通过政策分析对现有研究生全面收费政策的制定和执行过程从历史变迁、历史依据及导向上进行梳理；另一方面，通过政策分析了解研究生全面收费政策在制定和执行过程中存在的问题，对问题的历史、现实和制度约束进行客观分析，对研究生全面收费政策的过程及变迁方向进行分析。

一、研究生教育发展历程中的制度探索

研究生教育是在大学本科后进行的培养专门高层次人才的教育阶段，属于高等教育的最高阶段，处于我国整个学位制度的金字塔顶端。研究生教育以科学研究为主要学习手段，肩负着为国家现代化建设培养高素质、高层次、创新型人才的重任，是国家创新体系建设的人才支撑。我国研究生教育发展和制度建设虽然晚于国外，但是我国一直致力于创建符合国情、具有中国特色的学位与研究生教育体系，在研究生教育的规模、结构和制度建设上都取得了长远的发展。研究生教育发展过程也是研究生教育制度建设不断完善的过程，本书主要基于正式制度教育政策探索的视角进行研究。

雅斯贝尔斯曾说过，"对过去我们看得越清晰，未来发展的可能性就越多"[169]。探寻研究生教育政策的过程，我们须对其历史沿革进行清晰梳理。我国许多研究者对研究生教育政策进行了分析，其中廖湘阳和王战军运用政策文本的分析方法对我国研究生教育政策及实施过程进行了历史性梳理，并按照政策特点与指向、政策的动因与背景、政策实施及政策评价的框架，将研究生教育政策分为四个发展阶段，第一阶段为研究生教育制度建立和加快发展时期（1981~1985 年）；第二阶段为研究生教育调整改革时期（1986~1991 年）；第三阶段为研究生教育深化改革阶段（1992~1998 年）；第四阶段为教育深化改革与积极发展时期（1999 年至今）[170]。刘舒畅按照各个时期教育政策的不同侧重点将改革开放以来学位与研究生教育政策的建设与发展分为三个阶段，第一阶段为恢复初建期（1977~1985 年）；第二阶段为调整改革期（1986~1998 年）；第三阶段为积极发展期（1999 年至今）[171]。郑浩在对研究生教育发展的历史研究中指出我国研究生教育政策发展是渐进性的，经历了量变到质变的过程[172]。基于以上研究者对研究生教育政策的分析，本书根据研究生教育政策发展的背景、特征及影响因素，把我国研究生教育政策的发展划分为四个阶段：第一阶段为恢复重建期（1978~1985 年）；第二阶段为调整发展期（1986~1998 年）；第三阶段为深化改革期（1999~2012 年）；第四阶段为转型发展期（2013 年至今）。通过对改革开放以来我国研究生教育政策发展的过程进行分析梳理，为分析研究生收费政策打下了良好的基础。

（一）恢复重建期：1978~1985 年

"文化大革命"致使研究生教育中断了 12 年。1978 年以后，特别是党的十

一届三中全会以后，我国研究生教育得到了较快的恢复。1977 年 10 月 12 日，国务院批转了教育部《关于一九七七年高等学校招生工作的意见》。该文件对全国研究生招生工作做了统一部署，并明确指出对研究生的培养目标：应具有系统而坚实的基础理论、专业知识和科学实验的技能，能够独立进行科学研究工作的科学技术和马列主义理论研究人才。1978 年 1 月，教育部在《关于高等学校 1978 年研究生招生工作安排意见》中明确 1977 年、1978 年两年的研究生招生工作合并于 1978 年进行，特别是 1980 年《中华人民共和国学位条例》颁布以后，1984 年北京大学等 33 所全国重点高校获得试办研究生院的资格，研究生教育制度开始进行独立探索之路。

恢复重建期的研究生教育政策使我国研究生教育走上了制度化、规范化、现代化道路，虽然当时研究生教育发展较"单一化"，只有学术学位类型，而且研究生教育管理权限集中在中央政府手中，导致地方政府及研究生教育机构未能充分发挥管理研究生教育的主动性、积极性和创造性，但这时期的研究生教育政策是与当时计划体制相适应的，党中央制定的研究生教育政策基本上都实现了政策目标，也对后来的教育政策制定产生了深远的影响。

（二）调整发展期：1986~1998 年

为了鼓励高等学校培养更多优秀的研究生，1985 年，在《中共中央关于教育体制改革的决定》的指导下发布了《国家教委、国家计委、财政部关于高等学校招收委托培养硕士研究生的暂行规定》，高校获得了招收委托培养硕士生的权力，成为国家招生计划外的一个重要补充，这一规定的发布也意味着我国研究生教育政策进入了调整发展期[173]。1993 年《中国教育改革和发展纲要》中提出研究生教育"规模要有较大发展""完善研究生培养和学位制度"，要着力提高研究生培养单位的规模效应、培养质量和办学水平，逐步改革研究生教育经费拨款和投资机制，实行以国家财政拨款为主，多渠道筹措经费相结合的办法[174]。

这个阶段的研究生教育政策的主题是"调整"，主要表现在以下两个方面：①研究生招生规模经历了在现有的基础上充实到扩大再到适当调整的过程。②进一步完善改进研究生培养制度。调整与发展时期的研究生教育政策为适应市场经济体制的发展做了很多探索，但政策一直处在调整变化中，不具有稳定性。一方面是研究生教育发展规模与速度之间存在不适应性；另一方面是研究生发展规模与投入之间存在不适应性。因此，我国从 20 世纪末开始逐渐探索研究生教育成本分担机制，并陆续开展试点工作，我国研究生教育的发展进入转型发展期，本节第二部分将围绕研究生收费政策进行分析。

二、研究生收费政策变迁的过程

通过对研究生教育政策发展过程进行梳理发现，我国研究生教育经过改革后二十多年的发展已经逐步理顺了，制约研究生教育继续发展的瓶颈因素逐渐变为日益扩大的研究生教育规模与教育投入机制亟须改革之间的矛盾，从 1985 年开始，我国就开始探索通过合同的形式，鼓励用人单位、个人参与成本分担，并在1991 年、1993 年、1994 年逐步补充有关研究生奖学金等资助政策。2001 年我国开始试行研究生收费并轨制，2002 年教育部为了提高培养研究生教育质量及解决研究生教育成本分担问题，首次正式提出研究生收费机制改革。

（一）研究生收费政策变迁历程

笔者通过在 CNKI 检索以"研究生收费"为主题词的论文发表数量来划分研究生收费政策的阶段，因为研究生收费政策涉及学生、高校、国家等多重利益主体，易引起相关研究者的广泛关注与研究，所以从研究者的关注程度可以反推出政策变迁过程及原因。基于此，笔者在 CNKI 数据库选择高级检索，然后选择期刊输入主题为"研究生收费"，时间选择不限，由此检测到有关"研究生收费"的来源文献共 117 篇。从图 2-1 可知研究起始时间为 1994 年，但研究生教育跟随高考恢复脚步快速发展起来，研究论文数量出现了三次波峰，第一次波峰对应1997 年开始的高等教育并轨；第二次波峰对应 2006 年收费政策开始在第一批重点高校试运行；第三次波峰对应 2014 年研究生全面收费政策的实施。也就是说对于研究生收费政策的研究也是伴随着政策变迁的趋势而呈现相应的集中，第一次波峰，高等教育的并轨带来大学本科阶段接受教育的全面收费，因此相应的研究开始探索研究生教育收费的必要性与可行性，而后两次波峰，研究生收费政策的试点和全面实施阶段必然伴随大量的政策分析。

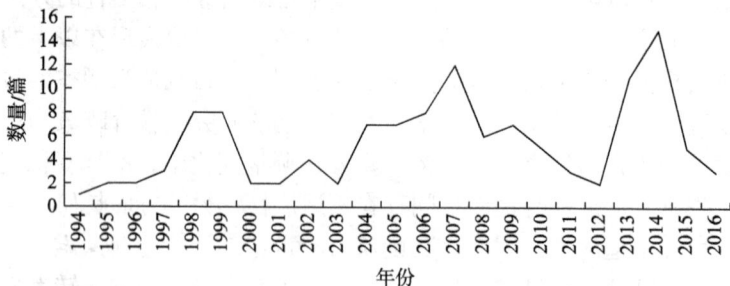

图 2-1　1994~2016 年"研究生收费"主题发文数量情况

为了进一步探讨研究生收费政策的变迁过程，本书把十一届三中全会作为研究生收费政策变迁的起点，以研究生收费政策模式为依据，将研究生收费政策的演进过程区分为三个阶段（图2-2），即政策萌芽期——全面免费制（1978~1984年）、快速增长与试行期——"双轨制"与试点并行（1985~2013年）、丰富与完善期——全面收费制（2014年至今），并根据政策内容特点、政策影响对各个时期的研究生收费政策进行分析。

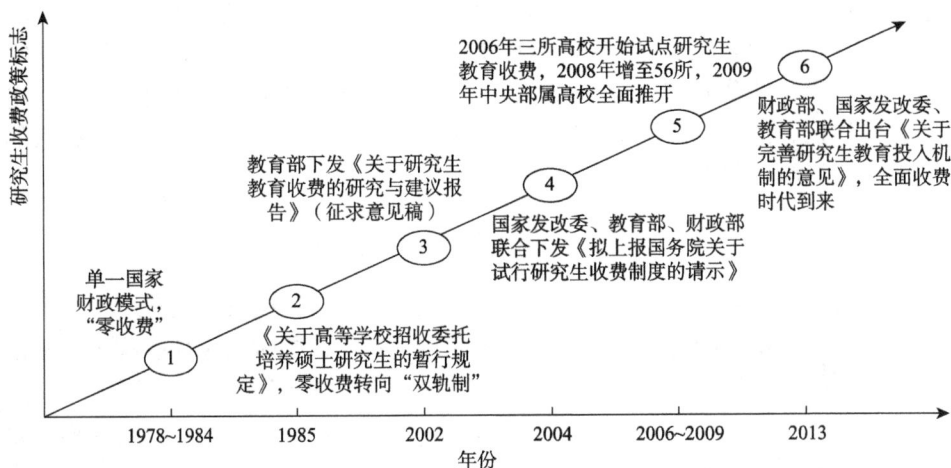

图 2-2　研究生收费政策改革变迁过程

1. 政策萌芽期——全面免费制：1978~1984 年

研究生全面免费制度是计划经济时期的产物，1985 年之前我国实行的是单一的财政模式，政府按计划统一招生，统一分配工作。在这段时间，国家经济建设需要大量的人力资源，于是政府在高等教育上投入较多的教育经费来培养人才，减少对义务教育的投入，并通过收取义务教育学杂费来弥补教育经费不足。在教育经费分配上，根据"全国高等学校以中央人民政府教育部统一领导"的原则由教育部统一分配，地方政府只能享有中央分配的不到 5%的财政预算经费。

在学生资助上，国家采取单一的助学金形式，研究生接受教育不需承担任何费用，并每月享受国家发放的生活费及其他补助。1977 年，教育部、财政部印发了《关于普通高等学校、中等专业学校和技工学校学生实行人民助学金制度的办法》，其中提出研究生、高等师范、体育和民族学院学生，以及中等师范、护士、助产、艺术、体育和采煤等专业学生一律享受人民助学金，享受比例为100%，其他高等院校、中等专业学校和技工学校的学生，助学金的享受比例按75%计算。国家对学生资助形式虽然单一化，但覆盖面广，资助力度大，基本能保障学生基本生活需求，解决一些生活困难。

研究生教育全面免费制度适应了当时生产力水平低下、人民生活水平不高的现状，国家能够按照计划合理安排研究生教育，满足社会需求，通过给予低收入者接受研究生教育的机会来实现教育公平，同时也培养了大量的高层次人才，解决了当时经济发展人才空缺的窘境。但其发展中也存在一定的问题，一方面由于实行全面免费政策，个人接受研究生教育不需要承担教育成本，受过研究生教育的学生大都获得了较好的发展，且受惠于研究生教育全面免费政策的群体主要是高收入和城镇家庭子女，这样就会出现大量的公共教育资源流入高收入阶层，从而引起教育资源的分配不公；另一方面由于政府对研究生实行零收费政策，研究生教育被认为是纯公共产品，人们加大了对研究生教育的需求，从而使政府对研究生供给增加，这不仅加剧了政府的财政负担，也导致了对其他教育体系投入的不足，进而影响了教育的均衡发展。

2. 政策试行期——"双轨制"与试点并行：1985~2013 年

伴随着零收费政策的实行，研究生人数逐渐增加，这引发了教育经费投入与研究生人数增长不匹配等问题。为缓解教育经费紧张，同时确保高层次人才的输送，1985 年《中共中央关于教育体制改革的决定》提出改变单一的国家财政拨款的办学状况，学生培养费按国家任务招生和社会条件性招生两种不同计划，分别由有关方面承担，国家要继续支持联合办学和委托培养，研究生教育开启了"双轨制"时代。在"双轨制"模式中，其中一轨是指对国家全日制计划内非定向生继续实行全面免费制；另外一轨指向自费生、委培生、定向生群体收取部分学费。研究生收费"双轨制"打破了单一的国家财政拨款模式，在一定程度上对研究生教育进行了成本补偿，减轻了国家对研究生教育投入的负担。但随着自费研究生招生规模的扩大，"双轨制"也显露出很多问题：其一，公费生和自费生收费制度存在较大差异，其标准确定是否公平让人质疑，且不同培养单位对自费研究生的收费数额差距较大，收费标准依据不透明[175]；其二，公费生和自费生所享受的待遇不同，在"双轨制"模式下公费生不需要承担学费，且每月享受定期补助，没有学费压力，导致大部分公费生缺乏学习动力，而对自费生来说，他们不得不在课后时间通过勤工助学的形式来减轻学费带来的生活负担，在一定程度上影响了自费生的学习效率。

因此，2005 年国务院核准初步试行《关于进行研究生培养机制改革试点的通知》，开始试行研究生全面收费政策，首批研究生收费试点高校为哈尔滨工业大学、华中科技大学、西安交通大学。2007 年第二批研究生培养机制改革试点在北京大学等全国 17 所高校实行。2008 年，全国 56 所高校研究生院进行第三批研究生培养机制改革试点。2009 年《教育部办公厅关于进一步做好研究生培养机制改革试点工作的通知》颁布，明确提出扩大高校试点范围，试点对象为中央部署高校和自治区、直辖市、省属高校。2013 年 2 月 28 日，财政部、国家发改委和教育部联合出台了《关于完善研究生教育投入机制的意见》文件，明确规定要完善研究生教育财政拨款制度、奖助政策体系，建立健全研究生教育收费制度等内容，从 2014 年起，按照"新生新办法、老生老办法"，所有的研究生都应缴纳培养费。

3. 丰富与完善期——全面收费制：2014 年至今

《关于完善研究生教育投入机制的意见》明确提出研究生教育是国家创新体系的重要组成部分，取消国家计划和自筹经费"双轨制"，研究生需按照研究生教育收费标准缴纳相应的费用，现阶段全日制学术学位研究生学费标准为硕士研究生每生每年不超过 8 000 元，博士研究生每生每年不超过 10 000 元，全日制专业学位研究生以及目前已按规定实行收费政策的研究生，暂时执行原收费政策。研究生全面收费政策从 2014 年开始实行到现在处在不断丰富和完善的阶段，该政策的实施不仅有效解决了政府研究生教育经费投入不足的现状，也是优化高校教育资源配置、提高研究生培养质量的必然选择。

三、研究生收费政策变迁过程中的主要特征

纵览研究生收费政策变迁的发展路径，可以发现我国研究生收费政策变迁有以下几个特征。

（一）政府的主导性

政府在政策变迁过程中居于主导地位，首先，我国的历史国情决定着政府在研究生教育发展过程中发挥着关键作用，政府作为整个研究生收费政策变迁过程中的基础动力，代表着社会集体意志，必须根据社会发展趋势、经济发展状况以及人民的需求制定相关的政策和战略。其次，根据公共产品理论，研究生收费政策属于公共政策之一，政府的性质决定了政府是公共政策决策的主体，公共政策体现了政府的行为和活动过程，其优劣程度直接影响着政府的治理能力，因此政府为了提高治理能力以及充分发挥其职能的效用，必须扮演好它在研究生收费政策变迁中所承担的多种角色。最后，政府要切实履行统筹规划、政策引导、监督管理和提供公共服务的职责，因此政府在研究生收费政策实行过程中发挥的监督管控作用，能够有效防范寻租腐败行为，促进研究生教育市场的规范发展。所以，政府在研究生收费政策变迁过程中居于主导地位，利用其特殊身份快速又稳步地推动政策变迁。

（二）政策变迁的渐进性

首先，在政策设计上循序渐进。从零收费到"双轨制"再到全面收费和相应的配套资助政策，并没有把所有政策都设置好，或按照一个既定政策按部就班进行，而是根据实际需要进行动态调整、修订完善，逐步形成一系列有章可循、有法可依的规章制度。其次，在政策执行过程中稳步推进。研究生收费政策变迁并不是事先否定已有的政策，迅速执行新政策，而是新旧政策有效结合，延续旧政策优点的同时进行政策创新，从而逐渐与新政策进行接轨形成统一。最后，在政策试点上循循善诱。从免费到双轨再到并轨，都是从小范围开始试点，在取得一定成效后再不断加以推广，这样可以降低改革风险和阻碍，也让公众慢慢接受这些新政策，让政策循序有效地顺利运行。

（三）政策变迁的动态性

研究生收费政策变迁是为了适应环境的变化不断做出动态调整的过程。免费阶段与当时的社会环境及计划经济体制息息相关，政府试图实现从农业社会向工业社会转型，采用"免费上大学加人民助学金"来吸引学生上大学，以获取人力资本；随后，由于高考的全面扩招，就读人数激增，研究生教育作为大学生就业缓冲器和加油站，为其跨越式发展积蓄了力量，从而引发教育经费不足，国家开始以公费与自费的"双轨制"方式缓解教育经费不足与人数增多之间的矛盾；由于高等教育市场化的推进，研究生人数的快速增长与教育经费入不敷出之间的冲突日益凸显，教育不公平、教育质量下滑、配套机制的不完善等问题频频出现，要求对"双轨制"做出进一步调整，开始推行全面收费政策。

（四）政策变迁的局部性

研究生全面收费政策的革新并非釜底抽薪，而是在已有的基础上根据政策目标的不同做出局部调整。在免费阶段，主要在助学金上面做了局部调整以提高研究生生活补贴。在"双轨制"阶段，为缓解研究生规模增长与培养经费紧缺之间的矛盾，在招生方式上做出了调节，降低研究生公费生人数，增加自费生和委培生人数。研究生全面收费政策的变迁过程也是试探性的，由少到多，由局部到全面的过程，首先根据高校类型由少到多试点，由 3 所"985 工程"建设高校扩大至中央部署高校，在奖助金机制上，以"奖学金"代替"助学金"，并提高标准。在全面收费阶段，为提高教育质量，完善奖助政策体系，健全成本分担机制，在收费方式和奖助机制上做了相应调整。但是反过来，研究生全面收费政策仅仅是研究生培养机制改革的一环，而研究生培养机制改革在高等教育体制改革中也仅仅是重要组成部分，其所涉及的政策的调整带有局部性，会推动高等教育体制改革的完善，但并不会在高等教育体制改革中起决定作用。

第三节　研究生收费政策变迁的动力与实质

公共政策变迁动力的思路可遵循公共关系的概念界定中的说法，Baker 认为，公共政策是"政府机构和它周围环境之间的关系"[176]，由于政策是社会互动的产物，因此也应当从社会互动结构中去寻找政策变迁的来源和动力，所以，政策变迁的动力也是从政府机构与环境之间的关系变化中孕育产生的。"社会中心论"（society-centric theory）认为，政策变迁的来源和动力是社会环境，政策是由国家所承受的一系列压力所组成的矢量图，按照其中最强大的社会力量所推动的方向前进[177]。从传统解释的层面上看，任何一项政策的变迁都不是随意进行的，在其变迁的背后存在着各种制约力量，并不是单一动力作用推动的，政策变迁不是自发的过程，而是受到某些外部环境推动因素的影响，从而创造出有利于变化的条件。

一、研究生收费政策变迁的动力

研究生教育经历了 40 余年的发展历程，从全面免费制变迁到"双轨制"再到全面收费制，为了满足社会和政策主体的需求，其在变迁过程中受到了不同外部因素的影响。动力是研究生收费政策变迁的重要推动者，是刺激研究生收费政策变迁的诱因，研究生收费政策变迁是多方面合力作用的结果，其中根本动力为社会环境变革，基础动力为政府主导的诱致性需求，直接动力为高校、研究生自身发展的需求。

（一）根本动力：社会环境变革

研究生收费政策作为研究生培养机制改革中的重要组成部分，社会环境是推动研究生收费政策变迁的根本动力。在这个大的社会环境中，经济环境、教育环境、文化环境对研究生收费政策变迁产生了一定的影响。

1. 经济环境对研究生收费政策变迁的影响

经济基础决定上层建筑，政策属于上层建筑部分，必然受经济关系制约。我国的经济体制经历了从计划经济体制到中国特色社会主义市场经济体制的变革，在计划经济体制下，由于资源的稀缺，政府包办一切，对社会事务进行高度集中管理，这对我国教育发展产生了深远的影响，即使在改革开放初期，计划经济的影子仍然存在，如中央政府对高等教育实行统一计划管理，教育经费完全由政府承担；对学生资助也显现出绝对的平均主义，每一位学生都能获得政府给予的资助，资助范围几乎包含生活所有部分。1984 年党的十二届三中全会通过了《中共中央关于经济体制改革的决定》，提出计划经济是公有制基础上的有计划的商品经济，必须自觉运用价值规律，发挥市场作用，建立合理的价格体系，充分重视经济杠杆的作用[178]。价格制度的变革对高等教育成本分担政策的发展方向产生了直接影响。之前整个社会的资源的生产、开放、利用是独立于社会主义商品经济，不考虑价值规律因素的影响，所以学校培养学生、企业培养员工都不需考虑成本效益，而根据公共产品理论，高等教育属于准公共产品，带有私人性质，私人产品具有价值属性，公共产品的供给是通过国家税收负担来实现的，准公共产品的供给是通过国家税收和个人支付共同分担，因此在这一阶段受经济体制改革的影响，高等教育实施收费制具有了可能性。

改革开放后，随着社会主义市场经济体制的建立，党的工作重点已经转移到社会主义现代化建设上来。《中共中央关于建立社会主义市场经济体制若干问题的决定》中，提出要形成政府办学为主，社会各界参与办学相结合的新体制。2004 年居民收入由于收入分配制度的改革而得到增加，再加上银行存款利率的多次调节，增加了消费者投资教育的可能性。随着我国的经济迅速发展，人民生活水平逐步提高，人们增加了对研究生教育的需求。但在研究生规模扩大过程中，政府对研究生教育资源的供给能力有限，且在配置资源过程中也存在一些缺陷，这使市场获得了良好的发展机会，市场经济体制给市场力量配置资源提供了足够的空间，市场成功地抓住了研究生教育资源这块大蛋糕，冲击了政府对研究生教育资源的"垄断性"，这不仅提高了研究生教育资源的供给能力，也开拓了研究生经费来源的渠道。在市场经济体制下，我国建立了以公有制为主体，多种所有制并存的经济制度，政府不再包办就业，研究生就业由劳动力市场提供，自主择业。于是，我国研究生教育收费制在经济环境的变化下由政府包办的全面免费制向"双轨制"转变。

随着我国经济发展进入了新常态，经济在发展的同时也面临着一些困难和挑战，如劳动力规模缩小，我国的人口红利开始逐渐消失[179]。为了实现教育强国目标，政府加大了对教育经费的投入，其中基础教育是投入重点，高等教育投入较少。再加上高校扩招下引起的债务问题，使高校财政投入不足，发展受到严重的影响，因此在这样的经济环境下，建立研究生全面收费制显得尤为重要。

2. 教育环境对研究生收费政策的影响

从研究生教育政策历经的过程来看，教育大环境始终是影响研究生收费政策一个至关重要的因素。特别是在改革开放后，随着政治经济体制逐步改革，教育改革呼声高涨，1980 年国务院出台了《关于实行"划分收支、分级包干"的财政管理体制的暂行规定》，改革计划经济体制下统收统支的财政体制，但此次改革只是给予地方微薄的权限，中央仍然掌握着财政大权，教育财政依然归国家财政所有，地方只是负责在中央的领导下实施中央安排的计划，即统一筹集高等教育经费收入与安排教育经费支出。在 1979 年到 1984 年期间，政府在高等教育中起主导作用，全权管理研究生培养工作，研究生的培养费用也由政府全部承担。

1985 年国务院发布了《关于实行"划分税种、核定收支、分级包干"财政管理体制的规定》，明确了各级财政的权力和责任，中央与地方财政"分灶吃饭"，扩大了地方政府的自主权，这也为地方政府分担研究生教育成本奠定了一定的经济基础。1985 年《中共中央关于教育体制改革的决定》明确提出实行国家计划招生、用人单位委托招生和招收少数自费生三种办法[173]，政府开始划分教育成本分担责任。1993 年，为促使教育更好地为社会主义现代化建设服务，国务院印发了《中国教育改革和发展纲要》，明确提出"提高非义务教育阶段学生学费标准，同时按不同情况确定义务教育阶段学校杂费收费标准""各级政府要加强对集资工作的统筹管理。——运用金融、信贷手段，融通教育资金"[174]，研究生教育作为非义务教育，被列入缴纳学费的范围中。进入 21 世纪之后，中央政府在义务教育阶段投入大量的教育经费，2006 年我国开始实施义务教育，不收学费、杂费，且在农村税费改革上，取消向农民征收的教育集资和教育费附加等行政收费项目，以减轻农民负担。政府为了缓解在义务教育阶段的教育经费投入压力，开始加大转移支付力度，通过减少对高等教育的投入来弥补义务教育经费缺口，而此时研究生规模迅速扩大，超过了政府对研究生教育经费供给能力，政府不得不采取分担教育成本的方式来解决问题，直接促成了研究生教育全面收费政策的实行。

3. 文化环境对研究生收费政策的影响

任何一项政策都会体现出特定的文化价值取向，有什么样的文化就有什么样的政策制度，文化与政策制度关系密切，相辅相成，因此文化环境是影响研究生收费政策变迁的重要因素。在计划经济时代，人们的文化价值取向趋于同质化，无条件地服从集体和权威的意志成为人们心中奉行的价值标准，由政府来直接决定一切社会事务。在这种文化价值观下的政治体制带有权力色彩，如政府统一包办教育，高考、研究生教育受"文化大革命"影响被迫中止。而改革开放以来，中国经济开放发展的同时，文化价值观也趋向多元化。由于早期研究生教育免收学费，研究生无成本概念，再加上我国研究生培养制度的严进宽出，研究生在学习上缺乏动机，对未来的发展方向和择业方向也不清晰，盲目占有教育资源，造成了一定的教育资源浪费。

而我国在研究生教育中实行的"双轨制"，也衍生出一些寻租和腐败行为，一些人在利益价值观的驱动下进行权力寻租，行政权力者凭借其权力来影响公费指标，公费生的评价标准同时也由学术权力者进行决定，如何选择公费生为权力寻租提供了可能性的同时也导致了学术权力和行政权力的双重腐败，一些研究生通过不正当的手段贿赂掌握权力的人来获得公费生资格，滋生了权钱交易的坏现象，不仅扭曲了研究生的世界观和价值观，也腐蚀了社会环境，对社会发展产生负面影响[6]。此外，从 20 世纪末开始，公众逐渐意识到教育的重要性。随着大学教育并轨收取学费，加上教育投资对于经济增长表现出的收益递增的特性，教育投资逐渐被认可并普及，国家对教育经费的投入与公众对高等教育需求之间出现了失衡，使研究生教育成本分担积累了一定的社会基础，研究生全面收费政策的实施有了现实可行性[155]。

（二）基础动力：政府主导的诱致性需求

教育具有经济、政治、文化等功能，自古以来都是统治阶级维护、巩固其统治地位的重要工具，对于促进社会的发展具有举足轻重的作用。研究生教育作为高等教育的最高层次不仅能够为政府培养所需人才，而且能够促进经济的发展。研究生这个高级知识分子群体拥有较强的知识和技能，其培养质量的好坏关乎整个社会发展和经济实力。我国就业市场对研究生需求量逐步增加，尤其是高精尖技术产业。因此，政府通过教育政策的制定与实施逐步引导研究生教育的发展方向，使教育资源得以合理归置，研究生培养质量得到提升，政府扮演着政策供给者、参与者、监督者等多种角色，在这多种角色中政府不只是"守夜人"，满足服务对象的利益，政府也有自身的利益需求，因此政府自上而下的主导是研究生收费政策变迁的基本特征。

回顾研究生收费制度改革发展历程，1985 年之前的研究生教育是单一国家财政模式，研究生教育的所有经费完全由政府负担，研究生接受教育不但免费，而且可以享受生活补助，政府实现了最广泛意义上的教育公平，最大限度满足了培养高层次人才的需要，但是这种培养模式是国家教育成本最大化和个人教育收益最大化，不符合可持续发展的要求，因此，从 1985 年开始实行研究生收费制度上的"双轨制"，研究生收费政策沿着财政投入多元化模式的方向演变，这种收费制度在一定程度上缓解了政府投资教育的压力，但是"双轨制"的收费政策用静止、单一的标准决定研究生是自费或是公费接受教育，违背教育公平原则，也无法有效地调动研究生的积极性，已经不能适应个体的理性追求和环境变化，制度效率"生命"曲线下滑，最终形成政府推动变革的原动力。

从研究生全面收费政策的变迁过程来看，从 2002 年全面收费政策的探索性尝试，到连续三次的政策改革的试点，政策变迁的过程是兼顾了最基础的利益群体的自下而上的探索过程，也就是说培养单位的内在力量或者内在逻辑在一定程度上主导了政策变迁的方向，阿什比认为这种内在逻辑"对于高等教育发展的作用恰如基因对生物体系的作用，保持了教育的统一性，是一种内在的陀螺仪"[180]，这种内在逻辑主导下，当事人的利益需求可以通过合理的途径得以表达，并在制度变迁过程中得到体现，从形式上表现为需求诱致性变迁。而无论制度变迁模式如何，任何形式的正式制度都必须经过政府在程序上确认，才能全面推广，因此，研究生收费政策试点的结果最终体现为《关于完善研究生教育投入机制的意见》的出台，研究生收费政策从形式上最终以强制性变迁的方式得以推行。

对于全面收费政策制度变迁的过程，任何一种制度变迁类型都不能进行完整的归纳和解释，鉴于政府在制度变迁过程中的最终确认地位，任何制度变迁最终都会走向这种强制性变迁，其在本质上更符合"政府主导的需求诱致性的制度变迁"[180]，诺斯把这种政府主导的需求诱致性的制度变迁归结为"半自愿半政府的制度安排"，从制度变迁的本质上说，其实都是需求诱致性的，可能表象上或者结果上是以政府强制性的变迁方式存在。所以，如同我国社会制度变迁交织着政府选择外部规则和社会成员选择内部规则的双重秩序演化路径，前者表面上是主线，实际的主线是后者。研究生全面收费政策的变迁过程既包括政府主导的强制性变迁，又涵盖各个培养单位作为初级行动团体的需求诱致性变迁，可以说，全面收费政策的变迁过程充分验证了我国教育政策变迁的政府主导性，以及类型上的政府主导的需求诱致性的制度变迁。

（三）直接动力：高校、研究生自身发展的需求

研究生收费政策是研究生培养工作中的一个重要内容，是影响研究生教育发展的一个重要因素，而高校作为研究生培养的主体，能够直接推动研究生收费政策变迁。

1. 高校自身发展的需求

研究生教育全面免费制时期，高校是在国家领导下统一管理，研究生招生、工作都由政府统一包办，高校的一切经费由政府按计划下拨，在这种计划性的教育下高校不需要承担教育经费负担。步入研究生收费"双轨制"后，国家采取两种研究生培养模式，衍生出了公费生和自费生两个群体，公费生继续由国家出资，并享受国家普通奖学金，而自费生需自付费用。高校管理中也因公费生和自费生出现了诸多问题[175]。

（1）培养单位确定自费生和公费生的标准的公平性问题。一方面，按照分数排名来确定公费和自费名额具有局限性，因为分数平等的背后隐含的努力程度、教育质量等是不均衡的，不同家庭经济条件下的学生所取得的分数是不平等竞争的结果。另一方面，研究生"初试成绩+复试成绩"所形成的录取成绩模式，给复试带来了"暗箱操作"的空间，培养单位也增加了教育行政和监督的成本。

（2）培养单位对公费生和自费生的管理存在公平性问题。教育收费"双轨制"下，研究生通过入学考试被人为地划分为公费生和自费生，两者不能享受平等待遇，带来研究生管理上的公平性问题，不利于营造健康积极的校园氛围。自费生背着巨大的经济包袱，滋生浮躁情绪甚至误导价值取向，在一定程度上增加了培养单位在学生教育和管理上的成本。

（3）培养单位对于研究生培养质量提升上的问题。国家计划内研究生即公费生得益于一次考试定"终身"，在读期间不但没有高额学费的压力，反而还有一笔国家资助金，生活基本无忧，缺少外在的动力和奖学金的激励，学习动机和学习效果存在不确定性。另外，国家计划内研究生入学及就业、奖励没有明确的契约，不利于研究生认识自己在读书时受资助的性质和资助者。有调查发现，很多国家计划内研究生并没有很好地认识到国家在财政如此紧张状况下对于他们的资助，更多的是自得于入学考试的成功，没有竞争的压迫感。而自费生由于负担了高额培养费用，其学习精力在一定程度上被释放经济压力所挤占，因此教育质量很难得到保障。由此，高校在研究生培养机制上的不断完善的发展需求是推动研究生收费政策变迁的直接动力。

2. 研究生自身发展的需求

在研究生全面收费政策变迁的过程中，一直都秉持着促进研究生教育可持续发展的基本目标，以及保障研究生群体收益可持续发展的原则。研究生作为收费政策的重要主体，其自身的需求自然也是促进收费政策变迁的重要推动力之一。

在 1985 年之前，我国实行研究生免费教育政策，并享受通过中央财政按月给予生活费的优惠补贴以及在毕业后统一分配工作，此种全免费的研究生培养方式与当时计划经济体制下生活水平相适应，国家能按计划合理安排教育资源，并在一定程度上通过给予低收入者接受研究生教育的机会来实现教育公平。而在研究生免费教育的环境背景下，研究生的名额资源虽较为紧张，但能在社会上获得很好的个人发展，且受惠于研究生收费全免政策的群体主要是高收入和城镇家庭子女，导致大量的公共教育资源流入高收入阶层的现象频现，引起公众对教育资源分配不公的质疑。

20 世纪 80 年代中期开启"双轨制"研究生收费模式，公费生学费仍然由政府承担，每月享有一定数额的生活补助，而自费生一切费用全需自理。两者的教育资源有所差异，而且对自费来说生还有其他不公的影响：自费生不但要自筹学费，还享受不到类似于助学金等补助，没有公费生享有的深造机会多，甚至还存在被歧视的现象。另外，尤其是对出身于穷困家庭的自费生来说，高额的学费给他们带来了巨大的经济压力，迫使他们去寻求课外兼职以解决经济困难，不仅占用了学习时间、影响学业科研的进展，可能还会因心理不平衡而产生精神压力，经济负担叠加精神负担，教育不公平问题日益凸显。

研究生个人对于接受公平教育的诉求也迫使现有的培养机制进行全面的改革，研究生全面收费政策应时而生，因此，研究生收费政策实施的目的是保障研究生群体的获益公平。

二、研究生收费政策变迁的实质

政策变迁是根据事物自身发展的需要和外部社会环境的改变，为实现一定的目标对现有政策进行调整与创新以适应其不断发展的过程。研究生收费政策作为公共政策之一，涉及纵横交错的利益关系与悬殊的博弈能力，其不断变迁旨在厘清多元利益主体之间错综复杂的关系，处理多元主体间产生的矛盾与冲突，努力满足各方利益主体的诉求，让其达到均衡公平状态。

（一）政府与高校之间的利益关系

政府与高校之间的关系是不同性质主体相互作用的结果，是政府与高校作为独立的组织在一定的空间范围内相互联系、互动发展的特殊社会关系，政府作为行政主体，拥有"命令、指导、监督"的权力体系，其凭借拥有的公共权力来调控分配社会资源，并且运用权力来影响资源分配的结果[181]。因此政府与高校之间是一种委托代理关系，高校的经费来源于政府的财政拨款，所以形成了政府向高校投资，委托高校负责为社会培养人才，委托代理关系必然带来利益损失，政府加大对研究生教育的投入是为了培养优质的研究生，促进教育的发展以实现社会效益最大化，但在缺乏监督的情况下，高校不存在成本危机，为了自身获益，往往会向政府隐瞒学校的真实情况，由于信息的不对称，政府与高校存在"囚徒困境"博弈，博弈的结果是一方面教育资源配置缺乏有效的效率基础，另一方面高校的绩效也缺乏提升的动机，而研究生收费政策从免费到"双轨制"再到全面收费的逐步变迁旨在不断创新与调整已有政策以达到一种"纳什均衡"，通过改变研究生教育资源配置方式，相对缓解培养经费供需矛盾，逐步赋予高校更大的自主管理权与办学权，约束与规范政府行为，让研究生教育发展稳步推进。

（二）高校与研究生之间的利益关系

高校与研究生处于教育服务供求的双方，在免费阶段或者"双轨制"阶段，招生市场上的卖方市场使得高校在提供的教育服务上不存在质量意识，研究生在选择上不存在成本意识，因此研究生培养质量很难得到提升。研究生全面收费政策确立了学生作为消费者的地位，学生购买教育服务，学生在招生市场上逐渐获得话语权，也在一定程度上弥补了研究生在与高校对比上的信息弱势地位，特别是随着研究生全面收费政策的实施，学校的分层越来越明显，高校生存和发展的压力也越来越明显。例如，在同样收费的情况下，普通高校的奖助学金的额度与重点高校相差甚远，这使得普通高校对报考研究生的吸引力降低，尤其是一些冷门专业，在"双轨制"时期政府会增加冷门专业的公费比例来调节专业不平衡的问题，而全面收费后，冷门专业及基础学科就失去了吸引学生的砝码，因此，研究生全面收费之后倒逼研究生培养单位理顺培养机制，建立和完善研究生教育奖助体系，制定科学、公平、公正的评价与奖励机制，确保资金规范、安全、有效使用。在制定相关评价机制过程中，高校的自我约束也在增强，让研究生参与其中，考虑研究生的切身利益，逐步提升研究生的博弈能力，共创和谐、满意的科研与学习环境。

（三）研究生内部的利益关系

研究生教育全面免费时期和"双轨制"时期，社会的不公平在教育领域得以最大程度的延续，导致教育资源在研究生之间分配不合理，最突出的问题就是公费生和自费生之间公平性失衡导致研究生内部之间利益存在冲突。例如，公费生既可以无条件享受政府给予的优质待遇，而且学校的"三助"岗位或者其他学习机会都会优先考虑公费生，自费生不仅需承担学费，而且享受不到其他资助体系。全面收费政策实施之后，研究生个人及家庭要缴纳学费，国家以"学业奖学金"的形式"抵消"学费，但是奖学金覆盖范围有限，会根据学业成绩评定等级来发放，并非所有研究生都能拿到与学费相等的奖学金，这无形中形成了研究生之间为奖学金进行竞争的格局，研究生为了获得奖学金，必须增强学习动机，改善学习策略，进而提高综合测评分数，这也是研究生全面收费政策的初衷。

第三章　政策目标：研究生全面收费政策与学业成就的关系模型

　　研究生全面收费政策除了变革研究生教育的资源配置结构目标之外，另一个核心目标是通过解释收费政策来提高研究生的学习动机，改善其学习策略，并以此来提高研究生的学业成就，因此本章试图运用结构方程模型，建立研究生全面收费政策与学业成就之间的关系模型，用实证研究方法为收费政策的效用表达提供定量的、可观测的支持，为完善收费政策体系提供可参考的依据。

第一节　结构方程模型

　　在社会科学研究中，存在很多无法直接观测的变量或无法直接测量的假设构念，如教育政策、学业成就、学习动机、学习策略等，需要通过一些可以观测到的、实际的指标来反映潜在构念，结构方程模型便是用来解决以上问题的。结构方程模型也称为协方差模型或因果模型，它建立在传统分析方法的基础上，通过整合改进路径分析和因子分析的优缺点，来分析观测变量与潜变量、潜变量与潜变量间的因果关系。运用此模型可以进行一些比较抽象的归纳性的属性分析并探讨各属性的因果关系，将结果用量化的形式表现出来，并用路径分析图将这种关系反映出来。结构方程模型是一种既有弹性又有效度的统计方法，被国内外研究者关注并广泛运用于心理学、教育学和管理学等领域中。对于这些领域的研究者来说，结构方程模型已经成为用实验数据和非实验数据检验理论的一个重要工具[182]。

一、结构方程模型的组成

自生物与计量经济学家怀特在 20 世纪 20 年代提出路径分析模型之后，瑞典统计学家杰瑞斯科克提出了结构方程模型[183]。之后研究者不断对其进行改进与发展，将结构方程模型的组成概括为一个核心、三类变量、两个模型和两条路径。一个核心是指模型主要通过协方差矩阵来建立，三类变量为潜变量、观测变量和误差变量，两个模型是指测量模型和结构模型，两条路径是观测变量路径与潜变量路径。

（一）结构方程模型中的变量及关系

潜变量是一个构念，是指不能被直接测量，需通过其他方法或变量加以综合测量的指标，也称为隐变量，是通过双测变量的推算估计来反映的变量。例如，学习动机与学习策略就是无法直接测量的变量，需要通过设置指标来反映，其中潜变量分为外生潜变量和内生潜变量。

观测变量是可以直接被观察和测量的变量，也称为显变量，有被观察、被测量的双重含义，通常采用量表的形式表现，如学习动机是潜变量，"考试分数"作为学习动机的测量指标就可以被观测并测量。观测变量分为内生观测变量与外生观测变量。潜变量与观测变量的关系，如表 3-1 所示。

表 3-1　变量符号及指向图示

变量	内生			外生		
	符号	主动指向	被指向	符号	主动指向	被指向
观测变量	Y	其他变量	无	X	其他变量	无
潜变量	η	无	其他变量	ξ	无	其他变量

误差变量是指变量的变异无法被共同的潜变量充分解释的部分，每个观测变量都会有误差，而潜变量通过对观测变量测量统计得出，结构方程模型特性之一就是允许误差的存在，测量误差可以被估计，通常被看作潜变量。

结构方程模型分析的核心是变量的协方差。协方差是描述统计中的一种离散量数，利用协方差可以计算两个连续变量的变异量，反映两个变量的共变和互联程度。

（二）结构方程模型的构成

完整的结构方程模型由测量模型和结构模型组成，测量模型表示潜变量与观测变量之间的关系，结构模型表示潜变量与潜变量之间的结构关系，其中潜变量之间的关系是研究的重点，所以整个方程模型也称为结构模型方程。测量模型由潜变量与观测变量组成，是一组观测变量的线性函数，观测变量的数据主要是根据问卷调研得到的，问卷需要在理论假设的基础上进行构念设计[184]。

结构方程模型的使用需满足以下基本条件：两个变量之间要有足够的关联性；假设的"因"必须发生在"果"（所观测的影响）之前；变量之间的关系必须有理论基础做依据[185]。

在结构方程模型中，模型间的变量分为因果关系和共变关系，用单箭头表示变量之间的因果关系，箭头所指的变量为"果"变量（effect variable），直线起始处为"因"变量（dependent variable），双箭头符号表示两个变量之间没有因果关系，而是共变关系。

（三）结构方程模型的分析

结构方程模型的分析可以划分为测量模型分析和结构模型分析。测量模型分析又称因子分析，分为探索性因子分析（exploratory factor analysis，EFA）与验证性因子分析（confirmatory factor analysis，CFA）。研究者在因子分析之前，不明确一个变量所具备的因子，无法预设变量的因子结构，所以使用统计软件分析因子的结构，根据因子的负荷量来选取因子，并对因子进行命名，带有一种"探索"的性质，故称为探索性因子分析，其常用来确认测量变量的指标变量是否能够反映变量的特性。

已有的研究中，研究者已经预先了解了因子的结构关系，或者已经明确一个变量由哪些因子的量表组成，构建的结构方程模型具有一定的理论及推论基础，进行因子分析是为了进一步验证或说明选取的因子是否可以代表变量，数据的模式是否是预期的形式，由于这时的因子分析带有"验证"的意思，故称为验证性因子分析。

探索性因子分析与验证性因子分析最大的不同在于测量的理论框架在分析过程中所扮演的角色与检验时机不同[183]。在探索性因子分析中，在对测量指标进行统计分析之后建立理论框架；而在验证性因子分析中，研究者以文献研究或理论支持为基础，通过数学程序确认研究者构建的理论框架是否存在，理论框架存在于测量之前。

结构模型分析，又称路径分析，是结构方程模型分析的核心，将观测变量间的关系以模型化的方式进行分析，来解释一组变量间的关系。观测变量的路径分析在传统回归分析中就存在，结构方程模型将潜变量路径分析加入回归分析中，以建立潜变量的方式来讨论变量间的关系，将观测变量与潜变量的路径分析合二为一，超越了观测变量分析。

二、结构方程模型的特点

结合已有研究，结构方程模型有以下特点。

（一）测量与分析相结合

在传统的统计方法中，常把变量视为可测量的、可观测的数据，对于不可测量的数据，研究者会先讨论测量的方法，通过信度或效度等概念进行线性评估，数据评估通过一定的标准，再对测量的数据进行分析，相较于传统的分析，在评估中"测量"与"统计"是两个独立的工作。而结构方程模型利用观测变量的模型化分析，将"测量"与"分析"整合为一种计量研究技术，可以同时计算自变量与因变量、因变量与因变量之间的结构关系。既可以评估测量的信度与效度，还在统计时加入了误差的计算，提高了整个模型的拟合程度，是一个强大的统计分析工具。在本书中，对于研究生全面收费政策、学习动机、学习策略、学业成就等难以观测的变量，通过设置观测变量对以上变量进行测量，并通过分析的过程找到变量之间的关系，包括直接影响和间接影响。

（二）适用于大样本分析

由于结构方程模型所处理的变量（包括潜变量和观测变量）的数目较多，变量之间的关系较为复杂，故为了不违反基本的统计假设，必须使用较大的样本数。同时，样本规模的大小也会影响结构方程模型分析结果的稳定性。

和其他统计方法一样，样本规模应越大越好，但也存在一个适度规模，最适合的样本规模会随着结构方程模型的复杂度与分析目的的不同而发生变化。一般来说，当样本数小于 100 时，几乎所有的分析都是不稳定的，Breckler 分析了 1977~1987 年在社会心理学领域用结构方程模型进行的研究，发现样本规模 40~8 650，中数为 198，其中 25%的研究样本数小于 500[186]。因此，一般而言，大于 200 以上的样本，才称得上是一个中型样本，当然也有研究提出样本数至少是变量的三倍，但是从优化经验来看，样本数至少是变量的五倍，最好是十倍以上，才有较高的可信度[187]，这无形之中扩大了样本数，而结构方程模型所分析的样本建议在200以上，低于200的样本数是不建议使用的，这也决定了结构方程模型在教育领域有广泛的适用空间。在本书研究中，有效问卷为 1 471 份，大大超过结构方程模型所需问卷数量，保证了所得模型的稳定性。

（三）涵盖多重统计指标

结构方程模型重视统计指标分析，但不依赖单一的统计技术。在统计分析技术方面，可大概分为以平均数检验方差分析为主的一般线性模型分析技术和探讨变量间线性关系的回归分析。结合软件的发展，将两种统计模式整合为一。结构方程模型中常用一般线性回归来分析整合变量，用协方差分析变量间的共变或相互联系。在统计分析目标方面，将因子分析与路径分析结合起来，在指标判别时，不只根据单一指标，而是会参考多种指标，从理论、统计、实务等多方面进行考虑，使模型指标分析更具有说服力。在模型拟合方面，在传统的路径分析中，只能估计每一条路径（变量间关系）的拟合程度，而在结构方程模型中，还可以计算出不同模型对同一个样本数据的整体拟合程度，从而判断哪一个模型更接近数据所呈现的关系。

三、结构方程模型的步骤

（一）结构方程模型的原理

结构方程模型主要是反映结构关系，已经成为具有指标性的分析技术。结构方程模型路径图包括测量模型与结构模型两部分。测量模型是指潜变量与观测变量之间的关系，结构模型是指潜变量之间的关系。

1. 结构方程模型的路径图

在实际应用中，通常采用路径图来表示建立的结构方程模型。路径图直观地反映了各类变量之间的关系，根据结构方程模型的基本方程：定义 X 为外生指标（$X_1 \sim X_2$ 表示政策满意度、政策有效性）组成的向量，Y 为内生指标（$Y_1 \sim Y_4$ 表示元认知策略、认知策略、情感策略、社交策略；$Y_5 \sim Y_6$ 表示内部动机、外部动机；$Y_7 \sim Y_8$ 表示学业满意度、科研满意度）组成的向量，ξ 为外生潜变量（研究生全面收费政策），η 为内生潜变量（$\eta_1 \sim \eta_3$ 表示学习策略、学习动机、学业成就），它们构成的路径图如图 3-1 所示。

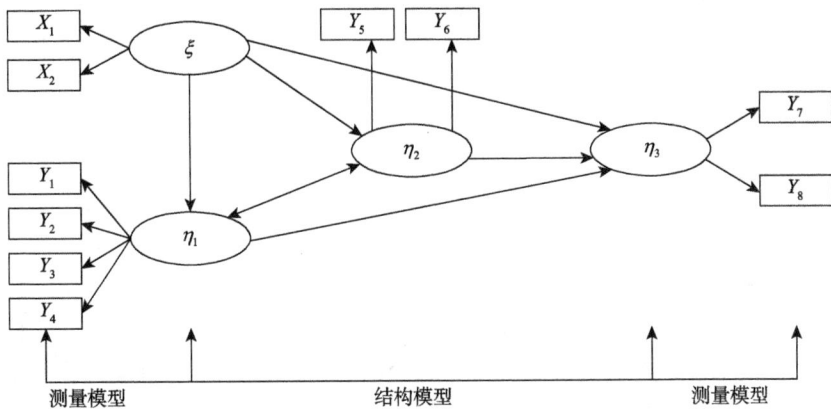

图 3-1　结构方程模型路径图

2. 结构方程模型的基本方程

结构方程模型有两个子模型，或者由两组方程构成，即测量模型和结构模型。

1）测量模型

$$X = \Lambda_x \xi + \delta \tag{3-1}$$

$$Y = \Lambda_y \eta + \varepsilon \tag{3-2}$$

其中，ξ 和 η 分别为外生潜变量和内生潜变量；X 和 Y 分别为 ξ 和 η 的对应显变量；Λ_x 和 Λ_y 分别为外生潜变量 ξ 和内生潜变量 η 的因子载荷矩阵；δ 和 ε 为残差，通常解释为测量误差或噪声。

式（3-1）和式（3-2）描述的是反映型测量模型的度量，适用于本书研究中的潜变量 ξ 和 η，而构成型测量模型则表示如下：

$$\xi = \Pi_\varsigma X + \delta_\xi \tag{3-3}$$

$$\eta = \Pi_\eta Y + \delta_\eta \tag{3-4}$$

其中，ξ 和 η 分别为外生隐变量和内生隐变量；X 和 Y 分别为 ξ 和 η 的对应显变量。不同的是，Π_ς 和 Π_η 分别表示多元回归系数矩阵。δ 为残差。本书研究所建立的结构方程模型可以用以下方程组表示：

$$\xi = (\pi_1\ \pi_2)\begin{pmatrix} X_1 \\ X_2 \end{pmatrix} + \delta_\xi \tag{3-5}$$

$$\eta = (\pi_7\ \pi_8)\begin{pmatrix} Y_7 \\ Y_8 \end{pmatrix} + \delta_\eta \tag{3-6}$$

$$\begin{pmatrix} Y_1 \\ Y_2 \\ Y_3 \\ Y_4 \\ Y_5 \\ Y_6 \end{pmatrix} = \begin{pmatrix} \lambda_1 & 0 \\ \lambda_2 & 0 \\ \lambda_3 & 0 \\ \lambda_4 & 0 \\ 0 & \lambda_5 \\ 0 & \lambda_6 \end{pmatrix} \begin{pmatrix} \eta_1 \\ \eta_2 \end{pmatrix} + \begin{pmatrix} \varepsilon_1 \\ \varepsilon_2 \\ \varepsilon_3 \\ \varepsilon_4 \\ \varepsilon_5 \\ \varepsilon_6 \end{pmatrix} \qquad (3\text{-}7)$$

2）结构模型

$$\boldsymbol{\eta} = \boldsymbol{B}\boldsymbol{\eta} + \boldsymbol{\Gamma}\boldsymbol{\xi} + \boldsymbol{\zeta} \qquad (3\text{-}8)$$

其中，$\boldsymbol{\eta}$ 为内生隐变量向量；$\boldsymbol{\xi}$ 为外生隐变量向量；$\boldsymbol{\zeta}$ 为残差向量；$\boldsymbol{B}$ 和 $\boldsymbol{\Gamma}$ 分别为路径系数向量。本书研究所构建的结构方程模型可用方程组表示如下：

$$\begin{pmatrix} \eta_1 \\ \eta_2 \\ \eta_3 \end{pmatrix} = \begin{pmatrix} 0 & \beta_2 & 0 \\ \beta_5 & 0 & 0 \\ \beta_7 & \beta_8 & 0 \end{pmatrix} \begin{pmatrix} \eta_1 \\ \eta_2 \\ \eta_3 \end{pmatrix} + \begin{pmatrix} \gamma_1 \\ \gamma_5 \\ 0 \end{pmatrix} (\boldsymbol{\xi}) + \begin{pmatrix} \zeta_1 \\ \zeta_2 \\ \zeta_3 \end{pmatrix} \qquad (3\text{-}9)$$

（二）结构方程模型的测量步骤

结构方程模型大量应用于社会科学和行为科学领域，Blllen 和 Long 认为可以将其综合总结为五个步骤：模型设定、模型识别、模型估计、模型评价和模型修正[183]。最终根据其他研究者的研究与对文献理论的查阅，模型的构建基本确定为探究因素构念、界定测量量表并构建模型、模型拟合验证、模型修正、模型分析五个阶段。在本书研究中，根据研究的需要和文献研究的基础，首先构建起研究生全面收费政策与学业成就的关系模型。然后通过数据收集，进行模型拟合，当模型拟合效果不好或不能通过检验时，可能是因为模型设定不准确，此时需要对模型进行修正。本书研究中结构方程模型的分析步骤如图 3-2 所示。

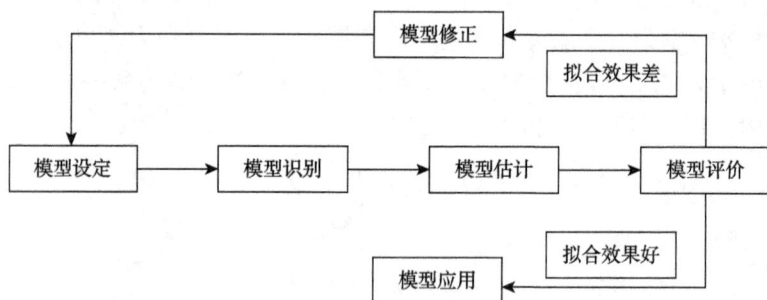

图 3-2　结构方程模型的分析步骤

四、结构方程模型的适用性

本书研究期望获得研究生全面收费政策对研究生学业成就的影响分析，由于变量很难直接测量，而且这些变量之间存在较强的相关性或显著的因果关系，考虑以上因素，拟采用结构方程模型作为基本的数据处理手段，以下从结构方程模型在教育领域的运用来分析说明。

（一）结构方程模型应用的横向比较

基于结构方程模型可以同时处理多个因变量并估计变量之间的影响关系（包括直接效应和间接效应），具有对测量误差的包容度、易于解释与改进等优点，其应用广泛，特别是在经济决策和（公共）政策对行为的影响模型上，主要用于解释决策或者政策针对服务对象的执行效率和实施效果，解释决策或者政策作用过程的影响因素，提出改善政策效果的路径与对策。经济决策主要是在经济领域的相关政策，体现为对经济行为的影响，如产业联盟政策对企业创新能力的影响[188]，信贷政策对企业经营业绩和利润的影响[189]，政策环境改变对企业创新能力、经济发展和高等教育人才培养的影响[190]。（公共）政策对管理服务对象的影响：①宏观层面（公共）决策的影响，如新型农村社会养老保险政策对农民养老需求的影响[191]，农业扶持政策对家庭农场经营绩效的影响[192]，二孩政策对教师职业的影响[193]，地方政府网络治理对公众行为的影响[194, 195]；②微观层面的影响可能是在组织或者家庭内部，如家庭出行活动决策对出行行为的影响分析[196]，也有研究开始关注教育政策对教育行为的影响[197]。

综合以上可以看出（公共）政策的执行是实现（公共）政策目标与价值的关键环节，而对政策有效性的分析工具和方法是影响（公共）政策分析与执行的重要因素，（公共）政策的执行，是政策本身、外在环境、执行机构与目标群体不断互动的过程，在这个环环相扣、相互影响的过程里，需要了解和分析（公共）政策的影响路径受到哪些因素的影响，以实现政策原初目的并使政策价值最优化，从工具和方法的选择上，结构方程模型是实现以上目的的最佳选择。研究生全面收费政策是公共政策的重要表达形式，其目的也是希望通过政策的实施来改变和调节研究生的学习与科研行为导向，发挥政策的预期效用，从这个角度来讲，用结构方程模型来分析研究生全面收费政策的影响是一种近迁移。

（二）结构方程模型在教育领域的应用

结构方程模型在教育学、心理学和社会学等领域有很广的应用前景，是近年来国际统计研究的热点工具之一，它具有许多传统经典统计方法的优点，能把回归分析、路径分析、多项联立方程求解中的参数，通过结构方程模型运用合适的估计方法得到全部的标准化系数，这种建模方法已经得到众多教育领域研究者的认可，被广泛应用在教育学领域的问题的分析和研究之中。通过查阅与整理近年来的研究文献发现，结构方程模型在教育领域多是基于研究范围和研究重点两个层面进行分析。

1. 从研究范围上，在不同的教育阶段均有使用结构方程模型进行分析

对义务教育主要是探讨城乡义务教育服务非均衡问题，学校、家庭、教育制度等因素如何影响学生成绩等问题[198, 199]。对初高中阶段的研究集中在对成绩相关因素的分析方面[200, 201]。对高等教育的研究主要集中在由顾客满意度而延伸出的学校服务满意度[202]、学生满意度[203]、专业满意度[204]等，也有研究进行学习动机、学习策略、学业成就、学习目标等心理学主要观测变量的关系辨析[205, 206]，以及资助政策效度的研究[134]。

在研究内容方面，初高中阶段的研究主要是探讨如何调节中介变量以提高学习成绩。通过建立结构方程模型，明确影响学生成绩的潜变量，分析中介变量如何影响学习成绩，并根据分析结果，寻找有效的方法调节中介变量，以对学生成绩起到促进作用。高等教育阶段的研究除了提高高等教育的教育质量，研究主要集中在大学校园的信息建设、大学生在线学习、大学生创业教育、大学生对教育质量的满意度，以及影响大学生全面发展的中介因素，如大学生心理活动动机、入党动机、创业动机等。

2. 从研究重点上，主要集中在高等教育评价与满意度测量方面

教育评价是对教育管理活动的价值做出判断以达到其价值增值的过程，因此影响教育管理活动的因素是多元的，价值增值也并不是单一取向，较多的研究采用结构方程模型进行关系检验和路径检验，包括国家和各级各类教育行政机构对教育管理活动做出的价值判断[207]和高校教育管理活动的价值判断[208]。

教育满意度是公众对不同教育对象所持的情绪、态度等民意数据，也是教育评价的重要形式，其目的是助力政府教育决策者及教育服务提供者的行为改进和策略优化，满足公众教育需求的多样化、多层次与教育满足程度的相对提升。在满意度研究上采用结构方程模型比较普遍且成熟，研究者主要是通过挖掘不同的中介变量对满意度的路径分析和影响系数进行比较，然后构建模型，确定潜变量，收集数据，修正模型，分析结果，最后为促进我国高等教育发展建言献策[209~213]。除此之外，研究者还针对不同的研究对象进行研究，如利用结构方程模型对远程学习者满意度进行研究[214]，对大学生的创业动机[215]、创业教育满意度[216]进行研究等。

基于结构方程模型在横向教育领域应用的拓展和纵向对于教育过程以及具体教育政策有效性分析的延伸，在政策分析工具和方法上体现出的合理性及有效性，都为其在研究生全面收费政策分析的应用上奠定基础，也就是说，通过构建结构方程模型对研究生全面收费政策影响机制的分析在研究技术上是切实可行的。而且，研究生教育作为高等教育的重要阶段，也逐渐开始采用结构方程模型对研究生培养质量[217, 218]、研究生教育竞争力[219]、研究生教育满意度[220, 221]、研究生培养模式[222]等进行研究。

第二节 研究生全面收费政策的关系构建

一、研究生全面收费政策的研究依据与关系假设

根据已有的研究基础，本书研究将难以测量的潜变量分解为可观测的指标，探寻研究生全面收费政策与学业成就之间的关系，确定路径分析中的变量关系与结构，并根据因子分析把相应潜变量通过可测量变量表达出来。在本书研究中研究生全面收费政策是外生潜变量，通过政策满意度和政策有效性来进行解释；学业成就是内生潜变量，根据政策预期用学业满意度和科研满意度来解释；学习策略和学习动机是中介变量，基于对研究生学业成就的影响，分别用元认知策略、认知策略、情感策略、社交策略，以及内在动机和外在动机来解释。上述不同变量间的模型关系设计如图 3-3 所示。

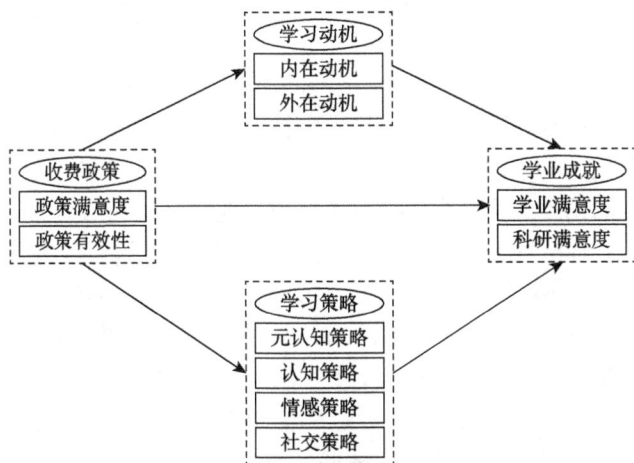

图 3-3 研究生全面收费政策与学业成就关系模型图

（一）研究生全面收费政策、学业成就的解释关系与假设

对于政策有效性的分析，Wilson 的研究表明，好的政策可以提供能够促进学习者相互合作、参与解决问题的环境，以达到学习的目的[100]。随着 20 世纪 70 年代院校影响力模型的提出，研究认为学生对院校环境认可度越高，他的成长变化就越大[101]，研究者试图把政策对学生产生的影响释放到院校环境中，表达为政策有效性和政策满意度。Cabrera 等的研究认为学生的支付能力是学业发展的前提条件[102]，而收费政策会对学生的支付能力带来直接的影响，体现为政策的有效性，从而对学生的学业发展产生影响。John 等的研究也验证了入学前的预期与之后的学业发展关系密切[108]，如果学生基于对收费政策的良好预期而进入大学，那么这种满意度进而体现为对院校环境的满意度，从而影响学业成就。基于此，本书研究将研究生全面收费政策作为外生潜变量，由政策满意度和政策有效性两个指标来解释。

学业成就是学校教育的成果反映，本书研究用以解释研究生的学业发展，它是学生学习状况和水平的集中表现，还包括学生整体素质和综合能力上的提高。学业成就的好坏受诸多因素影响，研究者一直致力于探索影响个体学业成就的因素。因此，本书研究将学业成就作为内生潜变量，由学业满意度和科研满意度来解释，后期因子分析显示学业满意度与科研满意度高度一致，将两者合并为学业成就。综上可做出以下假设：

研究生全面收费政策的政策满意度、政策有效性对学业成就具有正向影响效应（H_{1a}、H_{1b}）

（二）研究生全面收费政策、学习动机、学业成就的解释关系与假设

研究生全面收费政策给予研究生不同的压力环境和激励制度，改变了研究生的求学成本和收益结构，在增加直接成本的情况下，研究生的学习压力会增加，这种压力会演变为较高的学习动机，促使研究生将更多的时间和精力投入学习和科研中，从增加预期的角度，研究生的学习约束由"他律"变为"自律"。学习动机是直接推动学生进行学习活动的一种内部动力，Wolters 把学习动机分为内部动机和外部动机，内部动机驱动的学生倾向于目标的掌握，而外部动机驱动的学生则更倾向于学业成就定向[30]。Linnenbrink 和 Pintrich 认为学习动机是学业成功的重要因素[223]。国内的研究也支持这一观点，认为学习动机尤其是成就动机是影响学业成就的重要因素，外在动机是外在环境影响，内部动机是学生的学习需要，两者对学业成功的影响存在差异性[224]，因此，对全面收费政策与学习动机、学习动机与学业成就之间关系做出如下假设：

研究生全面收费政策的政策满意度对内在动机、外在动机具有正向影响效应（H_{2a}、H_{2b}）

研究生全面收费政策的政策有效性对内在动机、外在动机具有正向影响效应（H_{2c}、H_{2d}）

内在动机、外在动机对学业成就具有正向影响效应（H_{2e}、H_{2f}）

（三）研究生全面收费政策、学习策略、学业成就的解释关系与假设

研究生全面收费政策实施后，扩大了奖学金的覆盖范围，提高了奖励额度，起到了"助学+奖学"的双重作用。根据 Tinto 的"学生整合理论"[225]，研究生全面收费政策将会促进研究生在学习和科研上的积极性，并提升学习策略的使用水平，进而获得学业奖学金抵免一定学费，一方面减轻学生的经济负担，另一方面增加学生在学科和科研上的投入。国内自 20 世纪 90 年代以来，学习策略成为教育研究的热点，研究表明，学习策略对学生的学业成就有着重要的影响[226, 227]，并认为学业成就的高低是学习策略的使用水平不同而导致的，进一步的研究指出，学习策略与学业成就之间存在着因果关系[228]。因此，对全面收费政策与学习策略、学习策略与学业成就之间关系做出如下假设：

研究生全面收费政策的政策满意度、政策有效性对学习策略具有正向影响效应（H_{3a}、H_{3b}）

学习策略对学业成就具有正向影响效应（H_{3c}）

（四）研究生全面收费政策、学习动机、学习策略、学业成就的影响路径与假设

已有研究为学业成就的变量选择和关系奠定了基础，如 Pintrich 在研究外在学习目标的改变对学业成就的影响时发现学习策略是最佳预测指标[229]，徐方忠和朱祖祥的研究也认为学习目标等外生变量的变化与学习成绩的关系并不是直接的，它可能通过学习策略等中介因素影响学业成就[230]。Vollmeyer 和 Rheinberg 的研究认为即使学生掌握了一定的学习策略，也需要考虑激发学生的学生动机，使其有努力去达成目标的想法[231]。

综上所述，现有研究充分证明了学习动机和学习策略在学业成就中的重要影响，可以建立直接的关系，鉴于本书研究中的研究生全面收费政策是一种外生变量，因此在对研究生全面收费政策进行分析时，把学习策略和学习动机作为中介变量来反映其对研究生学业成就的影响具有充分的理论根据。

学习动机在研究生全面收费政策对学生学业成就影响上起中介作用（H_{4a}、H_{4b}）

学习策略在研究生全面收费政策对学生学业成就影响上起中介作用（H_5）

上述假设 H_1 至 H_5 构成的假设模型如图 3-4 所示。

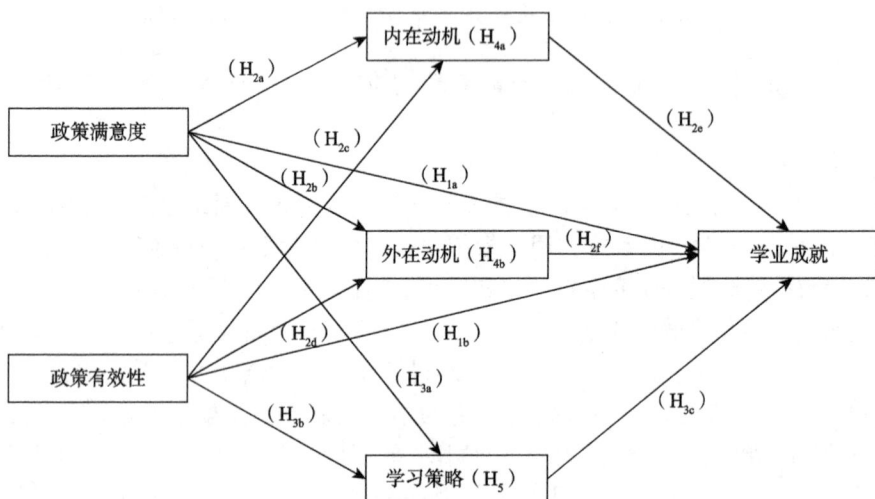

图 3-4　研究生全面收费政策与学业成就完整假设模型

二、变量的分解与测度

本书研究构建的假设模型变量较多，包括研究生全面收费政策、学习动机、学习策略和学业成就，测量变量的编写是否准确合理直接影响最终的研究效度。因此，本书研究对于变量的编写很严谨，量表以国内外已有信度及效度较高的量表为基础，结合对调查对象的访谈内容和反馈进行反复推敲改编而成，以满足本书研究的实际需要。本书研究采用利克特五级顺序量表，量表共分 5 点，从 1 到 5 分别代表非常不同意、不同意、一般、比较同意和非常同意，具体问卷测量量表如下。

（一）研究生全面收费政策测量

研究生全面收费政策是本书研究的外生潜变量，也是最重要的因变量，其政策满意度与政策有效性如何是本书研究要探讨的核心问题。在对已有研究进行科学梳理之后，结合本书研究的需要，提炼出研究生全面收费政策用政策满意度与政策有效性两个维度来衡量，共计 7 道题。经测试，研究生全面收费政策量表中政策满意度的内部—致性系数 Cronbach's α=0.973，政策有效性的内部一致性系数 Cronbach's α=0.959，两者信度系数均大于 0.7[232]，表示该量表的信度非常好，能够真实地测量出研究生全面收费政策的政策满意度与政策有效性，最终研究生全面收费政策测量量表如表 3-2 所示。

表 3-2　研究生全面收费政策测量量表

维度	项目内容
政策满意度	1. 我认为研究生教育不是义务教育，实行全面收费是合理的
	2. 研究生教育实行全面收费对我选择读研没有任何影响
	3. 我认为研究生全面收费政策制定的奖助学金额度很合理
	4.我认为各个专业的研究生收费标准很合理
	5. 就目前所在高校提供的教育资源，我认为已交的研究生学费是值得的
政策有效性	6. 研究生全面收费后，我会更加理性看待考研
	7. 研究生全面收费后，我会参加勤工俭学或校外兼职

（二）学习动机测量

学习动机是本书研究的中介变量，其在研究生全面收费政策与学业成就关系上所起的间接影响作用是本书研究要探讨的重要问题。在已有研究的基础上，结合访谈内容与研究需要，该量表主要参考台湾心理学家余安邦编制的学习动机量表，用内在动机与外在动机两个维度来衡量。经测试，学习动机量表中内在动机的内部一致性系数 Cronbach's α=0.725，外在动机的内部一致性系数 Cronbach's α=0.748，两者信度系数均大于 0.7，表示学习动机量表有较好的信度，能从整体上保证研究的效度，最终的学习动机测量量表如表 3-3 所示。

表 3-3　学习动机测量量表

维度	项目内容
内在动机	8. 我攻读研究生是因为我喜欢所学专业，打算在本领域有所发展
	9. 我相信读研能够提升自身素质和专业能力
外在动机	10. 我相信读研之后能获得更好的工作机会
	11. 为了获得更高的奖学金，我努力学习专业知识，潜心从事科学研究
	12. 为了在奖学金评定中提高综合测评分数，我积极参加各种学术和课外活动

（三）学习策略测量

学习策略与学习动机同为本书研究的中介变量，本书研究主要探讨学习策略在研究生全面收费政策与学业成就关系上起何种程度的中介作用。根据已有研究与本书研究的实际需要，学习策略量表主要借鉴 Oxford 编制的认知策略量表，用元认知策略、认知策略、情感策略和社交策略四个维度来衡量。由于一个变量四个维度较多，所以在设置题项时每一个维度对应一道题，共计四道题。经因子分析，四个维度高度一致，被归结为学习策略，而后经效度检验，学习策略量表的内部一致性系数 Cronbach's $\alpha=0.758$，信度系数大于 0.7，表示学习策略量表有较好的信度，从整体上能保证研究的效度，最终的学习策略测量量表如表 3-4 所示。

表 3-4　学习策略测量量表

维度	项目内容
元认知策略	13. 我了解自己科研能力的优势和劣势
认知策略	14. 我有自己的学习计划，平时会花大量时间用于学习和科研，并努力写文章力求发表
情感策略	15. 我与导师保持密切的师生关系，积极配合导师完成各项科研任务
社交策略	16. 当我学习遇到困难时，我会主动请教导师与同学

（四）学业成就测量

学业成就为本书研究的内生潜变量，因此应考虑通过哪些观测变量来进行测量，也是体现研究生全面收费政策效度的衡量指标。学业成就量表主要用来评价研究生对学业感知的满意度，用学业满意度和科研满意度两个维度来衡量。经探索性因子分析发现，学业满意度和科研满意度高度一致，因此被归纳为学业成就，由效度检验可知，学业成就量表的内部一致性系数 Cronbach's $\alpha=0.858$，信度系数大于 0.7，表示学业成就量表有非常好的信度，能保证研究的有效性，最终的学业成就测量量表如表 3-5 所示。

表 3-5　学业成就测量量表

维度	项目内容
学业满意度	17. 导师在学习和科研上对我悉心指导，鼓励参与各种课题研究，注重学术规范，传授科学研究方法
	18. 学校课程的设置注重学科间的交叉与融合，课程内容充实新颖，课程考核方式科学、合理、公平
	19. 教师专业能力较强，教学内容能够与科研学术紧密结合，教学方式灵活多样，注重培养学生的自主创新能力
科研满意度	20. 学校为研究生参与项目与课题研究提供大力支持，鼓励开展各种科研活动，且科研经费充裕
	21. 学校为研究生自主开展科研活动提供良好的场地、设备和资源支持

续表

维度	项目内容
科研满意度	22. 学校的研究生助管、助教、助研等岗位设置合理
	23. 学校为研究生提供的科研补助充足且发放及时
	24. 学校各项研究生奖助学金评比制度公正合理

三、样本基本信息描述统计分析

（一）研究对象

研究对象主要选择相关地区代表性高校，如武汉、北京、杭州、广州、西安等地的 16 所代表性高校（其中 985 工程高校 5 所、211 工程高校 7 所、一般重点高校 4 所），选取时兼顾学校类型与学科差异，采用分层抽样和简单随机抽样相结合的方法，样本范围主要是 2013 级、2014 级、2015 级在校研究生。典型案例主要选取华中科技大学和武汉大学两所最早试点改革的高校，其政策体验和积累比较丰厚，选取在校研究生、相关管理人员进行深度访谈，力求详细地收集关于研究生全面收费政策的周围问题和延伸问题，用以补充问卷调研。

（二）数据搜集

为了对研究生全面收费政策有全面客观的认知和评价，以及促进研究生全面收费政策的逐步完善，本书研究数据以代表性高校实地调研与问卷星（https://sojump.com/jq/8221036.aspx）相结合的调查方式所得，因问卷星回收率较低，数据主要由实地调研获得。因调查对象为在校研究生，问卷发放主要以教室、图书馆、宿舍为主要发放地点，问卷发放时间均为课余时间，均在获得研究生本人同意后进行填写并当时回收。本次调查共发放问卷 2 000 份，剔除未填写完成与不符合填写要求等无效问卷，共计有效回收问卷 1 898 份，有效回收率为 94.9%。随后及时将问卷进行分类整理，全部录入 SPSS 统计软件中。

在调研期间，同时进行结构化访谈，主要涉及研究生全面收费政策的影响与存在的问题等，同时会根据被访者的回答灵活做出调整，并延伸出一些相关问题，力求数据与信息的真实可信，以及通过了解学生的想法获得有价值的政策改进建议。访谈方式为面对面访谈与网络访谈，访谈前均与被访者商量好时间、地点，并在其允许的情况下进行录音，以便后期访谈内容的记录与整理，访谈时间为 15 分钟以内。

第三节 研究生全面收费政策与学业成就的
结构方程模型分析

一、研究生全面收费政策与学业成就关系模型

（一）调研数据基本信息分析

由于研究生全面收费政策正式实施于 2014 年秋季，2013 年（含 2013 年）之前的全日制研究生大多处于"双轨制"制度下，其对研究生全面收费政策缺乏了解，故在问卷设置过程中，对于 2013 年之前的研究生在研究生全面收费政策这一部分设置为"跳过"。然而，本书研究着重于探讨研究生全面收费政策对研究生学业发展的影响，因此对 2013 年之前的 427 份数据进行了删除。经筛选，适合本书研究的有效样本数为 1 471 份，样本数据基本情况特征值见表 3-6。

表 3-6 问卷基本情况部分一览表

基本情况	选项	小计	比例
性别	A 男	778	52.9%
	B 女	693	47.1%
高校层次	A 985 工程高校	530	36.0%
	B 211 工程高校	626	42.6%
	C 一般重点高校	315	21.4%
学科专业	A 哲学	17	1.2%
	B 经济学	75	5.1%
	C 法学	121	8.2%
	D 教育学	96	6.5%
	E 文学	59	4.0%
	F 历史学	42	2.9%
	G 理学	209	14.2%
	H 工学	471	32.0%
	I 农学	180	12.2%
	J 医学	14	1.0%
	K 艺术学	5	0.3%
	L 管理学	182	12.4%

续表

基本情况	选项	小计	比例
研究生类型	A 学术型硕士研究生	991	67.4%
	B 专业型硕士研究生	348	23.6%
	C 博士研究生	132	9.0%
入学年份	A 2013 年及之前	0	0
	B 2014 年	660	44.9%
	C 2015 年	811	55.1%
家庭所在地	A 农村	773	52.5%
	B 中小城市	546	37.1%
	C 省会城市或直辖市	152	10.3%
家庭年收入	A 3 万元以下	363	24.7%
	B 3 万~6 万元	504	34.3%
	C 6 万~10 万元	386	26.2%
	D 10 万元及以上	218	14.8%
月开支	A 600 元以下	63	4.3%
	B 600~800 元	296	20.1%
	C 800~1 200 元	693	47.1%
	D 1 200 元及以上	419	28.5%
学费来源	A 父母提供	839	57.0%
	B 奖学金和助学金	984	66.9%
	C 助学贷款	174	11.8%
	D 校外兼职	195	13.3%
	E 其他_____（请填写）	35	2.4%

从表 3-6 可知，在性别方面，男生比女生稍多，男生有 778 名，占比 52.9%，女生有 693 名，占比 47.1%。

在高校层次方面，总体来讲，各层次高校分布相对合理，较符合总体高校分层情况，具体来讲，985 工程高校和 211 工程高校研究生居多，其中 211 工程高校所占比重最大，为 42.6%，985 工程高校次之，为 36.0%，其余为一般重点高校，占比 21.4%。

在学科专业方面，人文社会科学类与自然科学类分布相当，其中工学研究生最多，共有 471 人，其余人数从高到低排名依次为理学 209 人、管理学 182 人、农学 180 人、法学 121 人、教育学 96 人、经济学 75 人，文学 59 人、历史学 42 人，剩下的哲学、医学、艺术学占比较少，此处不一一列举，上述研究生分布情况与高校当前的专业设置和各专业招生人数较符合。

在研究生类型方面，学术型硕士研究生所占比重最大，共有 991 人，占比

67.4%，其次为专业型硕士研究生，共有 348 人，占比 23.6%，博士研究生所占比重最少，为 9.0%，这能真实反映当前国内高校全日制研究生分布现状。

在入学年份方面，2013 年及以前研究生收费实行"双轨制"，故将数据删除。2014 年入学的研究生是研究生全面收费政策推行的第一年，共有 660 人，占比 44.9%，2015 年共有 811 人，占比 55.1%。2015 年入校的人数略高于 2014 年入校人数。参照研究生招生人数，2015 年相比于 2014 年多招收 22 009 人，表明在推行研究生全面收费政策后，每年入学人数仍呈上升趋势。

从家庭所在地来看，52.5%的研究生来自农村，37.1%来自中小城市，10.3%来自省会城市或直辖市。根据部分来自农村的学生访谈了解到，他们选择读研是想缓解当时的就业压力，读研后会使自己增加一定的就业竞争力，从而获得更好的工作岗位，同时根据上述 52.5%的比重可知，这在一定程度上说明了来自农村的学生想通过升学这一渠道来获得更好的工作，即"知识改变命运"。

从家庭年收入来看，大多数家庭年收入区间为 3 万~6 万元，占比 34.3%，其次是 6 万~10 万元，占比 26.2%。

从研究生每月开支来看，大部分处于 800~1 200 元，占比 47.1%，其次是 1 200 元及以上。根据国家补助标准，硕士研究生每年不低于 6 000 元（全年 12 个月发放），因此国家每月最低补助费用为 500 元，外加导师根据学业表现给予一定补助，有些同学会有"三助"岗位津贴，统算下来这些补助在 1 000 元左右，基本能满足大部分研究生每月支出。

从学费来源来看，主要来源于奖学金和助学金，占比 66.9%，其次是父母提供。国家虽然实行研究生全面收费政策，但是方式是各高校先收取学费，然后通过学业奖学金来抵免部分学费，以期达到激励作用，并且加大了奖助学金力度与覆盖面，但学业奖学金会划分等级且奖学金额度不一，与研究生的学业表现成正比，这就意味着表现较差的研究生有可能会获得低于学费的奖学金，在一定程度上会面临经济压力。

（二）探索性因子分析

探索性因子分析通过降维技术把错综复杂的变量综合为少数几个核心因子，使分析简单化且尽量减少信息的丢失。本书研究问卷设计维度由研究生全面收费政策、学习动机、学习策略和学业成就构成。具体来讲，研究生全面收费政策部分的问卷主要用来评价研究生全面收费政策的政策满意度与政策有效性，根据预调查与访谈结果，共形成 7 个有效测项；学习动机部分用内在动机和外在动机来解释，共形成 5 个有效测项；学习策略部分主要用元认知策略、认知策略、情感策略和社交策略来解释，共形成 4 个有效测项；学业成就根据政策预期用学业满意度和科研满意度来解释，共形成 8 个有效测项。

对研究生全面收费政策测量题目进行效度检验（KMO 和 Bartlett 球形度检验），确认这些题目适不适合做因子分析。根据表 3-7 可知，研究生全面收费政策的 KMO 值为 0.868>0.85[233]，表明该量表效度非常适合进行因子分析。另外，Bartlett 球形度检验近似卡方值为 11 441.186，自由度为 276，显著性系数为 0.000，说明该数据呈现的相关矩阵非单位矩阵，适合进行因子分析。

表 3-7　问卷信效度检验

Cronbach's α		0.846
取样足够度的 KMO 度量		0.868
Bartlett 球形度检验	近似卡方	11 441.186
	df	276
	Sig.	0.000

对上述各变量进行探索性因子分析。本书研究选取特征值大于 1 的因子作为潜变量，保留因子载荷大于 0.4 的 22 个观测指标变量，采用主成分分析法提取因子，并按照正交方差最大法进行因子旋转，此方法将各变量视为因子的线性组合，且假设各因子不相关，主成分是方差最大的成分[234]。为了方便阅读结果数据，在选项中勾选"按大小排序"与"取消小系数"，且绝对值设置为 0.35。根据上述操作，将问卷潜变量测项提取出 6 个公共因子，具体见表 3-8。从整体来看，各变量解释方差变异占比较均匀，各变量约占 15%，总体累积解释方差变异为 58.19%，解释了大部分变异。由于各变量因子分析所聚合的题项指标与研究设计一致，故本书研究依照原先的研究设定进行。

表 3-8　各变量探索性因子分析因子载荷表

潜变量		观测变量	成分					
			F1	F2	F3	F4	F5	F6
研究生全面收费政策	政策满意度	PS1	0.804					
		PS2	0.664					
		PS3	0.640					
		PS4（小于 0.4）						
		PS5	0.559					
	政策有效性	PE6		0.746				
		PE7		0.777				
学习动机	内在动机	IM1			0.661			
		IM2			0.800			
		IM3			0.761			
	外在动机	EM4				0.646		
		EM5				0.691		

续表

潜变量	观测变量		成分					
			F1	F2	F3	F4	F5	F6
学习策略	元认知策略	LS1（小于0.4）						
	认知策略	LS2					0.568	
	情感策略	LS3					0.752	
	社交策略	LS4					0.710	
学业成就	学业满意度	SA1						0.805
		SA2						0.492
		SA3						0.484
		SA4						0.693
		SA5						0.727
	科研满意度	SA6						0.759
		SA7						0.743
		SA8						0.717

　　在研究生全面收费政策方面，研究生全面收费政策的 7 个观测变量被聚合成两个因子：第一个因子（F1）包括 5 个题项，第二个因子（F2）包括 2 个题项。在解释能力方面，F1 解释方差变异为 8.156%，F2 解释方差变异为 6.230%，2 个因子的总变异解释能力为 14.386%。在题项内容方面，F1 和 F2 的聚合效果同原先的研究设定相吻合，F1 以政策满意度为主，包括问卷原先设定的 5 个测量题项：PS1、PS2、PS3、PS4、PS5，故将其命名为政策满意度；F2 以政策有效性为主，包括问卷原先设定的 2 个测量题项：PE6、PE7，故将其命名为政策有效性。

　　在学习动机方面，学习动机的 5 个观测变量被聚合成 2 个因子：第一个因子（F3）包括 3 个题项，第二个因子（F4）包括 2 个题项。在解释能力方面，F3 解释方差变异为 9.522%，F4 解释方差变异为 6.686%，2 个因子的总变异解释能力为 16.208%。在题项内容方面，F3 和 F4 的聚合效果同原先的研究设定相吻合，F3 以内在动机为主，包括问卷原先设定的 3 个测量题项：IM1、IM2、IM3，故将其命名为内在动机；F4 以外在动机为主，包括问卷原先设定的 2 个测量题项：EM4 和 EM5，故将其命名为外在动机。

　　在学习策略方面，学习策略的 4 个观测变量被聚合成 1 个因子（F5），包括 4 个题项。在解释能力方面，F5 解释方差变异为 13.311%。在题项内容方面，F5 聚合效果同原先的研究设定相吻合，F5 以学习策略为主，包括问卷原先设定的 4 个测量题项：LS1、LS2、LS3、LS4，故将其命名为学习策略。

　　在学业成就方面，学业成就的 8 个观测变量被聚合成 1 个因子（F6），包括 8 个题项，其中包含学业满意度 5 项和科研满意度 3 项。在解释能力方面，F6 解释方差变异为 14.286%。在题项内容方面，F6 聚合效果同原先的研究设定相吻合，F6 以学业成就为主，包括问卷原先设定的 8 个测量题项：SA1、SA2、SA3、SA4、SA5、SA6、SA7、SA8，故将其命名为学业成就。

（三）各变量描述性分析结果

为了准确有效地了解研究生全面收费政策的现状，分析其受哪些因素影响及影响程度如何，本书研究基于探索性因子分析结果，进而对上述各变量进行了描述性分析，问卷设计时最高分定为 5，最低分定为 1，得分与各变量成正比，具体分析结果如表 3.9 所示。

表 3-9　各变量描述性分析统计表

变量		均值	标准差	方差	最大值	最小值
研究生全面收费政策	政策满意度	2.63	1.098	1.205	5	1
	政策有效性	3.49	0.915	0.836	5	1
学习动机	内在动机	3.97	0.787	0.620	5	1
	外在动机	3.33	0.876	0.767	5	1
学习策略	学习策略	3.69	0.854	0.729	5	1
学业成就	学业满意度	3.47	0.943	0.899	5	1
	科研满意度	3.32	1.028	1.057	5	1

在研究生全面收费政策方面，政策满意度的均值为 2.63，方差为 1.205，方差越小，代表这组数据越稳定，方差越大，代表这组数据越不稳定，表明研究生对于研究生全面收费政策的满意度中等略偏上，总的来说，满意度不是很高；政策有效性的均值为 3.49，方差为 0.836，说明该政策较为有效。两者方差对比可知，研究生对于政策的满意度波动比政策有效性的波动要大，这可能是因为研究生全面收费政策实行初期，大家对于该项政策并非真正了解，且实行全面收费政策涉及自身利益，所以对研究生而言，不是特别满意该项政策。

在学习动机方面，内在动机的均值为 3.97，方差为 0.620，而外在动机的均值为 3.33，方差为 0.767，这些数据显示研究生的内在动机高于外在动机。相关研究结果支持这一数据，研究生对于学习，更多地持有深层内在动机，倾向于采用深层策略进行学习，深层内在型的学习动机与学业成就显著正相关，而表面外在型动机对学业成就显著负相关。在研究生的学习中，深层内在学习动机与深层学习策略均占据优势地位，对研究生学业成就的满意度提高具有积极意义[235]。

在学习策略方面，其均值为3.69，方差为0.729，这说明研究生具有较好的学习策略。罗嘉文等通过对学习动机、学习策略与学习成绩的研究表明，学习动机与学习策略有显著的正相关，学习策略与学生的成绩的自我评价有显著正相关，在自我评价中，学生的心理状况对学习成绩有较大的相关性[236]，处于研究生教育阶段的学生，其自律性与学习能力都比较强，这些表现与数据呈现结果相一致。

在学业成就方面，从学业满意度来看，其均值为 3.47，方差为 0.899；从科研满意度来看，其均值为 3.32，方差为 1.057，这些数据显示研究生对其学业满意度和科研满意度处于中等偏上程度，并且学业满意度略高于科研满意度。基于社会认知职业理论，对于学业满意度的提高，要从认知与环境两个方面共同考虑，对学术的乐观态度和积极情绪有利于学生学习动机和学业满意度的提高，自我效能感、目标进展对学业满意度产生积极影响。资源的支持并不能直接对学业满意度产生影响，需要通过自我效能感等变量来间接发挥作用，这在一定程度上说明了高校对于科研投入与关注不能仅限于实验室条件、图书馆资料等客观因素，还应加强研究生的自我效能感等主观因素，其既可以提高研究生的学业满意度，还间接影响科研满意度[237]，从而提高研究生的学业满意度与科研满意度。

（四）研究生全面收费政策与学业成就关系模型验证

1. 变量间分析结果

在因子分析基础上，本书研究通过相关分析来试探两变量间的关系，然后根据观测 P 值来分析变量间关系是否显著及其相关关系的强弱。本书变量间的相关性分析表如表 3-10 所示。

表 3-10   本书变量间的相关性分析表

维度	政策满意度	政策有效性	内在动机	外在动机	学习策略	学业成就
政策满意度	1					
政策有效性	0.044	1				
内在动机	0.090**	0.100**	1			
外在动机	0.039	0.162**	0.194**	1		
学习策略	0.048	0.106**	0.325**	0.261**	1	
学业成就	0.120**	0.094**	0.273**	0.144**	0.352**	1

**表示在 0.05 水平（双侧）上显著相关

从研究生全面收费政策与其他变量的各维度相关性出发。首先，从研究生全面收费政策与学习动机两个变量的各个维度的相关性来看，政策满意度同内在动机的 P 值为 0.090，在 0.05 的置信水平上，说明其达到显著水平，存在相关关系；政策有效性与内在动机、外在动机的 P 值分别为 0.100、0.162，均在 0.05 的置信水平上，说明两者均达到显著水平。综上所述，政策满意度与内在动机、政策有效性与内在动机和外在动机均存在相关关系，且为正向相关，即说明研究生全面收费政策越有效，研究生对其越满意，其学习动机也会越高。

其次，从研究生全面收费政策各维度与学习策略的相关性来看，政策满意度同学习策略的 P 值为 0.048，不在 0.05 的置信水平上，说明其未达到显著水平，不存在相关关系；而政策有效性与学习策略的 P 值为 0.106，在 0.05 的置信水平之上，说明达到显著水平，两者存在相关关系，且为正相关，即说明研究生全面收费政策的有效性增强，研究生的学习策略也会随之发生有效改变。

最后，从研究生全面收费政策各维度与学业成就的相关性来看，政策满意度、政策有效性同学业成就的 P 值分别为 0.120、0.094，均在 0.05 的置信水平上，说明其达到显著水平且存在正向相关关系，即说明研究生全面收费政策的有效性越强，满意度越高，研究生的学业成就也会越高。

从学习动机各维度与其他变量的各维度相关性出发。首先，从学习动机各维度与学习策略的相关性来看，内在动机、外在动机同学习策略的 P 值分别为 0.325、0.261，均在 0.05 的置信水平上，说明其达到显著水平；其次，从学习动机各维度与学业成就的相关性来看，内在动机、外在动机同学业成就的 P 值分别为 0.273、0.144，均在 0.05 的置信水平上，说明两者均达到显著水平。综上所述，学习动机与学习策略之间存在正向相关关系，即学习动机越高，学习策略会越好；学习动机与学业成就之间存在正向相关性，即学习动机越高，学业成就也会越高。另外，根据 P 值的数据大小比较，其范围为 -1~1，值越大，相关性越强，这说明内在动机与其他变量之间的相关性大于外在动机与其他变量之间的相关性。

从学习策略与学业成就之间的相关性出发。根据表 3-10 的数据可知，学习策略同学业成就的 P 值为 0.352，在 0.05 的置信水平上，说明其存在显著相关，且为正向相关，即学习策略越好，学业成就也就越高。

2. 结构方程模型构建

为了有效解决本书研究的关键问题，主要通过验证研究生全面收费政策与学业成就之间的影响机制，以及学习动机和学习策略在这个影响机制中的作用路径，并考证这些变量之间的影响路径与作用机理。基于最初的研究假设模型与结构方程模型构建原理可知，研究生全面收费政策是通过学习动机和学习策略的中介作用对学业成就产生影响。根据上述的探索性因子分析和相关分析，探寻拟合效果最佳模型与变量间不同维度的合理组合。本书研究根据路径图及其变量间的关系完成结构方程模型分析步骤中的第一步模型设定，根据研究需要，本书研究以三个结构方程模型（图 3-5~图 3-7）的设定为基础力求寻找最佳模型，并且对这三个模型逐一进行验证，用准确的衡量指标来检验哪一个最优。

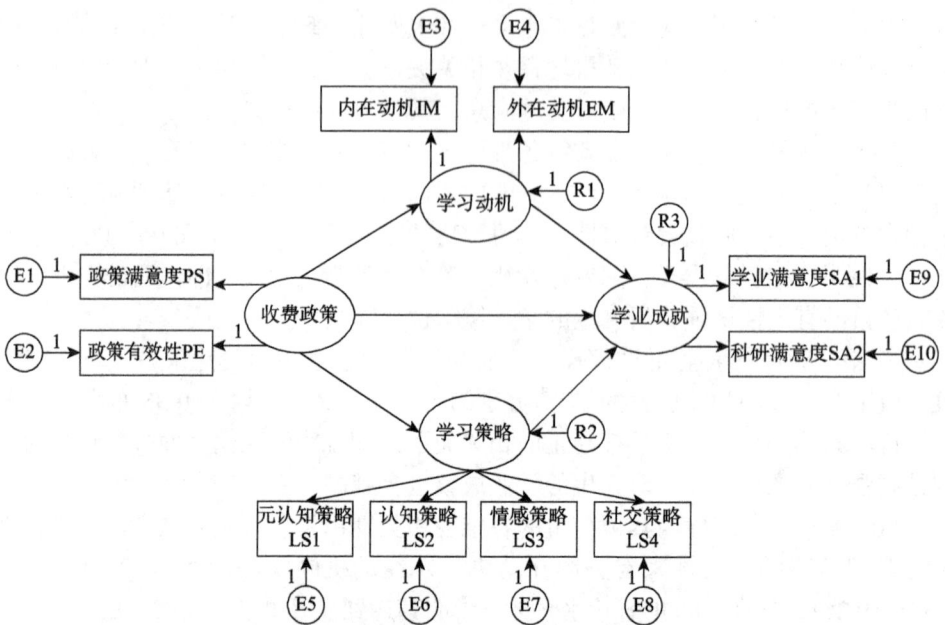

图 3-5　研究生全面收费政策与学业成就关系模型一

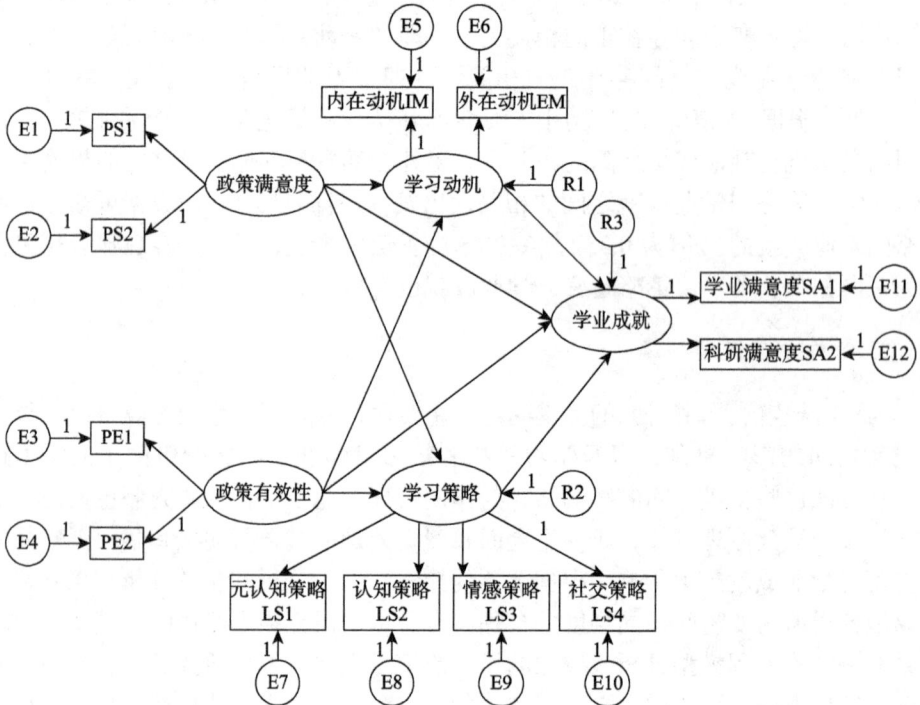

图 3-6　研究生全面收费政策与学业成就关系模型二

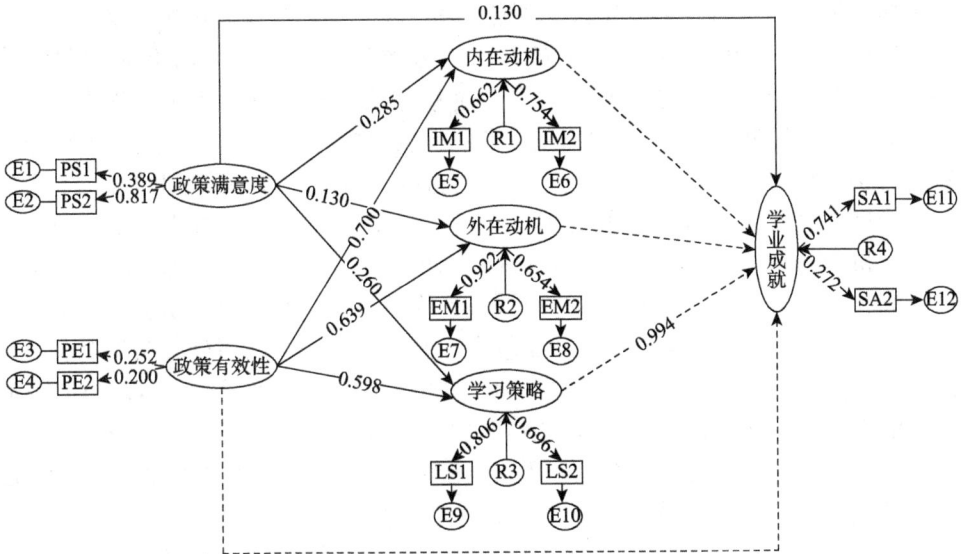

图 3-7 研究生全面收费政策与学业成就关系模型三

首先，根据最初的研究假设，设定出关系模型一（图 3-5）。在模型一中，研究生全面收费政策属于外生潜变量，包括两个观测变量：政策满意度与政策有效性；学业成就属于内生潜变量，包括两个观测变量：学业满意度和科研满意度；学习动机与学习策略为中介变量，学习动机包括内在动机和外在动机两个观测变量，学习策略包括元认知策略、认知策略、情感策略和社交策略四个观测变量。以上四个变量与各观测变量之间的负载均设置为 1，在图 3-5 中，设置了 13 个残差项，即 E1 到 E10 和 R1 到 R3 共 13 个残差项，13 个残差项的负载均设置为 1。设置好的研究生全面收费政策与学业成就关系模型中有 28 个回归系数参数，包含自由参数 25 个，而样本数据点数目为 55 个，所以模型的自由度为 30 个，这说明达到了模型识别的必要条件，完成结构方程模型分析步骤中的第二步模型识别，即模型中所有未知参数均可以通过方程式获得唯一解。

其次，根据研究生全面收费政策的因子分析结果可知，收费政策被划分为 2 个因子，即政策满意度与政策有效性。为了有效区分这两个因子所引发的不同影响，在模型一的基础上进行调整，将收费政策变成政策满意度与政策有效性两个外生潜变量，构建的模型二如图 3-6 所示。在模型二中，研究生全面收费政策的政策满意度与政策有效性属于外生潜变量，共包括 4 个观测变量，观测变量根据因子载荷的大小进行了调整，其中一个为各因子中因子载荷最大的，且每个观测变量均由两个组成，即 PS1、PS2 与 PE1、PE2；学业成就依然为内生潜变量，包括两个观测变量：学业满意度和科研满意度；学习动机与学习策略为中介变量，学习动机包括内在动机和外在动机两个观测变量，学习策略包括元认知策略、认知策略、情感策略和社交策略四个观测变量。以上五个变量与各观测变量之间的负载均设置为 1，在图 3-6 中，设置了 15 个残差项，即 E1 到 E12 和 R1 到 R3 共 15 个残差项，15 个残差项的负载也都设置为 1。设置好的研究生全面收费政策与学业成就关系模型中有 35 个回归系数参数，包含自由参数 32 个，而样本数据点数目为 78 个，所以模型的自由度为 46 个，这说明达到了模型识别的必要条件。

最后，根据上述的因子分析结果可知，学习动机同样被划分为 2 个因子，即内在动机与外在动机。为了有效区分内在动机与外在动机作用机理及其影响路径的不同，在模型二的基础上再次进行调整，将学习动机变成内在动机与外在动机两个中介变量，由于模型三涉及变量较多，所有观测变量均用英文缩写表示。同时，为了使模型的适配度较高，根据因子分析结果，观测变量的选取均根据因子载荷的大小来选择，其中一个为各因子中因子载荷最大的，且每个观测变量均由 2 个组成，构建的模型三如图 3-7 所示。在模型三中，研究生全面收费政策的政策满意度与政策有效性依然属于外生潜变量，各包括两个观测变量：PS1、PS2 与 PE1、PE2；学业成就依然为内生潜变量，包括两个观测变量：SA1 和 SA2；而内在动机、外在动机与学习策略三者为中介变量，内在动机和外在动机分别包括 IM1、IM2 和 EM1、EM2，共四个观测变量；由于学习策略被划分为一个因子，以免观测变量太多而影响模型效果，故将学习策略由原先的 4 个减少到 2 个，为 LS1 和 LS2。以上六个变量与各观测变量之间的负载均设置为 1，在图 3-7 中，设置了 16 个残差项，即 E1 到 E12 和 R1 到 R4 共 16 个残差项，16 个残差项的负载也都设置为 1。设置好的研究生全面收费政策与学业成就关系模型中有 39 个回归系数参数，包含自由参数 35 个，样本数据点数目为 78 个，所以模型的自由度为 43 个，这说明达到了模型识别的必要条件。

3. 模型拟合效果评价指标

首先，根据上述结构方程模型的分析步骤，模型设定与模型识别均已完成，下一步为模型估计，即最小化样本协方差估计值与模型拟合协方差值之间的差异。常用的模型估计方法有极大似然估计法（maximum likelihood estimate，MLE）和广义最小二乘法（general least squared，GLS），针对本书研究的数据特征，采用极大似然估计法。其次，结构方程模型分析的关键一步为模型评价，衡量一个模型拟合度的好与差，通常会选取一些规范标准的衡量指标以及指标的规定范围，本书研究选取比较常用的拟合评价指标，主要包括卡方与自由度比值 CMIN/DF，渐进残差均方和平方根 RMSEA，绝对拟合统计量 GFI、AGFI，相对拟合统计量 NFI、TLI、CFI、IFI。以上评价指标计算公式与适配标准如表 3-11 所示。

表 3-11　评价指标计算公式与适配标准

评价指标	指标计算公式	适配标准
CMIN/DF	$\dfrac{\chi^2}{\text{DF}}$; $\chi^2 = (n-1)F(s, \hat{\Sigma})$	1<CMIN/DF<3
RMSEA	$\text{RMSEA} = \sqrt{\dfrac{F_0}{\text{df}}} = \sqrt{\max\left(\dfrac{F_{\text{ML}}}{\text{df}} - \dfrac{1}{N-1}, 0\right)}$	<0.05（适配良好）
GFI	$\text{GFI} = 1 - \dfrac{\text{tr}\left[\Sigma^{-1}(S-\Sigma)\right]^2}{\text{tr}\left(\Sigma^{-1}S\right)^2}$	>0.9
AGFI	$\text{AGFI} = 1 - (1-\text{GFI})\left[\dfrac{(p+q)(p+q+1)}{\text{df}}\right]$	>0.9
NFI	$\text{NFI} = \dfrac{\chi^2_{\text{null}} - \chi^2_{\text{test}}}{\chi^2_{\text{null}}}$	>0.9
TLI	$\text{TLI} = \dfrac{\left[\dfrac{\chi^2_{\text{null}}}{\text{df}_{\text{null}}} - \dfrac{\chi^2_{\text{test}}}{\text{df}_{\text{test}}}\right]}{\dfrac{\chi^2_{\text{null}}}{\text{df}_{\text{null}}} - 1}$	>0.9
CFI	调整后的 BFI: $\text{BFI} = \dfrac{(\chi^2_{\text{null}} - \text{df}_{\text{null}}) - (\chi^2_{\text{test}} - \text{df}_{\text{test}})}{\chi^2_{\text{null}} - \text{df}_{\text{null}}}$	>0.9
IFI	$\text{IFI} = \dfrac{\chi^2_{\text{null}}}{\text{df}_{\text{null}}} - \dfrac{\chi^2_{\text{test}}}{\text{df}_{\text{test}}}$	>0.9

4. 模型初步拟合结果

根据上述评价指标对三个预设结构方程模型进行拟合度的匹配，比较三者中哪个拟合结果最佳且最适合研究需要。三个模型初步拟合结果如表 3-12 所示。

表 3-12　三个模型初步拟合结果

适配指标	CMIN/DF	RMSEA	绝对拟合		相对拟合			
			GFI	AGFI	NFI	TLI	CFI	IFI
适配标准	1<CMIN/DF <3	<0.05	>0.9	>0.9	>0.9	>0.9	>0.9	>0.9
模型一	5.690	0.056	0.977	0.957	0.933	0.915	0.944	0.944
模型二	8.026	0.069	0.960	0.932	0.884	0.851	0.896	0.897
模型三	5.327	0.054	0.974	0.954	0.932	0.914	0.944	0.944

第一，针对模型一（图 3-5）进行拟合。表 3-12 的模型一计算值显示，虽然绝对拟合值和相对拟合值均已达到适配标准，但是 CMIN/DF=5.690>3，未达到 1<CMIN/DF<3 的适配标准，且 RMSEA=0.056>0.05，同样超出最佳标准，所以模型一拟合效果不理想。

第二，针对模型二（图 3-6）进行拟合。表 3-12 的模型二计算值显示，虽然绝对拟合值 GFI 和 AGFI 均大于 0.9，但是相对拟合值均小于 0.9，未达到标准，同时 CMIN/DF=8.026>3，未达到 1<CMIN/DF<3 的适配标准且离标准太远，另外，RMSEA=0.069>0.05，同样超出适配标准，所以模型二相比于模型一更加不理想，本书研究首先拒绝模型二的假设。

第三，由于模型二首先被拒绝，所以可通过比较模型一和模型三的拟合度来确定最佳选择，模型三的拟合结果路径图见图 3-7。模型三和模型一的绝对拟合值和相对拟合值均已达到适配标准，但是根据 RMSEA 通常被视为最重要适配指标信息可知，模型三的 RMSEA=5.327，略小于模型一的 RMSEA 值，在三个模型中模型三的 RMSEA 值最小，说明模型三优于其他两个模型，因此本书研究将视模型三为最优模型进行后面的分析。但是，由于 CMIN/DF 值和 RMSEA 值的大小均未在最佳适配标准内，所以模型三还需进行模型的修正，使其更加有效。

5. 模型修正

根据模型三初步拟合结果可知，首先基于理论的假设及测量维度构建研究生全面收费政策与学业成就影响的假设模型，其次通过 AMOS 22.0 软件进行验证，因得出的模型适配效果不太理想，需对模型进行修正。

首先，根据修正指标（modification indices，M.I.）可以对模型三进行适度修正。由模型三的各参数修正指标可知，E3↔E4 的 M.I.为 112.297，是模型中最大的修正指标值。根据修正方法，当参数的修正指标值较大时，应进行变量间的释放（建立共变关系），或者删除关系路径，但是上述操作均不能违背最初理论模型的设定[238]。根据本书研究的模型设定，已知 E3 和 E4 均属于政策有效性因素，之间必然存在相关性，因而建立残差 E3 与 E4 之间的共变关系并不违反最初模型假设。与此同时，若 E3 与 E4 建立共变关系，至少可以降低 112.297 的卡方值，对于模型修正极为有利。基于上述修正原因，同样对 E4 与 E8 建立共变关系，其 M.I.值为 22.424，较其他修正指标值排在第二位，根据前期相关性分析结果，政策有效性与外在动机 P 值为 0.162，在 0.05 的置信水平上，因此其存在显著相关，所以在政策有效性的残差 E4 与外在动机的残差 E8 之间建立共变关系可以接受，不违背最初的理论模型设定。综上所述，模型三修正的第一步为 E3 与 E4、E4 与 E8 建立共变关系。

其次，根据标准路径系数（standardized regression weights，SRW）来进行模型修正。根据分析可知，外在动机与学业成就之间的 SRW 值为﹣0.166，政策有效性与学业成就之间的 SRW 值为﹣0.122，以上可以判断出两者之间的关系符号为负号，而与原先理论模型图的符号相反，表示这些变量间有高度多元共线性问题，这些不合理或无法解释的路径应被删除[238]，故应删除"外在动机—学业成就"、"政策有效性—学业成就"两条路径，被删除的结构关系用虚线连接，修正后的拟合模型如图 3-8 所示。

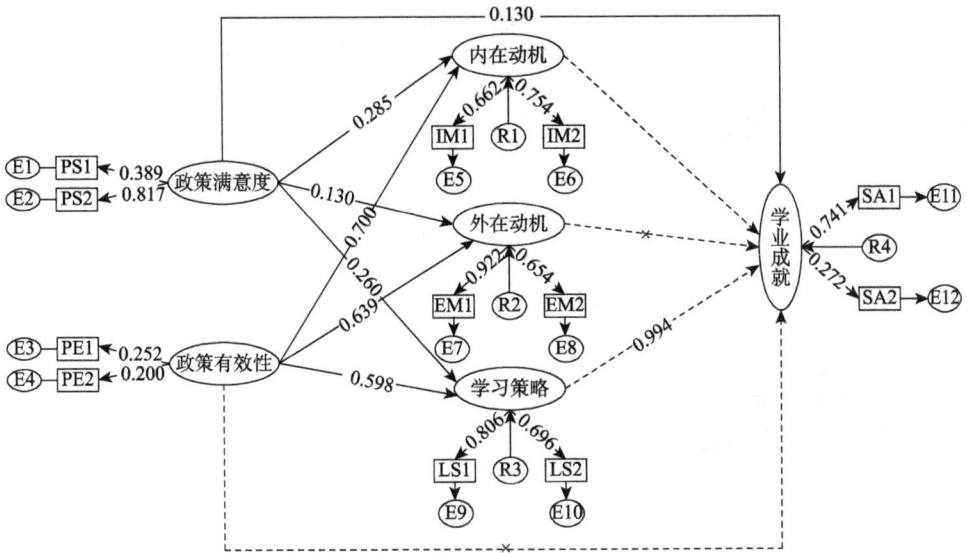

图 3-8 研究生全面收费政策与学业成就模型拟合修正图

6. 研究假设模型的结构方程模型检验结果

经过对模型三修正，根据 AMOS 22.0 输出结果可知，模型三修正后的适配指标值如表 3-13 所示。从表 3-13 可知，CMIN/DF=2.591，在 1 到 3 的范围内，表明模型适配良好；RMSEA=0.033<0.05，说明有良好的适配；另外，绝对拟合值和相对拟合值均在 0.9 之上，说明以上各项指标均达到良好适配水平。因此，本书研究修正后的模型与实际观测数据高度一致，说明修正后的研究假设理论模型得以验证成立。

表 3-13 模型三修正后的适配指标值

适配指标	CMIN/DF	RMSEA	绝对拟合		相对拟合			
			GFI	AGFI	NFI	TLI	CFI	IFI
适配标准	1<CMIN/DF<3	<0.05	>0.9	>0.9	>0.9	>0.9	>0.9	>0.9
修正前模型值	5.327	0.054	0.974	0.954	0.932	0.914	0.944	0.944
修正后模型值	2.591	0.033	0.988	0.977	0.971	0.972	0.982	0.982
拟合度	理想	理想	理想	理想	理想	理想	理想	理想

一般来讲，结构方程模型通过路径系数来表示变量间的数量关系，路径系数值表明了一个变量对另一变量的影响大小，图 3-9 已给出各变量间详细的路径系数值。

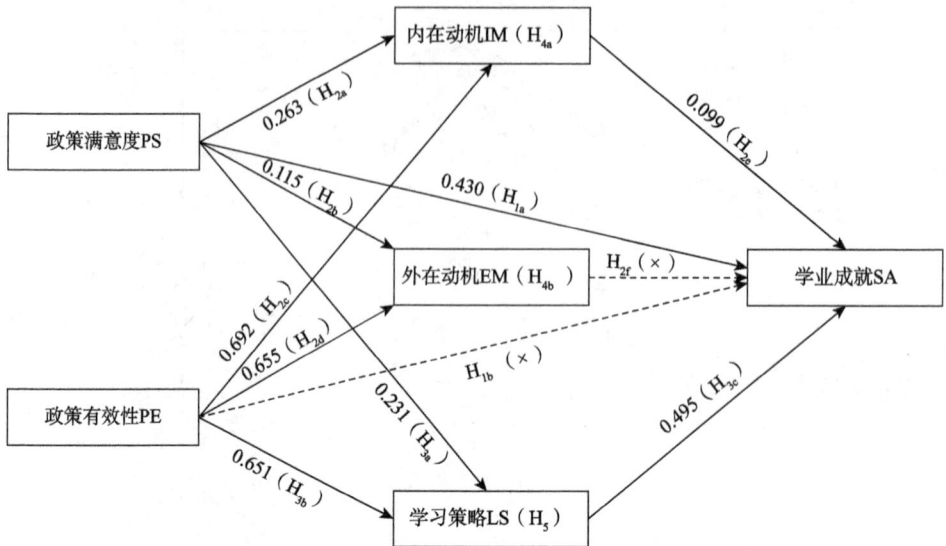

图 3-9 研究假设模型变量间影响路径图

修正后的假设模型检验结果如表 3-14 所示。

表 3-14 假设模型检验结果

潜变量	路径	潜变量	估计值	SRW	S.E.	C.R.	P
学习策略 LS	←H$_{3a}$	政策满意度 PS	0.139	0.231	0.028	5.001	***
内在动机 IM	←H$_{2a}$	政策满意度 PS	0.185	0.263	0.035	5.239	***
外在动机 EM	←H$_{2b}$	政策满意度 PS	0.072	0.115	0.022	3.291	0.001
学业成就 SA	←H$_{1a}$	政策满意度 PS	0.310	0.430	0.052	5.913	***
学习策略 LS	←H$_{3b}$	政策有效性 PE	1.917	0.651	0.357	5.364	***
内在动机 IM	←H$_{2c}$	政策有效性 PE	2.374	0.692	0.445	5.334	***
外在动机 EM	←H$_{2d}$	政策有效性 PE	2.026	0.655	0.374	5.417	***
学业成就 SA	←H$_{3c}$	学习策略 IS	0.592	0.495	0.061	9.760	***
学业成就 SA	←H$_{2e}$	内在动机 IM	0.102	0.099	0.051	1.993	0.046

***$P<0.001$

（1）PS 到 SA 的 SRW 为 0.430，临界值 C.R.=5.913>1.96，路径系数显著水平 $P<0.001$。这表明，研究生全面收费政策满意度对学业成就具有正向影响，且达到较显著水平，因此假设 H$_{1a}$ 得到证实；但是，由于 PE 到 SA 的路径系数为负值，与经验假设相悖，因此假设 H$_{1b}$ 被拒绝。

（2）PS 到 IM、PS 到 EM、PE 到 IM、PE 到 EM 的临界值 C.R.均大于 1.96，且路径系数显著水平 $P<0.001$（其中 $P_{PS\rightarrow EM}=0.001<0.05$）。这表明，研究生全面收费政策对学习动机具有正向影响，且达到非常显著水平，因此假设 H$_{2a}$、H$_{2b}$、

H_{2c}、H_{2d} 均得到证实。

（3）PS 到 LS、PE 到 LS、LS 到 SA 的临界值 C.R.均大于 1.96，且路径系数显著水平 $P<0.001$。这表明，研究生全面收费政策对学习策略、学习策略对学业成就具有正向影响，且达到非常显著水平，因此 H_{3a}、H_{3b}、H_{3c} 均得到证实。

（4）因上述 H_3 得到证实，说明学习策略在研究生全面收费政策对学生学业成就的关系上起中介作用，因此 H_5 得到证实。

（5）由于外在动机与学业成就之间的路径系数为负值，与经验相悖，H_{2f} 被拒绝，所以外在动机在研究生全面收费政策对学业成就的关系上未起到中介作用，因此假设 H_{4b} 被拒绝；但是 PS 到 IM、IM 到 SA 的临界值 C.R.均大于 1.96，且 $P_{PS \to IM}<0.001$，$P_{IM \to SA}=0.046<0.05$，H_{2e} 被证实，这说明内在动机在研究生全面收费政策与学业成就的关系上起到中介作用，因此 H_{4a} 得到证实。

7. 研究假设模型的影响分析

根据上述分析，研究生全面收费政策对学业成就的影响可分为直接影响和间接影响两种方式，即直接作用于学业成就和通过学习策略、内在动机的中介作用间接作用于学业成就。通过计算表 3-14 中的路径系数可计算整理出各变量间的影响结果（表 3-15），政策满意度对学业成就的总影响为 0.867，其中直接影响为 0.430，通过学习策略的间接影响为 0.437，而通过内在动机的间接影响为 0.095，通过比较数据大小可知，通过学习策略的间接影响大于直接影响，并且学习策略的间接影响大于内在动机的间接影响。这说明研究生全面收费政策对学业成就的影响主要表现为通过学习策略、内在动机的间接影响作用，其直接影响略弱些，且学习策略的间接作用大于内在动机的间接作用。

表 3-15 各变量间的影响分析

变量	直接影响	作用路径	间接影响	总影响
政策满意度	0.430	政策满意度→学习策略→学业成就	$0.231 \times 0.495 +$ 0.651×0.495	直+间=0.867
		政策有效性→学习策略→学业成就		
政策有效性		政策满意度→内在动机→学业成就	$0.263 \times 0.099 +$ 0.692×0.099	直+间=0.095
		政策有效性→内在动机→学业成就		

二、研究生全面收费政策与学业成就的关系分析

通过构建研究生全面收费政策与学业成就的关系模型以及调查访谈的相关内容，可以发现，研究生收费政策可以提高研究生的学业成就，可以有效地实现既

定的政策目标。主要表现在：一方面，研究生收费政策可以直接促进研究生的学业成就；另一方面，研究生全面收费政策通过提高研究生的学习动机、改善学习策略，可以间接提高研究生的学业成就。不管是通过直接影响还是间接影响，研究生全面收费政策都能有效提高研究生的学业成就。

（一）研究生全面收费政策直接影响研究生的学业成就

学习行为会受到教育政策的影响，通过本书构建的结构方程模型的验证也得出相同的结论：研究生全面收费政策可以直接促进研究生学业成就。学业成就提高表明研究生根据政策的变化改变了自己的学习行为和学习方式。改变学习行为的外在原因包括教育政策和学习环境等。教育政策对促进教育行为的改变起着引领和规范的作用，良好的学习环境有利于学习行为的变革[239]。改变学习行为的内在动力包括学习者的学习动机与学习策略等。研究生全面收费政策一方面使研究生在报考前更加理性，使研究生明确自己在入学后的学习行为，根据研究生的培养要求改变自己的学习行为，另一方面缓解了高校财政困难的局面，使高校能够加大投入，改善研究生的学习环境，为学生提供丰富的学习资源，为促进研究生自主学习提供环境支持。

（二）研究生全面收费政策对学业成就的影响过程

研究生收费政策不仅可以直接影响学业成就，还可以通过学习策略和学习动机来间接影响学业成就，通过探讨学习动机、学习策略对学业成就的影响，进一步明确研究生全面收费政策通过中介变量对学业成就的影响，表明本书构建的结构方程模型是有效的。结合对研究生的访谈发现，全面收费政策会影响研究生学习行为和科研行为，表现在学习动机、学习策略和学业成就上。

1. 研究生全面收费政策对学习动机的影响

在访谈中，研究生普遍认为推行全面收费政策，增加了个人读研的机会成本，迫使他们增强成本意识，会更加理性地计算自己投入与产出的效益，一方面成本的增加，让他们在是否接受研究生教育上更加理性，功利性的倾向逐渐被淘汰，更多地倾向于自我发展与完善，学习动机更多是来源于对科研学习的兴趣，因此内部动机的结构和水平得到了一定程度的改善；另一方面，研究生实行全面收费政策的同时，还设立了学业奖学金和"三助"岗位的配套政策，访谈中的研究生普遍存在为了获取学业奖学金和助学岗位机会而努力学习和参与科研以抵消个人和家庭的经济压力的行为，由此，外部学习动机的结构和水平也获得改善。

通过研究生收费政策对研究生群体的影响研究发现，"双轨制"下研究生的学习状态明显不如收费制下研究生的学习状态。在"双轨制"下无论是公费还是自费都是"一考定终身"，奖助学金等激励措施很少，学生无明显的学习压力和学习动力。在实行研究生收费制度后，学生要进行教育成本分担，缴纳相应的学费，而学校可以利用学费设置较多的奖助学金项目，并建立合理的竞争机制来激励研究生学习。不仅能促进他们学习，还能促使他们将精力更多地投入科研中，可增强办学活力，还能提高办学效益和研究生培养质量[137]。

2. 研究生全面收费政策对学习策略的影响

研究生阶段的学习更加具有自主性，以课题和项目参与的专业训练为主，有效的学习策略是实现科研专业化和学习自主性的前提。通过访谈发现，全面收费政策实施以后，学生的学习投入度在增加，这种投入度一方面表现在时间和精力上，另一方面则表现在学习策略的改善上。首先在元认知策略和认知策略上，研究生全面收费政策的实施让研究生的继续学习行为更加理智，对所学专业有了更多的了解，会更加明确自己的研究方向，在学习策略的改善对学习的重要性及如何选择和调整学习策略上有更加清晰的认知。因此，他们会不断调节学习行为，进而提高学习策略的运用水平[240]。在情感策略和社交策略上，研究生普遍认为，全面收费政策让他们以更高的主动性和积极性来参与导师（老师）的课题和项目，导师（老师）也逐渐从传道授业解惑者转变成指导者和激发者，主要体现在对研究生教学、科研和思想政治教育的指导方面。研究生从被动的情感介入到主动形成情感策略，进而不断影响着研究生的学习方式和学习策略[241]。

3. 学习动机与学习策略对学业成就的影响

已有的研究已经反映出学生的个人因素，如学习兴趣和态度、学习策略、学习动机等会在一定程度上影响学生的学业成就[242]，反映在研究生学习过程中，如果研究生具有浓厚的学习兴趣、强烈的求知欲望、自我报偿因素及合理的学习策略，会对研究生的努力程度和学习投入起到积极的影响作用，进而促进学业成就。在访谈中，研究生普遍认为，研究生全面收费政策增加了他们对成本和收益的考量，成本意识在增强，他们会更加关心自己的学业成就，而为了获得较高的学业成就，必须要在学习努力程度、学习策略和学习方法上不断地进行调整与完善，较高的学业成就让他们在奖学金的竞争中占据优势，无形中又提高了自我效能感，自我效能感的提升又能进一步强化学习动机和学习策略，从而形成一个理想的反馈循环和模式。

研究生全面收费政策对学业成就的影响已经在第三章第三节进行了分析与解释，可以看到的是，根据已有的文献，本书构建的结构方程模型以及进行的访谈研究都支持了研究生全面收费政策对学业成就有促进作用这一观点。政策对学业成就的促进，体现了教育政策效度的发挥，同时，对中介因素的分析发现，学习策略和学习动机的中介效果是存在的。也就是说，一方面使得学生报考研究生更加理智，动机更加明确，能在入学后调动起学习的积极性，提升学业成就；另一方面又能通过调节研究生的学习动机，提高研究生学习策略的运用水平，提升学业成就。

第四章 政策效用：研究生全面收费政策的执行分析

　　研究生全面收费政策导向是为了完善研究生教育财政拨款制度、完善研究生奖助政策体系以及建立健全研究生教育收费制度，这三个目标相辅相成，进一步厘清了我国研究生教育改革的方向，应坚持全面提高高等教育质量，扩大研究生教育规模和加大结构调整力度，分类推进研究生培养模式改革，统筹构建质量保障体系，突出创新和实践能力培养，强化科教结合、产学结合，加快建设高层次人才培养体系。从政策效用角度，教育政策作为调整教育领域的社会问题和利益关系的公共政策，其政策效用体现在是否通过教育利益分配、管理教育活动等方式调整和理顺教育领域的关系，从而达到将政策目标完整、切实地转化为政策结果的过程，其实质在于在政策执行过程中是否有效地实现了政策目标到政策结果的转化[243]，即在获得价值选择和实现价值选择的政策行为过程中，是否体现出教育政策的基本效用价值。因此，根据意见的政策导向和教育政策效用的价值取向，我们把全面收费政策的效用概括为制度效用和激励效用。制度效用除了客观上通过对研究生实施全面收费政策，进一步完善了财政拨款制度、奖助政策体系和收费制度，还有一个非常重要的方面是政策客体对政策制度效用的主观评价，也就是政策的服务对象对政策的认可、接受和满意情况。激励效用主要源于我国研究生教育原收费制度的不健全，既不利于非义务教育成本分担机制的建立，也阻碍了研究生奖助政策的完善和研究生财政拨款的增加，还不利于激励研究生珍惜机会潜心学习、促进研究生教育健康发展。因此，通过收费制度，可以进一步提高研究生学习动机水平、改善研究生学习策略，进而提高学业成就，提高研究生的培养质量。

第一节　研究生全面收费政策的制度效用分析

制度效用主要体现在制度层面对研究生人才培养的影响，即对有序开展研究生培养所必需的规则、秩序、伦理和道德规范的总体认同程度，包括对研究生教育财政拨款制度、研究生奖助政策、研究生学业奖学金制度等政策的认可度、满意度，以及对研究生的吸引力水平等，是从宏观角度把控研究生全面收费政策的效用影响[50]。高度的政策认同感对加快研究生人才培养改革有积极的推动作用，研究生全面收费政策的执行是研究生人才培养改革中重要的一步，只有在培养经费合理投入的情况下，才能有效开展研究生人才培养活动，形成良好的教育环境，并且教育环境中的主导因素的发挥和作用也离不开相关政策法规的实施和遵循。

一、研究生全面收费政策的制度效用基础

随着经济发展与社会进步，人们对高等教育层次的需求更加迫切，我国研究生规模不断扩张，公共财政收入的增长速度跟不上高等教育需求的扩张速度，政府通过税收为教育需求增量积累经费日益困难，这是全球范围内教育经费支付逐渐从政府转向学生的主要原因之一[244]。因此，基于这样的背景，《关于完善研究生教育投入机制的意见》在政策层面提出了"三位一体"的政策体系。

在财政拨款制度上，政策的实施实际上带来了高校收入的增加：一是国家财政拨款增加，国家对所有纳入国家计划的全日制研究生均安排定额拨款，且大幅度提高拨款标准。二是学费收入增加，所有纳入国家计划的全日制研究生都要缴纳学费。

在奖助学金制度上，政策的实施也带来了学校用于研究生奖励资助投入的增加。对学生来说，得到的奖补收入总体来看将明显增加，而且奖补结构更加优化。一是保障研究生基本生活，从 2014 年秋季起，将现有的研究生普通奖学金调整为国家助学金，用于补助研究生基本生活费用，补助范围覆盖全国研究生招生计划内的所有全日制研究生；二是设立了国家奖学金和学业奖学金，加大对优秀研究生的奖励；三是鼓励研究生积极参与教学、科研、管理，高校要按规定统筹多渠道资金，建立健全导师责任制和导师项目资助制，加大对"三助"岗位的津贴资助力度，根据研究生参与教学、科研、管理的实绩给予相应资助；四是保证家庭经济困难研究生就学，家庭经济困难研究生除按规定享受上述政策外，《关于完善研究生教育投入机制的意见》还要求高校综合采取减免学费、发放特

殊困难补助、开辟入学"绿色通道"、开展国家助学贷款等方式，确保家庭经济困难的研究生就学。

在收费制度上，该意见综合考虑研究生经济承受能力、现行本科生学费标准和研究生培养实际情况，将研究生学费标准适度从低确定，总体上按照硕士研究生高于本科生、博士研究生高于硕士研究生、不同专业有所差异的原则来把握。

也就是说，政策从制定之初就考虑到了不同利益主体（高校、研究生、社会公众）的利益结构，考虑到了政策的耦合效应（"三位一体"的政策体系），考虑到了特殊利益群体（贫困学生）的角色环境，但是政策的制定和执行仍存在局限性，即政策限度（政策限度会在第五章进行详细论述），也就是说政府在制定政策过程中因为考虑的范围、效用等存在不确定性，加之政策执行过程中的复杂性，都会带来政策在执行过程中的折扣，因此，对于研究生全面收费政策的制度效用在客观上理想的导向，不必然会带来主观上的认可、接受和满意。为了更好地衡量政策在客体范围内的认可度，我们围绕研究生对政策合理性、奖助学金额度设置的合理性、收费标准的合理性的评价，以及政策可能产生的影响（包括对择校、考研、参加勤工助学或者兼职活动的影响）等方面来从主观上评价研究生全面收费政策的制度效用。

二、研究生全面收费政策的制度效用表现

在已有样本的处理上，为了了解研究生全面收费政策的执行现状及效用表现，在数据分析上保留了全面收费政策之前的 427 份问卷，以便在政策效用的差异性分析上进行区分和比较，研究主要从政策认可度、学习动机、学习策略和学业成就四个基本方面展开。等级量表依次从 1 到 5 赋分，表示研究生全面收费政策施行状况逐渐变好。从表 4-1 可以看出在研究生全面收费政策施行现状的四个维度里面，政策认可度 < 学业成就 < 学习策略 < 学习动机，说明研究生全面收费政策的政策认可度有待提升；学习动机、学习策略和学业成就的均值都在 2.5 以上，处于中等偏上水平，其中，学习动机均值最高，居中的是学习策略和学业成就。由此说明，虽然研究生全面收费政策的认可度不高，但从研究生的学习动机、学习策略和学业成就三个维度的反映中，可以看出研究生全面收费政策的实施对研究生的学习行为有积极的影响。

表 4-1 研究生全面收费政策总体状况（N=1 898）

相关维度	均值	标准差	N
政策认可度	1.36	2.541	1 898
学习动机	3.58	0.955	1 898

续表

相关维度	均值	标准差	N
学习策略	3.51	0.857	1 898
学业成就	3.36	0.967	1 898

（一）研究生全面收费政策的制度效用现状

由表 4-2 可知，研究生全面收费政策认可度各维度得分从低到高依次是收费标准合理、收费政策合理、对择校影响、所交学费值得、奖助学金额度合理、理性看待考研。认可度中的各维度均值都高于 2.5，说明研究生全面收费政策各维度的认可度尚可。

表 4-2　收费政策认可度现状

相关变量	均值	标准差
收费标准合理	2.52	0.971
收费政策合理	2.63	1.098
对择校影响	2.72	1.180
所交学费值得	2.89	1.008
奖助学金额度合理	3.00	1.011
理性看待考研	3.49	0.915

调查结果显示，研究生全面收费政策提高了研究生对考研的理性认识，同时也接受奖助学金额度的设置标准，但是在具体的收费标准、择校观念及对学费的态度上还存在差异，具体表现在以下几个方面。

1. 实行全面收费政策不合理

在此次调研中，2014 级和 2015 级研究生参与问卷调查，其中，对"我认为研究生教育不是义务教育，实行全面收费是合理的"持非常不同意和不同意态度的比例高达 49.5%，而对此持比较同意和非常同意的比例仅为 23%。由于 2014 年是实行全面收费政策的第一年，2014 级研究生对收费政策的认可度明显比 2015 级研究生低。

受访者 1（2014 级研究生）："在得知研究生开始实行全面收费政策后，我对考研开始犹豫，没有之前那么坚定是因为感到很有经济压力。收费对家庭和本人都造成了一定的负担，只有申请了校园贷款才能够支付我的学费。国家的出发点是为了研究生教育的可持续发展，从长远来看是理应推行的，但是客观上却加重了学生的负担，还存在损害教育公平和教育质量的弊端。而作为首次缴纳研究生学费的第一届研究生，为国家教育制度改革探路还是不情愿的，2014 年之前入学的研究生都是公费就读，到了自己这一届就要自费，实在是无法接受。"

受访者 2（2014 级研究生）："大多数都是应届生在考研，自己没有经济基础去缴纳学费，我有很多同学因为家里的经济情况不是很好，难以完成自己的考研梦想，被迫在大学毕业前夕或毕业后赶紧找一份工作，慢慢地也就没有或放弃了考研的想法。"

2. 所交学费不值得

通过访谈笔者发现，部分研究生认为学校没有为自己提供与所交学费相匹配的场地、设备等资源支持，很多高校的文科研究生没有固定的学习场所，平时只能去图书馆或是教室学习，而理工科研究生不仅有专门的学习场所，还有用来做研究的实验室。各高校硕士研究生学费普遍为每学年 8 000 元，研究生一年级接受课程学习，研究生二年级和研究生三年级学校不提供课程教学，此时很多文科专业研究生会觉得自己并没有得到与所交学费相匹配的教学和科研服务，从而认为自己所交学费是不值得的。

受访者 3（2014 级研究生）："我认为所缴纳的学费并没有带给我相应的学习资源。比如在研究生一年级上课时没有课本，教学内容多以老师个人讲授为主，较为枯燥。而到了研究生二年级和三年级基本结束了相关课程，有两年的时间都是靠自己自学，尤其是对人文社会科学类的研究生来说，不仅享受不到课程资源，就连固定的自习室也没有，只能去图书馆或是教室通过网络资源整理文献撰写论文，时常还要帮导师做点事，这样看来，这 8 000 块钱的研究生学费交得不值得。"

3. 各专业收费标准不应相同

《关于完善研究生教育投入机制的意见》里提到，"研究生学费标准应综合考虑不同专业研究生培养成本、当地经济发展水平、办学条件、居民经济承受能力等因素确定，并与本专科生学费标准及已收费研究生学费标准相衔接。"但是笔者在调查后发现，我国大多高校现行的研究生学费标准普遍采取"一刀切"的形式，学术型硕士研究生学费大多定为 8 000 元，博士研究生学费大多定为 10 000 元，并没有根据不同的学科专业划分不同的标准。问卷调查中，对"我认为各个专业的研究生收费标准应该相同"持同意和非常同意态度的研究生比例为 18.29%，而对此持不同意和非常不同意态度的却高达 61.18%。"一刀切"的学费标准直接影响了大部分研究生对收费政策的认可度。对此，受访者也表示：

"在我们学校，学术型硕士研究生的学费全部定为 8 000 元一年，这样并不合理。对人文社会科学类的研究生们来说，研究生一年级上课，研究生二年级和研究生三年级几乎都没使用学校的教学和科研设施,没有享受到学校的其他资源,但理工科的研究生同学就不一样,他们可以在实验室里使用各种实验设备和材料,学校为他们提供的科研资源比我们要多得多。在这种对比下，收取相同的学费让人觉得不能接受。"（受访者 4：2015 级研究生，文科）

"我家里的经济情况比较一般，本科和硕士研究生期间的学习压力比较大,整天都在实验室里做实验,也没有时间出去做兼职挣外快,所以几年下来的学费和生活开支都是家里给提供的,爸妈赚的辛苦钱已经花费了不少,博士研究生的学费比硕士研究生的学费还要高,且学习年限更长,实在是不想继续给家里增加经济压力了,所以放弃了读博的想法,打算硕士研究生毕业后就去找工作"（受访者 5：2014 级研究生）

4. 因经济压力参加勤工助学或兼职

相比于本科生，研究生普遍年龄较大，独立性较强，在经济上也不再像在本科阶段那样可以心安理得地依靠父母供养，但是大多数研究生都没有稳定的收入，经济上的压力会给他们造成很大的困扰。数据显示，在施行收费政策以后，表示会参加勤工助学或校外兼职的研究生比例为 49.02%，表示不会参加的研究生比例仅为 18.69%。在调查中发现，只有少数研究生会全身心投入学习和科研，而更多的研究生会参加勤工助学和兼职，通过独立样本 t 检验发现，在政策实施前后参加勤工助学和兼职的数量有明显差异（表 4-3）。全面收费政策实施之后，参加勤工助学和兼职的现象有非常明显的增加，这说明全面收费政策对研究生形成了一定的经济压力，访谈中发现，参加勤工助学或者兼职是研究生缓解经济压力的主要手段和途径。

表 4-3 研究生参加勤工助学或兼职的差异检验

相关变量	入学年份（均值±标准差）		t 值	P 值
	政策实施之前	政策实施之后		
参加勤工助学或兼职	0.85±3.19	3.37±0.95	21.778	0.000

受访者 6（2015 级研究生）："现在物价水平较高，国家每个月提供的助学金金额只够支付大约三分之一的日常支出，有时候还要靠家里补贴。这项政策对一般家庭的学生造成了较大的经济压力,国家的助学金根本不足以支付日常的开销，身边不少同学因为经济压力选择出去兼职，占用了很多时间。所以，我觉得应该要加大奖助学金的力度，让研究生们不用担心吃饭的问题，这样我们才能保证有时间去完成作为学生应该要完成的任务，而不是花费科研的时间去做助管或

兼职。"

（二）研究生全面收费政策的制度效用差异

从性别、专业、培养层次以及家庭收入等方面，对研究生全面收费政策的制度效用进行了差异性检验，检验结果如下所示。

1. 男生对全面收费政策的认可度高于女生

通过独立样本 t 检验可知（表4-4），研究生全面收费政策被认可度中的"收费政策合理"这个维度在性别上存在显著差异（$P<0.05$），男生对全面收费政策的认可度高于女生。数据显示，男生在"理性看待考研"维度上的得分低于女生，也就是说施行研究生全面收费政策以后，女生比男生会更理性地看待考研。这种结果反映出女生在决定是否考研时比男生考虑得更多，年龄、传统观念等都会对女生造成一定的影响。研究生全面收费政策实施后，学费成为影响女生考研的又一重要因素。对此，受访者也表示：

"我是在考研过程中得知要从2014年开始缴纳研究生学费的，第一反应感到很震惊，作为一个女孩子，家里人对我的寄托没有那么远大，只希望我本科毕业找个好工作，都劝我不要读那么多书，担心女生年龄大了不好找对象。本来家里就不是特别支持，现在还要交学费，感觉自己的读研之路越来越困难。"（受访者7：2014级研究生，女）

"我在刚得知要全面实行研究生收费时比较惊讶，也有跟家里人讨论过这个事，我自己是还比较想继续深造的，觉得是否收费对我要读研的想法没有什么改变，家里人也比较鼓励我继续深造下去，想让我能在自己所感兴趣的领域里有一番自己的事业。"（受访者8：2014级研究生，男）

表4-4　研究生全面收费政策认可度在性别上的差异

相关变量	男（$N=778$）		女（$N=693$）		t 值	P 值
	M	SD	M	SD		
收费政策合理	2.71	1.150	2.54	1.030	2.949*	0.003
奖助学金额度合理	3.02	1.004	2.98	1.019	0.805	0.421
收费标准合理	2.48	0.990	2.56	0.949	−1.532	0.126
所交学费值得	2.91	1.006	2.87	1.010	0.767	0.443
理性看待考研	3.46	0.943	3.53	0.881	−1.451	0.147
对择校影响	2.74	1.198	2.70	1.160	0.545	0.586

*表示在0.05的水平上显著

2. 经管和理工类研究生对全面收费政策的认可度高于文史哲和农学类研究生

通过单因素方差分析可知（表 4-5），研究生全面收费政策认可度在学科类别上存在显著差异（$P<0.05$），且经管和理工类研究生对全面收费政策的认可度高于文史哲和农学类研究生。通过访谈发现，其原因在于经管和理工类研究生认为本专业收费标准与培养单位提供的教学科研服务更为匹配，所交学费是值得的；但是文史哲和农学类研究生却普遍反映学费偏高，培养单位为其提供的学习场所、科研设备等与所交学费并不匹配，尤其是文史哲类研究生对于高校的教学和科研服务尤为不满意，这就导致他们对收费政策的认可度普遍较低。对此，受访者表示：

"享受不到同等的资源，为什么要交一样的金额？在我们学校，人文社会科学专业的研究生连自己固定的自习室都没有，只能每次背着电脑去图书馆和教室自习。理工科类的研究生不仅有自己的工作室还有昂贵的实验设备供他们使用，就冲这基础设施资源不到位，就感觉交的学费不值得。"（受访者 9：2014 级研究生，人文社会科学类）

表 4-5　研究生全面收费政策认可度在学科间的差异

相关变量	经管 (N=257)		文史哲 (N=118)		理工 (N=680)		农学 (N=180)		F 值	P 值
	M	SD	M	SD	M	SD	M	SD		
收费政策合理	2.75	1.176	2.40	1.127	2.61	1.082	2.56	1.042	2.087*	0.019
奖助学金额度合理	2.97	0.972	2.94	1.088	3.02	0.979	2.91	1.066	1.452	0.143
收费标准合理	2.48	0.967	2.24	0.726	2.64	0.996	2.73	1.046	2.802*	0.001
所交学费值得	2.97	0.922	2.60	1.106	2.92	0.980	3.04	1.054	3.764*	0.000
理性看待考研	3.54	0.883	3.69	0.811	3.46	0.912	3.54	0.965	0.750	0.690
参加勤工助学或兼职	3.30	1.009	3.12	1.054	3.24	1.025	3.28	0.963	3.916*	0.000
对择校影响	2.81	1.291	2.38	1.188	2.84	1.158	2.44	1.105	3.929*	0.000

*表示在 0.05 的水平上显著

3. 博士研究生对收费政策的认可度最高，专业型硕士研究生最低，学术型硕士研究生居中

通过单因素方差分析可知（表 4-6），学术型硕士研究生、专业型硕士研究生和博士研究生在对收费政策的认可度上存在显著差异（$P<0.05$），博士研究生对收费政策的认可度最高，专业型硕士研究生最低，学术型硕士研究生居中。这是由于博士研究生的奖学金和助学金金额都比硕士研究生要高得多，且博士研究生通过课题研究等方式获取额外报酬的机会比硕士研究生要多，所以博士研究生对收费政策的认可度比硕士研究生要高。施行全面收费政策以后，硕士研究生比

博士研究生表现出更强烈的参加勤工助学和校外兼职的倾向，这是由于博士研究生的奖助学金和科研补贴相对充足，不需要花费额外时间去赚钱。另外，通过调查发现，专业型硕士研究生的学费远远高于学术型硕士研究生，学术型硕士研究生的学费上限已有全国性规定，《关于完善研究生教育投入机制的意见》中提到，原则上学术型硕士研究生每生的学费每年不超过 8 000 元，但是对于全日制专业学位研究生，该意见的要求是"暂执行原收费政策"。在调查中，2014 年全日制专业型硕士研究生学费的标准，其中四川省、山西省、福建省和宁夏回族自治区专业型硕士研究生学费最高限额最低，为每学年 8 000 元，而江苏省、浙江省、山东省和湖北省规定专业型硕士研究生学费的上限是每学年 1.5 万元。此外，不同专业的专业型硕士研究生学费标准不同，专业型硕士研究生的学费一般为 8 000~20 000 元。而且各高校对专业型硕士研究生很少提供学业奖学金，而学术型硕士研究生的奖学金覆盖率逐年提高，这就导致专业型硕士研究生对于收费政策的认可度相对较低。对此，受访者也表示：

"我就读的新闻专业一年的学费是 12 000 元，比起学术型硕士研究生贵了大约 4 000 块钱，除此之外，我们还享受不到与学术型研究生相同的待遇，学校并不为我们提供学业奖学金，多出来的学费和享受不到的奖学金使得专业型硕士研究生的经济压力特别大。我对这项政策的标准制定不是很满意。"（受访者 10：2014级专业型硕士研究生）

"我朋友在另一所高校就读跟我一样的专业，但他们的学费每年只收取 8 000 元，我们每年要交 10 000 元，觉得各高校之间差异还是比较大的，心里有点不平衡。而且跟学术型硕士研究生相比，我们所享受到的教育资源可能还不及他们，但是却要比他们每年多交几千元，觉得有点难以理解。"（受访者 11：2015 级专业型硕士研究生）

表 4-6 研究生全面收费政策认可度在研究生类别间的差异

变量	学术型硕士研究生（N=991）		专业型硕士研究生（N=348）		博士研究生（N=132）		F 值	P 值
	M	SD	M	SD	M	SD		
收费政策合理	2.67	1.086	2.60	1.072	2.70	1.248	0.814*	0.017
奖助学金额度合理	3.09	0.999	2.93	1.003	3.26	1.067	8.146*	0.000
收费标准合理	2.61	0.943	2.51	1.037	2.36	0.990	3.447*	0.032
所交学费值得	2.98	0.987	2.82	1.018	3.17	1.071	9.188*	0.000
理性看待考研	3.51	0.903	3.46	0.880	3.42	1.077	0.915	0.401
参加勤工助学或兼职	3.39	0.952	3.45	0.963	2.88	1.056	18.441*	0.000
对择校影响	2.69	1.159	2.75	1.168	2.87	1.350	1.431	0.240

*表示在 0.05 的水平上显著

4. 研究生的家庭年收入越高，对收费政策的认可度越高

通过单因素方差分析可知（表 4-7），家庭年收入不同的研究生在对全面收费政策的认可度上存在显著差异（$P<0.05$）。研究生的家庭年收入越高，对收费政策的认可度越高。通过访谈发现其原因在于：家庭条件越好，父母为研究生提供学费和生活费的可能性越大，收费与否对其是否选择读研或择校的影响也就越小，对收费政策的认可度也就越高。而家庭较不富裕的学生就会更为理性地看待考研，择校时会尽量选择那些补助相对较高的高校，也不得不为了缓解经济压力而参加勤工助学或是校外兼职。经济上的压力导致家庭条件较差的研究生对收费政策的认可度相对较低。对此，受访者表示：

"我家里经济条件还可以，可以让我没有忧虑地完成学业，追逐自己的梦想，家里也都很支持我继续深造，也会给我提供学费、住宿费和生活费，自己还可以通过努力学习拿到学业奖学金和国家每月的助学金，每个月的经济支出对我没有什么太大的压力，所以研究生人才培养实行全面收费对我来说没有什么影响。"（受访者 12：2015 级研究生）

表 4-7　研究生全面收费政策认可度在家庭年收入上的差异

变量	3 万元以下（N=363）		3 万~6 万元（N=504）		6 万~10 万元（N=386）		10 万元及以上（N=218）		F 值	P 值
	M	SD	M	SD	M	SD	M	SD		
收费政策合理	2.45	1.074	2.69	1.068	2.66	1.125	2.73	1.130	4.491*	0.004
奖助学金额度合理	2.93	1.020	3.03	0.976	2.99	1.019	3.06	1.059	0.998	0.393
收费标准合理	2.51	0.982	2.57	0.915	2.52	0.975	2.41	1.066	1.416	0.236
所交学费值得	2.80	0.952	2.89	1.006	2.90	1.011	3.01	1.086	2.010	0.111
理性看待考研	3.58	0.926	3.51	0.883	3.46	0.877	3.34	1.014	3.330*	0.019
参加勤工助学或兼职	3.50	1.015	3.39	0.937	3.32	0.924	3.12	1.042	7.213*	0.000
对择校影响	2.46	1.144	2.67	1.119	2.82	1.164	3.12	1.277	16.203*	0.000

*表示在 0.05 的水平上显著

三、研究生全面收费政策的制度效用分析

基于以上数据可知，从整个制度层面上多数调查者是比较认同收费政策的，但此政策并未对研究生产生足够的吸引力，并且在学费标准、奖助学金标准、家庭收入影响上会使部分研究生群体感到经济压力，认为实行收费政策不合理；另外从学费与教学资源、奖助学金的不匹配的层面上，也造成部分研究生群体认为研究生全面收费政策不合理；最后，性别差异、学科专业差异等客观因素也会对研究生全面收费政策的制度效用产生影响。

在研究生全面收费政策的制度效用维度中存在的最大的问题是收费不平等现象，也就是说研究生感知的不是政策的制定过程和导向，而是政策的执行过程，虽然《关于完善研究生教育投入机制的意见》中明确提出研究生学费标准要考虑研究生经济承受能力、现行本科生学费标准和研究生培养的实际情况，由培养单位来从低确定。该意见只规定了上限标准，大部分学校在执行过程中从教育行政成本的角度考虑，大都采用统一的学费标准以及奖助学金标准，这看似是最公平的办法，但是由于家庭收入水平存在差异，并且不同层次、不同性质、不同地域的高校的教育成本也存在差异，甚至是同一高校内的不同专业教育成本也不相同，家庭和个人所获得的回报率以及毕业前景也都不一致[245]，其收费标准应有所差别，但在现行的政策中并未出台相应的标准划分和学费差异。另外，研究生缴纳学费其实是对国家所承担的教育成本进行不完全的补偿，但成本补偿的标准和个人所承担的比例却很难确定，部分高校对研究生"三助"工作的认识仅停留在勤工助学的认识，在"三助"工作的投入上不充分，管理也相应不够完善，并且部分研究生导师对研究生参与"三助"工作并不支持，认为会减少学业投入时间，进而影响培养质量和进度[246]，在这样的情况下，补偿标准不规范也容易导致研究生在认知上的偏差和培养单位之间的矛盾。

总的来说，实行研究生全面收费政策对我国的研究生人才培养的发展具有战略意义和现实价值，但政策制定的不规范性会导致和加剧一些现实矛盾，从而使得其制度效用未达到最大化，而通过收费政策的制度效用表达，明晰了制度可能存在的问题。问题的核心主要是政策在执行过程中的扭曲以及相关配套政策的有待完善，因此在后续改革的过程中应通过完善政策执行环节，完善配套的政策措施，来促进研究生收费政策的平稳过渡。

第二节　研究生全面收费政策的激励效用分析

从实践上来看，研究生的培养发展趋势必然要从以数量扩张为主线的粗放型发展模式转变为以质量为核心的集约型发展模式，全面收费政策是研究生教育实践的必然选择。

在原有的投入结构和培养制度下，教育资源的使用与学习动机之间没有必然的联系，研究生缺乏成本意识，更缺乏足够、可持续的动机投入学习和科研工作，这在一定程度上影响了研究生教育的培养质量。一项研究显示，我国研究生的平均科研贡献率接近 40%，有些学科或者高校的这一比例甚至超过 50%[247]，也就是说研究生的培养质量也会顺势影响高校的科研产出。

全面收费政策实施以后，研究生教育成本的构成发生了变化，缴纳学费体现的直接成本让研究生在选择学校和专业时会更为慎重，在学习过程中也会更加认真对待。奖助学金制度的配套实施，让研究生主动地提高学习和科研动机，主动改善学习策略，以便在奖学金获取中占据优势，从而大大提高了研究生的学业成就和自我效能，提高了研究生培养质量。同时也会对研究生培养单位提供的教育质量提出更高的要求，促使高校在校际竞争压力下努力提高自身的教育质量，有利于提高研究生培养质量[153]。

研究生全面收费政策的激励效用在于通过改变投入机制和调整资助模式来引入激励机制，优先研究生培养质量，兼顾公平，进一步健全和规范研究生成本分担机制。因此，虽然从形式上来看研究生通过缴纳学费参与成本分担，但是从本质上讲，制度的激励效用结果是将投入研究教育的资源分配模式从"获得"演变为"分配"，其导向是提高资源配置效率、提高研究生培养质量和促进教育公平。本节用以体现研究生全面收费政策激励效用主要从政策对于研究生学习动机、学习策略和学业成就的提升以及存在的差异来客观衡量其效用的发挥。

一、研究生全面收费政策在学习动机上的效用及差异

研究生全面收费政策带来了教育资源投入结构的变化，构成研究生培养成本的不仅仅是政府的财政投入，研究生个人和家庭的学费也是研究生培养成本的重要组成部分，这种成本分担机制的确立，在一定程度上增加了研究生接受教育的直接成本，因而导致其学习动机更加多元化，有研究发现报答性动机是在教育成本增加后最强烈的学习动机[248]。另外，研究生教育实行收费以后，学校会加大奖学金的奖励力度，良好的竞争机制将激励在读研究生学习的积极性和主动性，有利于高素质人才的培养，研究生培养机制改革核心是建立激励机制，调动学术科研热情，提高研究生参与学术科研的积极性。另外，实行研究生全面收费政策也表明研究生教育培养过程中的资源分配模式发生了变化，教育资源不再以定额的形式进行分配，而是依据研究生学业成就的高低来对研究生进行择优支持，因此，教育资源配置中支持的重点发生了变化，由普遍支持变为择优支持，支持的重点变为注重更多的学习投入、更多的创新和更优的学习效果，研究生获得奖学金必须要有更多的学习投入和更高的学业成就评价。这样，资源的分配与切身经济利益发生关系，进而调动了学生的学习动机，对研究生而言，内在动机来源于研究生在学习上对读研的兴趣、对专业的兴趣以及自身求知欲等内在心理因素，受内在驱动力的作用而非外力的影响，其作用持久主动；外在动机则来源于读研

之外的客观因素，比如物质奖励、获得文凭、追求个人价值的实现等外部诱因。因此，通过对研究生内在动机和外在动机的调查，来分析研究生全面收费政策是否发挥出其激励效用以及效用差异。

（一）研究生学习动机现状

由表 4-8 可知，研究生学习动机各维度均值从低到高依次是：提高综测成绩<获得更高奖学金<喜欢所学专业<获得更好工作机会<提升素质和能力，研究生学习动机各维度均值均高于 2.5，说明研究生学习动机整体处于中等偏上水平。

表 4-8　研究生学习动机现状

相关变量	均值	标准差	N
喜欢所学专业	3.58	0.955	1 898
提升素质和能力	4.00	0.804	1 898
获得更好工作机会	3.84	0.813	1 898
获得更高奖学金	3.52	0.886	1 898
提高综测成绩	3.31	0.894	1 898

这一调查结果表明，在实行全面收费政策以后，研究生主要的学习动机还是提升自身素质和专业能力以及毕业后获得更好的工作机会，而奖学金的激励程度并不如这两个内在动机强烈。根据调查结果，研究生全面收费政策在研究生外在学习动机激发方面存在的问题主要体现在以下几个方面。

1. 奖助学金的覆盖面过广，对研究生的激励力度不大

《关于完善研究生教育投入机制的意见》中规定具体标准由各级财政部门同高等学校主管部门确定，根据经济发展水平和物价变动情况，建立资助标准动态调整机制。在学业奖学金的标准制定上规定由高校自行确定研究生学业奖学金的覆盖面、等级、具体标准和评定方法。虽然奖学金的等级划分因高校自身政策而异，但在实际的组织实施中一般会划分为甲、乙、丙三个等级，也有部分高校不划分等级，对于满足评选条件的研究生全部按照博士研究生 10 000 元/学年，硕士研究生 8 000 元/学年的标准发放奖学金。实际上，凡是遵守国家法律以及学校规章制度并且学业课程成绩合格的全日制非在职研究生基本上都可以获得学业奖学金。在走访调查中我们发现，学生们普遍认为，学业奖学金的覆盖面过广，对他们的激励力度并不大。

以 Z 大学为例，申请该校研究生学业奖学金的四个基本条件为：热爱祖国，

拥护中国共产党；遵守宪法和法律，遵守学校规章制度；诚实守信，品学兼优；积极参与科学研究和社会实践。以上要求较抽象且并不困难，基本上大部分研究生都可以满足。而且该校的研究生学业奖学金标准统一规定为博士研究生一年10 000 元和硕士研究生一年 8 000 元，不分等级。所以学生们更加感觉不到学业奖学金的激励作用了。在访谈过程中，Z 大学的两名 2014 级硕士研究生就对此发表了看法。

受访者 13："我认为奖学金的实质其实就是学费的变相返还，在我们学校，奖学金不分等级，都是 8 000 元，比例 100%，只不过是先缴纳 8 000 元学费，开学后学校再以奖学金的形式全额返还，这样看来等同于是免费读研。"

受访者 14："我们学校的奖学金制度与其他学校不同，奖学金不设等级，第一名跟最后一名的奖励是一样的，在平时的学习和科研中就没有什么很大的激励作用，学习的好与坏在利益获得方面没有什么差别。"

学生普遍认为研究生全面收费政策对自己并没有起到什么激励作用，认真学习和科研的同学不管政策如何都会一如既往地投入学习科研，也并不是一味地追求奖学金的奖励，但那些只是为了得到硕士研究生文凭来读研的学生也并不会由于收费政策的实施而变得发奋图强。

2. 奖学金评选标准偏计量化，研究生容易滋生功利化的学习目的

大部分高校奖学金的评选标准都是成绩加综测排名的形式，但是在没有课程学习的高年级阶段，综合测评分数成为评定研究生学业奖学金等级的唯一标准。而且，部分高校的学生干部在综测上的加分要比专心科研发表文章加分的比重大，无心科研的同学照样可以通过担任班级或研究生党团学组织的学生干部职务或是参加课外文体活动获得很高的综测分数，从而与有科研成果的同学获得一样高的奖学金。学习和科研是一个漫长的过程，成果的出现需要一定的时间积累，这就导致一些学生把很大一部分精力放在学生工作、课外活动以及其他可以获得综测分数的地方。

受访者 15（2015 级研究生）："在研究生一年级刚入学时，就从师姐那里得知在我们学院发一篇中文核心期刊加 10 分，发一篇普刊加 5 分，但是院研究生会主席团成员能加 10 分，部长能加 7 分，校级研究生会的加分分值更高。因为考虑到自己在研究生一年级发核心期刊的希望比较渺小，就报名加入了研究生会，这样起码能保证自己不拿最低等级的奖学金，保证 8 000 元学费能赚回来。"

受访者 16（2014 级研究生）："虽然我觉得在研究生期间最重要的应该是专心科研，认真学习，但从奖学金评比的角度来看，加入研究生会、参加校级比赛和活动拿到综测得分比发文章容易太多了，我为了拿到心仪的奖学金，就只

好多参加些活动，但是又觉得这样很浪费时间，因此我一直都处在这种矛盾的情绪当中。"

通过独立样本t检验可知（表4-9），全面收费政策实施前后入学的研究生在学习动机方面的内在动机和外在动机维度上均具有显著性差异（P<0.05）。收费政策实施之后入学的研究生在内在动机的"喜欢所学专业"和外在动机的"获得更高奖学金"维度上的均值比收费政策实施之前入学的研究生要高，但是在内在动机的"提升素质和能力"维度上的均值比收费政策实施之前入学的研究生要低。这说明研究生全面收费政策在一定程度上激发了学生的学习动机。奖学金的评定在一定程度上提高了研究生为了获得更好的工作机会、获得奖学金等而进行学习的动机，但是为了提升自身素质和能力而学习的动机不升反降，主要原因在于研究生对于学习和科研动机不尽明确的情况下，奖学金评选标准中偏计量化的指标又让他们陷入数量化产出的追逐，滋生功利化的学习目的，使得研究生对学业和科研缺少主动谋划和思考的空间。对此，受访者也表示：

"我们学校的奖学金分三个等级，一等奖学金和三等奖学金的比例都是20%，二等奖学金的比例为60%，虽然每个人都能拿到奖学金，但我会为了获得更高的奖学金而努力在考试中拿到更好的成绩或是通过发期刊论文来给自己加分，但论文发表确实不是一件简单的事，因此还会通过其他学校里的比赛或竞选学生干部等方式来确保综测得分不会太低，保证自己至少能拿到二等奖学金。"（受访者17：2014级研究生）

表 4-9　研究生学习动机的差异检验

相关变量	政策实施之前（N=427）		政策实施之后（N=1 471）		t 值	P 值
	M	SD	M	SD		
喜欢所学专业	3.55	0.952	3.67	0.955	−2.426*	0.015
提升素质和能力	4.11	0.849	3.97	0.787	−3.139*	0.002
获得更好工作机会	3.85	0.861	3.84	0.799	−0.207	0.836
获得更高奖学金	3.49	0.945	3.53	0.867	0.894*	0.040
提高综测成绩	3.33	0.951	3.24	0.876	1.898	0.372

*表示在0.05的水平上显著

（二）研究生学习动机上的差异

从性别、专业、培养层次以及家庭收入等方面对研究生学习动机进行了差异性检验，检验结果如下。

1. 男生的学习动机强于女生

通过独立样本 t 检验可知（表 4-10），男性和女性研究生在内在和外在学习动机维度上都存在显著差异（$P<0.05$），男生的学习动机强于女生。根据访谈发现其原因在于：男生对于自己的专业选择和职业规划有更明确的目标，两者也结合得比较紧密；而女生在选择专业和工作岗位时会考虑更多的个人因素，部分女生临近毕业时放弃本专业对口的工作而选择了更稳定的公务员或事业单位就职，因此女生的学习动机不如男生强烈。对此，受访者也表示：

"尽管我在本科和研究生期间所学的专业和方向都属于理工科类，但跟周围的同学还有家人商量后决定还是在找工作时以考公务员和事业单位为主，家里人觉得女孩子还是不要太辛苦，找个稳定舒服点的工作比较好，如果实在考不上就再按对口专业找工作。"（受访者 18：2015 级研究生，女）

"其实我读研很大一部分是为了能够拿到硕士研究生文凭，现在本科生出去找工作比较难，好多岗位对学历有限制，所以为了以后能找一个比较好的工作，我选择了读研，在对研究生的专业选择上虽然延续了本科的农学专业，但不太想从事相关的工作，自己打算考公务员和事业单位。"（受访者 19：2014 级研究生，女）

表 4-10   研究生学习动机的性别差异检验

相关变量	男（N=1 012）		女（N=886）		t 值	P 值
	M	SD	M	SD		
喜欢所学专业	3.66	0.951	3.48	0.951	4.121*	0.000
提升素质和能力	4.03	0.813	3.97	0.791	1.803	0.072
获得更好工作机会	3.88	0.825	3.79	0.797	2.476*	0.013
获得更高奖学金	3.51	0.935	3.54	0.826	−0.751	0.453
提高综测成绩	3.31	0.942	3.30	0.835	0.234	0.815

*表示在 0.05 的水平上显著

2. 经管、文史哲和理工类研究生的内在学习动机强于农学类研究生

通过单因素方差分析可知（表 4-11），不同学科类别的研究生在学习动机方面的内在动机维度上存在显著性差异（$P<0.05$），农学类研究生的内在学习动机明显低于经管、文史哲和理工类研究生。这说明农学类研究生考虑自我发展和完善的内部学习动机不如理工和文史类强烈，主要在于农学类研究生的专业认同感普遍较低[249]，很多同学选择就读农学类研究生的主要原因是"本科就被调剂到了农学类专业"或者"农学类考研、保研容易"。农学类专业考研分数很低，尤其是英语，一般只有 30 多分。即使这样的分数，每年第一志愿都招不满，还需

要接受大量的调剂。不少农学类同学的专业行为是被动而消极的，通过深入访谈后发现，多数同学的专业行为是迫于实验数据和毕业压力，即使获得了专业技能，今后也并不打算从事本专业科研工作。相比于理工和文史类研究生，农学类研究生对学业和科研缺少主动谋划和思考的空间。对此，受访者也表示：

"我是在本科时就被调剂到了农学专业，研究生阶段还继续就读农学类专业也纯粹是因为本专业保研比较容易，但其实自己对于这个专业的兴趣并不是比较浓厚。因此也并不打算找对口专业的工作，毕业后打算回老家找个事业单位上班。"（受访者20：2015级农学研究生）

"我最开始心仪的研究生志愿专业并不是农学专业，但由于备考时间比较晚，在备考的过程中又出了些事故分散了精力，后来听同学说农学类专业比较好考，所以临时改了志愿，经过入学以来的学习，对这个专业也没有建立起高度的兴趣，所以毕业找工作时估计不会找相关的专业对口工作。"（受访者21：2015级农学研究生）

表 4-11　研究生学习动机的学科差异检验

相关变量	经管 (N=257)		文史哲 (N=118)		理工 (N=680)		农学 (N=180)		F 值	P 值
	M	SD	M	SD	M	SD	M	SD		
喜欢所学专业	3.63	0.894	3.76	1.009	3.65	0.915	3.43	0.960	1.996*	0.025
提升素质和能力	3.94	0.842	2.82	0.958	3.95	0.828	3.94	0.752	1.677	0.073
获得更好工作机会	3.81	0.818	3.59	0.779	3.83	0.776	3.72	0.846	2.795	0.061
获得更高奖学金	3.55	0.841	3.53	0.987	3.50	0.902	3.55	0.858	1.223	0.266
提高综测成绩	3.41	0.837	3.29	0.824	3.39	0.928	3.36	0.863	0.851	0.589

*表示在 0.05 的水平上显著

3. 博士研究生的学习动机强于硕士研究生，学术型硕士研究生的学习动机强于专业型硕士研究生

通过单因素方差分析可知（表4-12），研究生的学习动机在研究生类别上存在显著差异（$P<0.05$），而且博士研究生的内在和外在学习动机均比硕士研究生强。一方面，比起硕士研究生，选择读博的学生普遍都对科研有着自己的热爱和追求，博士研究生的科研兴趣和科研功底都更强。而且博士研究生研究的领域更小也更深入，有可能还决定着今后所从事职业的方向，因此博士研究生在选择研究的领域时会更加谨慎地结合自己的实际情况和兴趣爱好，他们对所学专业的热爱程度也就相对比较高。另一方面，与学术型硕士研究生相比，专业型硕士研究生以职业需求为导向，更加注重培养解决实际问题的意识和能力，学习过程中至少有半年时间在校外实践，主要锻炼学生的实践和应用能力，因此专业型硕士研

究生考虑自我发展和完善方面的动机较不强烈。对此，受访者也表示：

"我从一开始就对这个专业很感兴趣，所以本硕博就一直读了下来，也想在这个领域有所发展，发挥出自己的科研价值。因此我在读博期间对自己的学习和科研都比较刻苦，通常会给自己安排好学习和科研计划，做科研其实也比较辛苦，但是因为兴趣所以也乐在其中。"（受访者22：2013级博士研究生）

"我是在工作了两年后，因为工作需要才考的研究生，自己本身其实对学术这一块的兴趣不大，加上研究生的时间相对来说也比较自由，所以平时也经常不在学校，可能更多地还是想注重培养自己的实践能力。"（受访者23：2013级专业型研究生）

表4-12　研究生学习动机的研究生类别差异检验

相关变量	学术型硕士研究生（N=1 246）		专业型硕士研究生（N=381）		博士研究生（N=271）		F值	P值
	M	SD	M	SD	M	SD		
喜欢所学专业	3.56	0.945	3.51	0.989	3.90	0.893	18.580*	0.000
提升素质和能力	3.98	0.794	3.93	0.839	4.20	0.768	10.186*	0.000
获得更好工作机会	3.81	0.807	3.84	0.821	3.95	0.822	3.226*	0.040
获得更高奖学金	3.54	0.864	3.46	0.881	3.56	0.983	1.308	0.271
提高综测成绩	3.33	0.876	3.30	0.879	3.24	0.989	0.971	0.379

*表示在0.05的水平上显著

4. 研究生的家庭年收入越高，为获得更高奖学金而学习的动机越不强烈

通过单因素方差分析可知（表4-13），家庭年收入不同的研究生在学习动机中的"获得更高奖学金"这个维度上呈现显著差异（$P<0.05$）。研究生的家庭年收入越高，为获得更高奖学金而学习的动机越低。这是由于家庭条件较不优越的研究生的经济压力相对较大，奖学金划分为甲、乙、丙三个等级的政策导致他们不得不为了更高的奖学金而努力科研或是参加可以获得综测分数的活动，奖学金的等级决定着他们是否可以用奖学金抵消全部学费乃至部分住宿费和生活费，所以他们为了奖学金而学习的动机更加强烈。家庭条件较好的研究生有父母为他们提供学费和生活费，因此奖学金的评定对他们并没有太大的激励作用。对此，受访者也表示：

"我读研期间没有问家里要钱，因为家里并不富裕，不想再给家里添加任何负担。所以这几年来我一直努力发文章和参加一些可以加综测的活动，这样可以保证自己获得较高等级的奖学金，让自己承担的经济压力可以尽量减少一点。"（受访者24：2014级研究生）

"我读研期间的学费和生活支出来源都是通过父母的支持，奖学金一般是自己的零花钱，所以研究生期间没有任何的经济压力，也不太在意要通过各种加综测的活动去获取高额的奖学金，觉得钱够花就行。"（受访者25：2014级研究生）

表 4-13　研究生学习动机的家庭年收入差异检验

相关变量	3万元以下（N=435）		3万~6万元（N=652）		6万~10万元（N=504）		10万元及以上（N=307）		F值	P值
	M	SD	M	SD	M	SD	M	SD		
喜欢所学专业	3.57	0.932	3.57	0.937	3.61	0.927	3.54	1.070	0.377	0.769
提升素质和能力	4.02	0.810	3.99	0.760	4.00	0.812	3.99	0.871	0.155	0.926
获得更好工作机会	3.84	0.842	3.80	0.804	3.89	0.764	3.82	0.864	1.398	0.242
获得更高奖学金	3.60	0.901	3.52	0.852	3.54	0.852	3.40	0.973	2.944*	0.032
提高综测成绩	3.37	0.908	3.33	0.843	3.29	0.861	3.20	1.017	2.574	0.052

*表示在0.05的水平上显著

（三）研究生全面收费政策在学习动机上的效用讨论

对研究生全面收费政策对学习动机的影响现状进行实证分析后发现，全面收费政策在一定程度上激发了研究生的学习动机，在激励效用上表现为奖学金的资助激发了研究生的外在动机以及收费政策的实行增加了研究生的学习分担成本，进而增强了研究生学习的内在动机。学习动机是直接推动学生学习知识的动力，是社会和教育对学生学习上的客观要求在学生头脑中的反映，直接关系到对学习的兴趣和对自身学习能力的认识。通过数据可看出，研究生主要的学习动机还是提升自身素质和专业能力以及毕业后获得更好的工作机会，奖学金的激励程度不如这两个内在动机强烈，但在收费政策实施之后入学的研究生在内在动机的"喜欢所学专业"和外在动机的"获得更高奖学金"维度上的均值比研究生全面收费政策实行之前入学的研究生要高，但是在内在动机的"提升素质和能力"维度上的均值比收费政策实施之前入学的研究生要低。这说明研究生全面收费政策在一定程度上激发了学生的学习动机，政策的实行基本实现了激励效用的诉求。

二、研究生全面收费政策在学习策略上的效用及差异

研究生全面收费政策不仅通过强化自我激励机制来影响研究生个体的学习动机，还通过促进高校研究生教育资源的投入，加快研究生培养机制改革，落实到研究生培养方式的改进，对研究生的学习策略执行带来了一定的影响。对研

究生的学习策略行为的影响，分别作用于元认知策略、认知策略、情感策略及社交策略。

元认知策略是指学习者通过自我计划、调整对学习认知过程进行管理和调控。认知策略是指学习者获取知识和信息去解决问题的过程。社交策略、情感策略则是为学习者解决问题提供辅助，是研究生有效地进行学术科研所进行的一系列活动的能力获得。因此，研究生全面收费政策的激励效用在学习策略上的效用表达通过分析在研究生全面收费政策实施后，对研究生学习策略的改善程度的影响和作用表现来证明，在学业成就维度下主要从学业满意度和科研满意度看研究生全面收费政策的实行对研究生学术科研能力习得的满意情况的影响，是研究生全面收费政策的激励效用分析的有力佐证。

（一）研究生学习策略现状

由表 4-14 可知，研究生学习策略各维度得分从低到高依次是：认知策略（3.51）、元认知策略（3.67）、情感策略（3.72）、社交策略（3.88）。学习策略各维度均值均高于 2.5，说明研究生学习策略现状整体处于中等偏上水平。

表 4-14　研究生学习策略现状

相关变量	均值	标准差	N
元认知策略	3.67	0.743	1 898
认知策略	3.51	0.857	1 898
情感策略	3.72	0.856	1 898
社交策略	3.88	0.790	1 898

数据结果表明，情感策略和社交策略的表现在平时的研究生学习生活中要强于元认知策略和认知策略，在经过对部分研究生进行访谈后，将研究生学习策略存在的问题整理如下。

（1）学习上与导师沟通不足：根据调查数据，有近一半的研究生表示"与导师的关系不太密切"，只有 20.86%的研究生表示自己学习遇到困难时会主动请教导师。当问及原因时，多数研究生表示导师太忙，日常见面的机会不多，而且较严肃，不太敢与导师亲近。

受访者 26（2014 级研究生）："我导师是学院的院长，平时经常出差，可能因为很忙所以也很少主动关心学生。但跟导师还是保持每月见一次面的频率，见面的机会也一般是在师门会做科研汇报的时候，感觉和导师很有距离感，导致我平时在写论文遇到问题时一般都是请教同学，只有在不得已的时候才会硬着头皮去找导师。"

受访者 27（2015 级研究生）："在我刚入学的时候，师兄师姐就跟我说过导师很严肃，是个特别认真严厉的老师，后来自己接触过老师后，更加深了这个印象，从心里对老师是有点害怕的，特别怕交给自己的任务跟工作完成得不好，被老师批评。所以在科研上遇到困难也不太敢去找老师谈论，都是先问过师兄师姐或同学。"

由此说明，研究生全面收费政策对于研究生学习策略的改善程度没有达到政策的预期，主要原因是研究生缺乏和导师交流的主动性。在这一点上研究生全面收费政策并没有达到预期的效果。

（2）缺少学习计划：调查数据显示，"有自己的学习计划"的研究生有39.5%，另有 49.2%的研究生表示"没有自己的学习计划"。在访谈中很多同学都表现出对于学习和科研的无规划感，从本科进入研究生阶段后，大部分学生都有些许的不适应。与本科生不同，研究生的任务不再是接受知识，而是创造知识。但是，在研究生阶段的学习中导师只起到引导作用，平时的学习完全靠自己去摸索，研究生需要循序渐进地查阅资料和文献、掌握研究工具、练习论文写作等，在这个过程中很多研究生会失去方向，无法安排好自己的学习和科研。研究生全面收费政策的实施对于研究生学习计划的改善并无明显作用。

受访者 28（2015 级研究生）："在研究生刚入学的很长一段时间，我很难适应这种新的学习环境，跟传统的以老师教学为主的培养方式不同，研究生更多是要靠自己去主动探索，导师平时也很忙，只能在一些关键问题上指导和点拨，从最开始的被动接受到现在的主动探索，还是需要很长一段时间去使用的。"

受访者 29（2014 级研究生）："我对自己的研究生涯好像也没有太去规划，通常以完成导师交给我的任务为主，当然在研究生一年级的时候是以注重学业课程为首要任务，到了研究生二年级和三年级就主要是完成小论文和毕业论文的撰写。"

通过独立样本 t 检验可知（表 4-15），全面收费政策实施前后入学的研究生在学习策略方面的元认知策略、认知策略、情感策略维度上均具有显著差异（$P<0.05$），在社交策略维度上不存在显著差异。收费政策实施之后，研究生在情感策略上的表现有明显提升，体现在研究生会更加积极主动地与导师保持密切的师生关系，积极配合导师完成各项科研任务等方面。但是，收费政策对研究生元认知策略和认知策略的改善作用有限，表明全面收费政策实施之后，研究生学习的组织性、计划性和调节性没有得到有效改善。

表 4-15　研究生学习策略的差异检验

相关变量	政策实施之前（N=427）		政策实施之后（N=1 471）		t 值	P 值
	M	SD	M	SD		
元认知策略	3.82	0.740	3.63	0.739	-4.663*	0.000
认知策略	3.64	0.850	3.47	0.856	-3.783*	0.000
情感策略	3.69	0.858	3.80	0.854	-2.353*	0.019
社交策略	3.95	0.835	3.87	0.775	-1.916	0.056

*表示在 0.05 的水平上显著

通过对 2014 级入学的研究进行访谈发现，一方面，研究生对于学习的掌控能力很容易受到奖学金评选中计量指标的影响而打乱原有的学习节奏和学习计划，也因而缺乏学习目标的设定，以及围绕设定目标而进行调节和监控的策略。另外，在施行全面收费政策之后，研究生参加勤工助学或兼职的现象明显增多，以"三助"为主要形式的勤工助学要求在工作日上班，影响了研究生在学习和科研上时间和精力的投入，学习策略难以得到有效的规划和改善。另一方面，研究生阶段学生对学习和科研的认识已经比较成熟，对学习策略的调整和控制已经比较成熟，因此，全面收费政策对元认知策略和认知策略的影响并不明显。对此，受访者也表示：

"研究生一年级这一年我不仅要上课，还要给辅导员做助管，还担任了校研究生会的副部长，空余时间几乎被工作塞满了，自己安排在学习和科研上的时间可以说是少之又少。""在学习方法和策略上基本上已经习惯于现在的学习安排和导师的安排，通过与导师的交流以及课题组的师兄师姐的交流，对接下来的学习和科研工作目的也非常明确，现在唯一的问题就是时间被其他活动挤占了太多。"（受访者30：2014 级研究生）

（二）研究生学习策略上的差异

通过从性别、专业、培养层次以及家庭收入等方面，对研究生学习策略进行了差异性检验，检验结果如下所示。

1. 男生在学习策略上的表现优于女生

通过独立样本 t 检验可知（表 4-16），研究生学习策略中的元认知策略和认知策略这两个维度在性别上都存在显著差异（P<0.05），且男生的表现优于女生。根据与研究生的访谈发现其原因在于：男生对于自己的专业和职业目标有更清晰的认识，更加了解自己科研能力的优劣，学习的组织性、计划性和调节性也

相对更强，从而表现出比女生更有规划、有目标的学习策略。对此，受访者也表示：

"我在本科时就有意规划好自己以后的职业发展方向，对证券这一块比较感兴趣，也是因为想在以后有更好的上升空间所以选择了读研，所以在读研期间也会严格要求自己，去培养自己的长处，对学习和生活也会按未来期望的工作属性进行安排。另外，还可能因为自己是个男孩子，感觉压力和责任会比较重，所以很早就对自己的未来有一个比较清晰的规划。"（受访者31：2015级研究生，男）

表4-16 研究生学习策略的性别差异检验

相关变量	男（N=1 012）		女（N=886）		t 值	P 值
	M	SD	M	SD		
元认知策略	3.74	0.754	3.60	0.723	4.173*	0.000
认知策略	3.56	0.888	3.45	0.817	2.666*	0.008
情感策略	3.74	0.869	3.69	0.840	1.387	0.166
社交策略	3.85	0.831	3.92	0.738	−1.907	0.057

*表示在0.05的水平上显著

2. 理工类研究生在学习策略上的表现优于经管、文史哲和农学类研究生

通过单因素方差分析可知（表4-17），不同学科类别的研究生在学习动机方面的元认知策略和认知策略维度上存在显著性差异（$P<0.05$），且理工类研究生在学习策略上的表现优于经管、文史哲和农学类研究生。理工类研究生在访谈过程中透露出更强的专业认同感，他们明确自己今后将从事相关专业领域的工作，在读研过程中会长期而专注地投入时间和精力来提高自己的专业技能，相比之下，经管、文史哲和农学类研究生的专业认同感较低，这就直接影响了他们学习的组织性、计划性以及自我科研认知水平。对此，受访者也表示：

"我从本科到研究生都读的是计算机专业，编程已成为我生活中必不可少的一部分，毕业后也只会去IT公司就职。所以为了进入自己梦想的互联网公司，读研期间我必须严格要求自己，努力提高自己的技能，实现自己的梦想。"（受访者32：2015级理工科研究生）

"我读的专业是历史学，是因为感兴趣才选择的这个专业，但到了毕业找工作时却犯了难，因为不想继续读博，不太愿意走学术型路线，但感觉自己的专业对口的工作范围太狭窄，只好试试考公务员和事业单位。这样一来，就觉得自己的专业不仅不利于自己找工作，反而还使自己受到了限制。"（受访者33：2015级历史学研究生）

表 4-17　研究生学习策略的学科差异检验

相关变量	经管（N=257）		文史哲（N=118）		理工（N=680）		农学（N=180）		F 值	P 值
	M	SD	M	SD	M	SD	M	SD		
元认知策略	3.62	0.747	3.75	0.595	3.81	0.681	3.60	0.731	2.275*	0.009
认知策略	3.46	0.841	3.69	0.860	3.71	0.803	3.47	0.737	2.988*	0.001
情感策略	3.69	0.780	3.64	0.727	3.72	0.862	3.79	0.850	1.751	0.057
社交策略	3.82	0.744	3.86	0.889	3.88	0.819	3.90	0.726	1.660	0.077

*表示在 0.05 的水平上显著

3. 博士研究生在学习策略上的表现优于硕士研究生

通过单因素方差分析可知（表 4-18），研究生学习策略中的元认知策略、认知策略、情感策略和社交策略在研究生类别上均呈现显著差异（$P<0.05$），博士研究生在每一种学习策略上都比硕士研究生要表现得好。通过与研究生的深入访谈发现其原因在于：其一，硕士研究生和博士研究生的学习任务不同。专业型硕士研究生都无须发表论文即可毕业，且很多高校对于学术型硕士研究生也没有发文章的要求，博士研究生阶段的学生需要发表高水平的学术论文，并且要自己负责一项科研任务并出成果。其二，硕士研究生和博士研究生的学习态度不同。很多硕士研究生的专业行为是迫于实验数据和毕业压力，对于自己的学习和科研计划缺乏主动性，甚至一些研究生只是为了硕士研究生文凭而读研，对于科研并无太大兴趣；比起硕士研究生，博士研究生对于科研的热爱和兴趣更强烈，学习的组织性、计划性和调节性也更强，专注于自己研究的领域，研究得深入且透彻。对此，受访者也表示：

"自己当初因为机会难得所以选择了转博，虽然知道读博并不是一件容易的事，但因为对自己的专业还比较喜欢，就决定让自己试试。现在的科研压力比较大，因为我们学校规定博士研究生毕业要在 A 区 SCI 和 C 区 SCI 的期刊上各发一篇文章，为了让自己能顺利毕业，不被延期，我在刚入学时就规划好了自己在读博士研究生期间的科研计划。"（受访者 34：2015 级博士研究生）

表 4-18　研究生学习策略的研究生类别差异检验

相关变量	学术型硕士研究生（N=1 246）		专业型硕士研究生（N=381）		博士研究生（N=271）		F 值	P 值
	M	SD	M	SD	M	SD		
元认知策略	3.63	0.735	3.64	0.750	3.93	0.721	18.741*	0.000
认知策略	3.46	0.846	3.39	0.841	3.87	0.840	30.501*	0.000
情感策略	3.68	0.841	3.66	0.911	3.95	0.806	11.735*	0.000
社交策略	3.85	0.768	3.90	0.829	4.01	0.821	4.847*	0.008

*表示在 0.05 的水平上显著

4. 研究生学习策略在家庭年收入上无显著差异

通过单因素方差分析可知（表4-19），研究生学习策略中的元认知策略、认知策略、情感策略和社交策略在家庭年收入上均不呈现显著差异，说明家庭收入对研究生的学习策略没有太大的影响。

表 4-19 研究生学习策略的家庭年收入差异检验

相关变量	3万元以下 (N=435)		3万~6万元 (N=652)		6万~10万元 (N=504)		10万元及以上 (N=307)		F值	P值
	M	SD	M	SD	M	SD	M	SD		
元认知策略	3.65	0.776	3.63	0.715	3.70	0.722	3.77	0.781	2.973	0.331
认知策略	3.51	0.899	3.51	0.785	3.47	0.848	3.56	0.956	0.739	0.529
情感策略	3.75	0.885	3.73	0.793	3.71	0.856	3.68	0.938	0.444	0.721
社交策略	3.89	0.804	3.90	0.733	3.90	0.763	3.82	0.917	0.799	0.494

（三）研究生全面收费政策在学习策略上的效用讨论

通过现状分析发现，研究生全面收费政策对元认知策略、认知策略和情感策略均带来了显著的调整与改善。也就是说，实施全面收费政策后，研究生能够合理区分阶段性学习的重点和任务，对研究生阶段的学习有比较科学合理的认知。情感策略的调整比较明显，说明研究生除了时间精力的参与之外，从情感上对研究生阶段的学习，对于专业的学习等更加接受与认可。元认知策略包含不断调整和完善的过程，实施全面收费政策之后，研究生对学习策略在学习过程中的地位的认知，以及不同策略之间的调控和安排更加成熟。社交策略不存在显著差异，结合对研究生的访谈，发现以上不显著的原因主要于研究生在参与课题交流、与同伴群体的交往、与导师的交流已经形成比较稳定的方式，全面收费政策对其影响并不明显。

通过差异性分析发现，研究生全面收费政策同时在学习策略的四个维度上存在内部差异，能够对学习策略产生差异的样本特征主要是性别、学科类型、教育层次等，而家庭收入在学习策略上无明显差异，反映出学习策略是与学习过程紧密联系的策略安排，因此学业特征与个体特征对学习策略的影响比较大，而家庭特征对学习策略则不存在显著影响。

三、研究生全面收费政策在学业成就上的效用及差异

研究生全面收费政策改变了研究生的效用结构，增加了继续教育的直接成本，把教育投资与后续经济利益联系起来，有利于个人理性选择、慎重考虑是否

接受研究生教育。研究生全面收费政策实行之后，研究生的学习积极性与经济利益之间产生更加直接的联系，一方面收费制度会迫使研究生在学习期间珍惜机会，通过努力学习形成良好的学习策略，提高专业学习技能；另一方面，高校的奖助学金的比例也大幅提高，为研究生的学习环境提供了良好的氛围，促使研究生不断调整学习策略和学习动机，从而在学业结果上有较好的表现，对学习和科研都表现出较满意的状态，提高了研究生的学业成就与自我效能。下面通过学业满意度和科研满意度来评价研究生全面收费政策对学业成就的效用。

（一）研究生学业成就的表现

由表 4-20 可知，研究生学业成就各维度得分从低到高依次是课程设置合理<奖助学金评比公正合理<科研资源充足<科研补助充足<"三助"岗位设置合理<教学水平较高<导师水平较高。研究生学业成就各维度得分均高于 2.5，说明研究生学业成就现状整体处于中等偏上水平。

表 4-20　研究生学业成就现状

相关变量	均值	标准差	N
导师水平较高	3.76	0.914	1 898
课程设置合理	3.25	0.976	1 898
教学水平较高	3.49	0.952	1 898
科研资源充足	3.36	0.967	1 898
"三助"岗位设置合理	3.41	0.913	1 898
科研补助充足	3.39	1.025	1 898
奖助学金评比公正合理	3.35	0.968	1 898

调查结果显示，在学习成就各维度下，研究生对于高校的课程设置以及奖助学金评比制度不太满意，现将访谈结果与研究生全面收费政策进行结合，整理出在学业成就方面的主要问题，具体包括以下几个方面。

（1）高校的课程设置和教学内容与研究生预期存在一定的落差：调查数据显示，有37%的研究生认为学校课程的设置不够合理。课程的设置没有注重学科间的交叉与融合，课程内容以老师讲授为主，基本就是对着PPT授课，枯燥而乏味。课程考核方式以交课程论文为主，很多学生会在网上抄一篇交上去。"感觉研究生阶段的课程并没有学到什么实质性的东西"，一位 2015 级研究生同学如是说。

受访者35（2013级研究生）："研究生一年级上课的时候，大多数任课老师都是对着PPT念，课程内容较为无趣，也吸引不了我们学生的兴趣。而期末时一般也都是开卷考试，只有个别课程需要闭卷考试，在考前一两天抓紧时间复习一下，基本都能过，所以考试压力不大，对自己也就没有那么高的要求了。最后大家的成绩差别也不大，不太影响奖学金的等级。"

受访者36（2015级研究生）："我感觉研究生的培养重点可能在学术科研方面，所以研究生的课程资源也就没有本科生丰富，课程内容比较受局限，有很多在学术科研中要使用到的跨学科方法或知识，在课堂上根本接触不到，只有利用自己的课下时间再去学习。"

（2）学校提供的科研资源不够丰富：调查数据显示，有 35.1%的研究生对学校的科研场地、设备等资源支持不太满意，尤其是文科类研究生。通过访谈我们发现，文科专业研究生普遍认为学校没有为自己提供与所交学费相匹配的场地、设备等资源支持，很多高校的文科研究生没有固定的自习室，平时只能去图书馆或教室学习，而理工科研究生不仅有专门的自习室，还有用来做研究的实验室，学校也会为他们提供各种实验设备和材料。还有部分理工科研究生也认为学校提供的科研资源达不到他们的预期，如一些实验仪器过于陈旧，实验材料不够充足，有时用个别比较贵重且稀少的实验设备时需要排上好几天的队等，这些都导致研究生的学业成就得不到较好的改善。

受访者37（2014级研究生）："我是生物科学专业的，我们实验室还算比较新的，但是实验设备有点不够用，有的设备你去晚了根本用不上，很影响实验进度的。有一次为了用到一个仪器我早上6点不到就起床赶到实验室去排队，结果下午才用上。"

受访者38（2014级研究生）："我是环境科学专业的研究生，在我们专业实验很重要，但还是有很多设备学校没有提供，每次对实验品进行测验还得需要去别的学校预约他们的实验设备，很不方便而且比较浪费时间。"

（3）"三助"岗位设置不合理：调查结果显示，只有约 40%的受访研究生对"学校的研究生助管、助教、助研等岗位设置合理"持同意态度，大部分研究生认为学校的"三助"岗位设置合理度有待提高。《关于完善研究生教育投入机制的意见》中规定要加大研究生助教、助研和助管的岗位津贴资助力度，助研津贴主要是通过科研项目经费中的劳务费支出，助教津贴和助管津贴所需资金由高校承担，要求高校要重视助研岗位设置并加大助研津贴的资助力度，建立健全导师责任制和导师项目资助制，充分调动研究生参与科学研究和社会实践的积极性。但在访谈中，学生们普遍认为"三助"工作与专业学习关系不大，甚至会影响学习。研究生助教和助研往往会被分配做一些流于形式的体力活，助管工作更是与专业几乎无关，只需要在办公室坐着值班，处理一些琐碎杂事。因为这些工作都要求在工作日上班，所以学生不得不把上课和科研以外的空余时间都花在值班上面，甚至有学生牺牲自己的课程或科研时间去值班。另外，在薪资报酬上，由于研究生的身份是学生，他们往往会被剥夺与其他工作人员同工同酬的权利。在访谈中部分同学表示，研究生"三助"在工作时间以外加班应适当予以补助，这样才比较公平合理。

受访者39（2015级研究生）："我在学院办公室做助管，本来是抱着想有所锻炼的心态去工作的，但助管的工作任务基本上就是坐在电脑前发发通知、做做表，或者跑腿送送文件，与我的专业知识没有任何联系。有时候还不得不为了工作逃课，感觉不太值得。"

通过独立样本 t 检验可知（表4-21），政策实施前后入学的研究生在学业成就方面的学业满意度和科研满意度维度上都呈现显著差异（P<0.05）。政策实施之后，研究生对于导师水平和课程设置的满意度有一定幅度的提升，这说明收费政策对于研究生学业成就的提升有一定促进作用。但是，这种影响作用是有限的，表现在收费政策实施之后，研究生对于科研资源、"三助"岗位设置、科研补助及奖助学金评比制度的满意度呈下降趋势。通过对 2014 级研究生的访谈发现，研究生持续扩招导致教育资源紧缺，而收费政策的施行却使学生的主体意识不断增强，当学生认为培养单位没有提供与学费相匹配的科研服务时，学生的需求就得不到满足，科研满意度也就随之降低。对此，受访者也表示：

"导师平时给的实验任务较重，每天基本上都在实验室做实验，学术交流基本上都是和师兄师姐尽心交流，导师只是偶尔来实验室，更没有多余的时间做兼职，但是每个月实验室的科研补助只有300元不到，经济上的负担给我带来了很大的压力。"（受访者40：2014级研究生）

表4-21　研究生学业成就的差异检验

相关变量	政策实施之前（N=427）		政策实施之后（N=1 471）		t 值	P 值
	M	SD	M	SD		
导师水平较高	3.73	0.952	3.88	0.900	-2.867*	0.004
课程设置合理	3.21	0.981	3.39	0.972	-3.382*	0.001
教学水平较高	3.54	0.983	3.47	0.943	-1.380	0.168
科研资源充足	3.52	0.984	3.31	0.958	-3.898*	0.000
"三助"岗位设置合理	3.56	0.874	3.37	0.920	-3.785*	0.000
科研补助充足	3.62	0.977	3.32	1.028	-5.435*	0.000
奖助学金评比公正合理	3.57	0.930	3.28	0.969	-5.539*	0.000

*表示在0.05的水平上显著

（二）研究生学业成就上的差异

本书从性别、专业、培养层次以及家庭收入等方面，对研究生学业成就进行了差异性检验，检验结果如下。

1. 研究生学业成就在性别上无显著差异

独立样本 t 检验结果显示（表4-22），研究生学业成就中的各个维度在性别上均不存在显著差异，说明性别在学业成就上没有显著影响。

表4-22 研究生学业成就的性别差异检验

相关变量	男（N=1 012）		女（N=886）		t 值	P 值
	M	SD	M	SD		
导师水平较高	3.77	0.942	3.76	0.881	0.319	0.750
课程设置合理	3.23	1.022	3.28	0.921	−1.074	0.283
教学水平较高	3.47	0.995	3.50	0.902	−0.734	0.463
科研资源充足	3.34	1.008	3.38	0.920	−0.769	0.442
"三助"岗位设置合理	3.33	0.976	3.51	0.826	−4.204	0.060
科研补助充足	3.34	1.075	3.43	0.962	−1.832	0.067
奖助学金评比公正合理	3.33	1.017	3.37	0.908	−0.921	0.357

2. 理工和农学类研究生的学业满意度和科研满意度都高于经管和文史哲类研究生

通过单因素方差分析可知（表4-23），不同学科的研究生在学业成就的学业满意度和科研满意度维度上均存在显著差异（$P<0.05$），且理工和农学类研究生的学业满意度和科研满意度都高于经管和文史哲类研究生。一方面，文科专业的授课方式较为单一，以老师讲授为主，缺乏多样性和趣味性；而理工和农学类专业除了课堂讲授，还有实验课程等多种方式进行授课，专业性也更强，因此理工和农学类研究生的学业满意度较高。另一方面，文科专业研究生普遍认为学校没有为自己提供与所交学费相匹配的场地、设备等资源支持，很多高校的文科研究生没有固定的自习室，平时只能去图书馆或是教室学习，而理工和农学类研究生不仅有专门的自习室，还有用来做研究的实验室，学校也会为他们提供各种实验设备和材料。因此，文科类研究生的科研满意度相对较低。对此，受访者也表示：

"我们专业的实验室和实验设备都很先进，平时做实验很方便，这一点还是比较满意的。"（受访者41：2015级农学专业研究生）

"我们专业不需要做实验，论文的撰写一般是通过文献查找和收集相关数据来完成的，学校为我们人文社会科学类研究生所提供的科研资源也很少，一般就是自己利用网络资源。"（受访者42：2015级经管专业研究生）

表4-23 研究生学业成就的学科差异检验

相关变量	经管（N=257）		文史哲（N=118）		理工（N=680）		农学（N=180）		F 值	P 值
	M	SD	M	SD	M	SD	M	SD		
导师水平较高	3.67	0.876	3.82	0.795	3.84	0.850	3.74	0.886	0.702	0.738
课程设置合理	3.11	0.987	3.14	0.849	3.32	0.970	3.35	0.870	3.854*	0.000
教学水平较高	3.39	0.993	3.45	1.057	3.55	0.886	3.57	0.852	2.011*	0.024
科研资源充足	3.22	1.014	3.10	0.878	3.53	0.925	3.53	0.854	7.115*	0.000
"三助"岗位设置合理	3.43	0.949	3.53	0.879	3.39	0.896	3.39	0.886	1.178	0.297
科研补助充足	3.40	1.065	2.88	1.143	3.49	0.990	3.35	0.967	3.056*	0.000
奖助学金评比公正合理	3.23	0.968	2.96	1.131	3.42	0.940	3.26	0.940	2.165*	0.014

*表示在0.05的水平上显著

3. 博士研究生的学业和科研满意度高于硕士研究生，专业型硕士研究生高于学术型硕士研究生

通过单因素方差分析可知（表4-24），研究生学业成就中的学业满意度和科研满意度维度在研究生类别上呈现显著差异（$P<0.05$），且博士研究生的学业满意度和科研满意度高于硕士研究生，专业型硕士研究生的学业满意度和科研满意度高于学术型硕士研究生。根据访谈发现其原因在于：博士研究生是比硕士研究生更高一级的重要科研人才，国家及培养单位在导师配备、教学、科研资源、科研补助等方面会给予博士研究生更好的待遇；博士研究生导师有更高的学术指导水平和更优秀的科研成果，博士研究生的科研课题和科研经费都比较充足；博士研究生的奖学金和助学金金额均比硕士研究生要高。所以与硕士研究生相比，博士研究生对于学校提供的教学和科研资源的满意度普遍较高。另外，由于专业型硕士研究生的培养更注重实践和应用研究能力，且读研过程中必须保证半年以上的校外实践教学，因此学校的教学和科研服务水平与专业型硕士研究生的关系并不是很大，而学术型硕士研究生则更加注重学术科研能力的培养，对学校的科研服务更加关注，当学习和科研需求得不到满足时，满意度也就相对较低。对此，受访者也表示：

"我们专业研究生一年级在校上课，研究生二年级就外出实习了，也没有发表论文的要求，所以我们几乎不怎么使用学校的科研资源，主要是在外积累实践经验。"（受访者43：2014级专业硕士研究生）

表4-24　研究生学业成就的研究生类别差异检验

相关变量	学术型硕士研究生（N=1 246）		专业型硕士研究生（N=381）		博士研究生（N=271）		F 值	P 值
	M	SD	M	SD	M	SD		
导师水平较高	3.72	0.898	3.73	0.956	3.97	0.904	7.805*	0.000
课程设置合理	3.22	0.969	3.32	0.980	3.31	1.001	2.324	0.098
教学水平较高	3.43	0.933	3.58	0.996	3.62	0.959	6.344*	0.002
科研资源充足	3.29	0.949	3.43	0.945	3.58	1.043	11.477*	0.000
"三助"岗位设置合理	3.38	0.915	3.50	0.896	3.44	0.920	2.410	0.090
科研补助充足	3.33	1.025	3.44	1.005	3.59	1.025	7.959*	0.000
奖助学金评比公正合理	3.31	0.966	3.42	0.955	3.40	0.991	2.091	0.124

*表示在 0.05 的水平上显著

4. 研究生的家庭年收入越高，科研满意度越高

通过单因素方差分析可知（表4-25），研究生学业成就中的科研满意度维度在研究生类别上呈现显著差异（$P<0.05$），且研究生的家庭年收入越高，科研满意度越高，这种差异在科研补助方面表现得尤为突出。通过访谈发现其原因在于：家庭经济条件比较好的同学有父母为他们提供学费和生活费，学校科研补助的多少不会对他们的生活带来太大影响，而对于家庭经济条件相对较差的同学来说，科研补助可能是他们除了每个月的国家助学金以外唯一的收入了，所以科研补助是否充足对他们来说尤为重要。他们对科研补助的期望值比较高，所以科研满意度相对较低。对此，受访者也表示：

"我每个月除了国家助学金以外还有父母提供的生活费，钱比较够花，实验室的科研补助是多是少对我的生活不会有太大影响。"（受访者44：2015级研究生）

表4-25　研究生学业成就的家庭年收入差异检验

相关变量	3万元以下（N=435）		3万~6万元（N=652）		6万~10万元（N=504）		10万元及以上（N=307）		F 值	P 值
	M	SD	M	SD	M	SD	M	SD		
导师水平较高	3.78	0.947	3.75	0.886	3.73	0.914	3.84	0.924	1.066	0.362
课程设置合理	3.23	0.984	3.25	0.977	3.25	0.962	3.29	0.992	0.268	0.849
教学水平较高	3.50	0.959	3.48	0.911	3.47	0.960	3.51	1.017	0.180	0.910
科研资源充足	3.29	1.008	3.32	0.929	3.40	0.949	3.48	1.008	3.152*	0.024
"三助"岗位设置合理	3.36	0.937	3.37	0.909	3.38	0.876	3.39	0.937	2.722*	0.043
科研补助充足	3.30	1.038	3.31	1.036	3.46	0.983	3.48	1.036	3.557*	0.014
奖助学金评比公正合理	3.28	0.961	3.31	0.968	3.43	0.945	3.39	1.005	2.548	0.054

*表示在 0.05 的水平上显著

（三）研究生全面收费政策在学业成就上的效用讨论

通过现状分析发现，研究生全面收费政策对研究生的学业成就的提升有显著影响。其中学业满意度体现的是学习资源的改善，表现在课程设置、教师教学水平、学业的奖励与资助等方面，也就是说全面收费政策有助于缓解学校办学经费不足的情况，以增加更多的硬件设施，改善办学条件，吸引更多的高层次人才来充实教师队伍，争取更多的优秀生源，提高研究生的培养质量，使研究生培养更适应市场需求[153]。高校在研究生全面收费政策中也加大承担合理安排教育资源、科学规划奖助体系的责任，获得了一定的办学自主权、管理自治权等。科研满意度体现的是学习资源的改善和导师结构的改善，表现在导师指导水平、科研资源充足程度和科研补助充足程度等方面。全面收费政策也带来了研究生指导教师的效用结构调整，在研究生全面收费政策实行后，研究生指标分配机制发生了变化，研究生指导教师也会积极参与研究生的教育与培养，会更加积极地争取科研课题与经费，因为只有学术水平高、项目资金多、承接科研项目能力强的导师才能吸引研究生的报考，促使导师提高自身的业务水平以增强竞争力[250]。在此过程中研究生导师不仅要负责研究生的培养，还要承担奖助研究生的相关责任，一方面有利于师生之间的交流，强化研究生学习专业课程与参与科研项目的主动性和积极性，另一方面使导师对研究生的科研论文起到监管作用，让研究生能从科学研究实践中不断增长和提高学术水平[251]，进而提高了学业成就。其中科研资源、"三助"岗位设置、科研补助及奖助学金评比制度的满意度的反向关系，一方面体现了政策的不可预期性，另一方面也体现了随着个体参与成本分担，其主体意识在增强，对科研支持与科研补助有了更高的要求。

通过差异性的比较发现，全面收费政策在性别上无显著差异，在教育层次、学科类型和家庭收入程度上存在显著差异，因为学业成就是对学习和科研条件占有及使用的体验，因此与学业特征（教育层次、学科类型等）有较强的关联性，从而对学业成就产生影响。而家庭收入对学业成就影响的显著性主要在于研究生在学习和科研资源上的满意程度与经济资源占有程度成反比，也就是说如果全面收费政策没有对家庭的支出结构产生较大的影响，相应的科研支持是"锦上添花"，容易产生较高的满意度；而如果全面收费对家庭的支出架构产生较大的影响，或者说挤占了家庭其他支出，相应的科研支持是"雪中送炭"，容易产生较低的满意度。

第三节　研究生全面收费政策在执行中存在的问题

理论的合理性并不必然带来现实的可行性，虽然研究生教育实行收费制度有着充分的理论基础，但是在实践过程中依然会带来很多现实问题。科尔巴奇把政策的实践模式分为两个维度，理论的合理性和形式的合法性仅仅是保证了政策在"垂直"维度上的实施，而"水平"维度是实践模式的核心，表现为"行动的构建过程"[2, 252]，它包括政策实施的复杂性、对政策的理解和认知程度、政策可能遭遇的阻碍等，是"一个充满着连续不断的交易、谈判和政治互动的复杂过程"[253]，从这个角度讲，政策更像是一种"'协商'和'妥协'，其着眼点在于政策实施的局限性上"[254]。研究生全面收费政策所面临的问题也主要是围绕"水平"维度展开，现有的研究中已经对政策实施的效度表达出质疑。实行研究生全面收费政策虽然是一项早就应该开始的改革，但是受制于政策实施过程中的复杂性和环境制约性，在实践模式上也呈现出了一些政策期待以外的非预期与不确定性。

一、研究生全面收费政策的认可度

收费政策的总体认可度偏低，在研究生全面收费政策的观念框架中，收费对于研究生的求学成本是"明升暗降"，因为在资助制度中，奖学金调整为助学金，并面向所有计划内的全日制研究生，冲抵了大部分学费，而且先行改革的试点学校普遍都实行了导师资助制度以及"三助"制度。政策理想的实践模式是收费政策和资助政策会带来研究生学习积极性和科研积极性的提高，而学生学习积极性和科研积极性的提高也会使研究生所获得资助总体上超过其缴纳的学费，因此，该项政策不仅能够"筛选出"有志于从事科学研究的后备力量，也会因为实际资助幅度的提高而获得研究生的认可和赞同。通过问卷调查我们发现，研究生对于收费政策的认可度并不理想，对"我认为研究生教育不是义务教育，实行全面收费是合理的"持非常不同意和不同意态度的比例高达 49.5%，而对此持比较同意和非常同意的比例仅为 23%，且 2014 级研究生对收费政策的认可度明显比 2015 级研究生低。通过访谈发现收费政策被认可度不高的主要原因有以下三方面。

（一）政策的普及度

长期以来，我国对国家计划内研究生实行的是免费政策，免费读研究生的观念根深蒂固。虽然研究生在入学时缴纳的学费在入学后学校会通过奖学金、助学金等方式进行补偿，但是，收费政策的"补偿""激励"标签的标识度远远不及"收费"标签，个体对于认知度不高的事物，必然会存在隔阂。从调查中较高比例的研究生持不认可态度也可以看出他们对收费政策存在一定的抵触心理，这一点在经济状况不太好的研究生身上体现得尤为明显，这些学生对于收费政策是非常不理解的，受制于家庭经济条件，他们不得不利用暑期外出兼职赚取学费或是申请助学贷款，许多 2014 级研究生反馈在同学和朋友中确实存在因家庭贫困而中途弃考的现象。

（二）政策的接纳度

任何政策的核心都是带来利益的改变和调整，时间轴指向未来，未来是不确定的，也就是说"虽然经过努力，但缺少可预测性和可控性"[255]。因此，无论多"用心良苦"的政策首先都是被抵触的，因为变革可能会在个人身上出现不良后果或者不可预期的后果。这就是为什么在访谈中 2014 级研究生向我们抱怨"感觉自己再一次成为国家教育制度改革的小白鼠"。2014 年之前入学的研究生都是公费就读，到了自己就要缴纳学费，大多数同学对此都很抵触，这种抵触也高度符合制度变迁中的"变革的悖论"。对于整个研究生群体的福祉而言变革是必要的，但是每个个体却抵触变革。而且学术型和专业型研究生的学费差距过大，这就导致攻读专业学位的研究生对于收费政策的接纳度更低。

（三）政策的时滞性

收费政策的逻辑里默认了所有研究生都有能力在获得奖助学金前缴清学费，实际上缴纳学费与获得奖助学金前后有时间差，且国家奖学金覆盖面有限，预期获得资助存在不确定性，家庭收支矛盾必然会在教育机会选择上表现出来，所以，尽管国家设立了助学贷款和绿色通道以保障学生不因家庭贫困而失学，但有很大一部分学生因耻于被贴上贫困生的标签，对借贷读书存在着巨大心理压力而选择放弃继续求学。

二、研究生全面收费政策的激励力度不够

研究生全面收费政策设计的初衷是将学生的学习科研表现与奖助学金直接挂钩，既可以确保研究生的基本生活，又可以激励他们专心从事学业和科研。通过调查和访谈发现，各个学校在制定奖学金上政策的差异导致对研究生学业激励的

力度不够充分。

（一）研究生全面收费政策对学习动机的改善程度

其一，研究生全面收费政策实施前后入学的研究生在学习动机方面的内在动机和外在动机维度上均具有显著性差异，政策实施之后入学的研究生在内在动机的"喜欢所学专业"和外在动机的"获得更高奖学金"维度上的均值比政策实施之前入学的研究生要高，但是在内在动机的"提升素质和能力"维度上的均值比政策实施之前入学的研究生要低。

这说明奖学金的评定在一定程度上提高了研究生为了获得更好的工作机会、获得奖学金等而进行学习的动机，但是考虑自我发展和完善的内部学习动机不升反降，主要在于研究生对于学习和科研动机不尽明确的情况下，奖学金评选标准中偏计量化的指标又让他们陷入数量化产出的追逐，滋生功利化的学习目的，使得研究生对学业和科研缺少主动谋划与思考的空间。

其二，学术型硕士研究生、专业型硕士研究生和博士研究生在学习动机方面的内在动机维度上具有显著差异，且内在学习动机得分由高到低依次为博士研究生、学术型硕士研究生、专业型硕士研究生。根据访谈发现，相比硕士研究生，选择攻读博士学位的学生普遍都对科研有着自己的兴趣和追求，博士研究生的科研兴趣和科研功底都比硕士研究生要强；而在学术型硕士研究生与专业型硕士研究生的对比中，专业型硕士研究生以职业需求为导向，更加注重培养解决实际问题的意识和能力，学习过程中至少有半年时间在校外实践，主要锻炼学生的实践和应用能力，因此专业型硕士研究生在考虑自我发展和完善方面的动机不强。

（二）研究生全面收费政策对学习策略的改善程度

根据数据分析得知，收费政策实施前后入学的研究生在学习策略方面的元认知策略和认知策略维度上均具有显著性差异，在社交策略、情感策略维度上不存在显著性差异，也就是说收费政策并没有有效促进社会交互、学习过程中的非智力因素的调整与改变。政策实施之后研究生的元认知策略、认知策略和社交策略的均值低于政策实施之前，表明收费政策实施之后，研究生的学习组织性、计划性和调节性没有有效改善，反而呈现有效学习策略下降的局面。通过对 2014 级研究生的访谈发现，一方面，研究生对于学习的掌控能力很容易受到奖学金评选中计量指标的影响而打乱原有的学习节奏和学习计划，也因而缺乏学习目标的设定，以及围绕设定目标而进行调节和监控的策略；另一方面，实施收费政策之后，研究生参加勤工助学或兼职的现象明显增多，以"三助"为主要形式的勤工助学要求在工作日上班，影响了研究生在学习和科研上时间和精力的投入，学习策略很难得到有效的规划和改善。

此外，学术型硕士研究生、专业型硕士研究生和博士研究生在学习策略方面的元认知策略、认知策略、情感策略和社交策略维度上均呈现显著差异（$P<0.05$），且博士研究生在每一种学习策略上都比硕士研究生要表现得好。通过与研究生的进一步访谈发现：其一，硕士研究生和博士研究生的学习重点不同，专业型硕士研究生甚至无须承担科研任务即可毕业，且很多高校对于学术型硕士研究生也没有科研任务的要求，而博士研究生阶段的学生都必须发表高水平的学术论文，并且要承担相应的科研任务；其二，硕士研究生和博士研究生的学习态度不同，很多硕士研究生的专业行为是迫于科研压力和毕业压力，对于自己的学习和科研计划缺少主动谋划和安排，甚至一些硕士研究生只是为了文凭而学习，对科研并无太大兴趣，而博士研究生对于科研的兴趣和动机更强烈，更专注于自己研究的领域，学习的组织性、计划性和调节性也更强。

（三）研究生全面收费政策对学业成就的改善程度

研究生全面收费政策实施前后入学的研究生在学业成就方面的学业满意度和科研满意度维度上均具有显著性差异。在实施研究生全面收费政策之前入学的研究生学业满意度和科研满意度均值分别为 3.73 和 3.56，而在实施研究生全面收费政策以后入学的研究生学业满意度和科研满意度均值分别为 3.88 和 3.37，说明研究生全面收费政策对研究生学业成就的改善并未取得预期的效果。通过对 2014 级研究生的访谈发现，研究生持续扩招导致教育资源紧缺，而研究生全面收费政策的施行却使他们的消费意识不断增强，当他们认为培养单位没有提供与学费相匹配的教学及科研服务时，学生的需求就得不到满足，学业满意度和科研满意度也随之降低。

学术型硕士研究生、专业型硕士研究生和博士研究生在学业成就方面的科研满意度维度上存在显著差异，且博士研究生的科研满意度高于硕士研究生，专业型硕士研究生的科研满意度高于学术型硕士研究生。究其原因，博士研究生相比硕士研究生是更高一级的科研人才，培养单位在导师配备、科研资源、科研补助等方面会给予博士生更多的倾斜，并且博士研究生的奖学金和助学金金额均比硕士研究生要高，因此，博士研究生对于学业满意度和科研满意度普遍较高。由于专业型硕士研究生的培养重点是实践和应用研究能力，并没有相应的科研要求，故学校的科研资源与其关联度并不大；而学术型硕士研究生与博士研究生相比有科研任务的要求，但得不到与博士研究生同等水平的科研支持，与专业型硕士研究生相比同属于硕士研究生层面，但是对培养的导向更关注科研成果，因此对学校科研资源会有更多的关注，当研究生的科研需求得不到满足或者在对比上有落差时，学业满意度和科研满意度也随之降低。

通过对研究生的访谈发现，访谈结果也高度符合了问卷调查的结果，学生普遍反映现有的奖学金制度不能有效地调动他们学习和科研的积极性，主要表现在以下三个方面：①奖学金覆盖的范围不合理。调查中有些学校学业奖学金申请的门槛较低，覆盖面过大而没有区分性，从而影响了政策的激励力度。②奖学金设置的标准不合理。调查中有些学校并没有分档设定奖励标准，或虽然对奖励进行了分档，但是差别不是很大，因而不能有效地区分研究生学习的努力程度。③还有些学校的评审标准中对"社会工作"的权重未尽合理，研究生通过担任学生干部或者参加课外活动获得很高的分值，相比起漫长、枯燥而艰苦的科研过程，更多的研究生更愿意走"社会工作"的"捷径"，因此，收费政策的激励作用存在限度。

三、研究生全面收费政策的非预期效应

教育政策的非预期效应是指教育政策在实施过程中，不仅会产生政策所预期的效果，同时也会产生扩散性的非预期结果，或者与预期相反的效果。调查研究发现，全面收费政策在执行过程中也伴随非预期效应，出现了一些与预期不一致的现象或结果。

（一）"三助"和兼职的人数在增加

问卷调查结果显示，38%的研究生同意在实行全面收费政策后自己会参加勤工助学或兼职，而对此持反对意见的学生比例仅为 14.5%。特别是对于农学类研究生，通过差异检验，发现农学类研究生参加勤工助学和兼职的平均值比其他学科都要高且差异相当显著。由于农学类研究生大多来自农村，家庭经济条件较差，而研究生全面收费政策的实施给他们带来了很大的经济压力。访谈中发现，参加勤工助学或者兼职是研究生缓解经济压力的主要途径。以"三助"为主要形式的勤工助学要求在工作日上班，直接影响了研究生在学习和科研上时间和精力的投入，导致他们取得高质量科研成果的动力越来越小，从而影响整体研究生教育质量的提高。

（二）攻读研究生的意愿下降，优秀生源结构性失衡

研究生缴纳学费后，虽然入学后奖学金、助学金等可以冲抵或者补偿所缴

纳的学费，但是由于政策执行的延迟性，获得奖学金和助学金在缴纳学费之后，存在竞争上的不确定性，加上忽视了教育政策的执行主体尤其是弱势群体的心理和惯性逻辑，有很大一部分学生因耻于被贴上贫困生的标签，甚至对借贷读书存在着巨大的心理压力而放弃攻读研究生，导致研究生入学考试报名人数从 2014 年开始呈下滑趋势，2015 年继续下滑至 2012 年左右的报名人数，而 2017 年人数上升的原因则主要是教育部统筹了全日制和非全日制硕士研究生招生考试。

此外，鉴于研究生全面收费政策覆盖所有的专业，那么只要专业之间存在差距，学生考研的理性选择必然是优中选优，已然存在的专业之间的差距会在生源结构性失衡上蔓延，优势的学科专业因为其较强的吸引力更容易获得优秀的生源，而农学类等弱势专业和学科因为收费的同等性在专业选择中成为退而求其次的选择，现有的农学类大学生甚至有 41.1%选择跨越到其他专业考研[256]，农学类专业的优质生源逐渐流失，必然会对基础性学科优势发挥带来冲击。

（三）培养单位严重分层，专业弱势再生

全面收费政策旨在完善教育资源配置和研究生教育的均衡发展，实际上，全面收费政策间接削弱或者取消了对弱势学科专业和学校的支持。在全面收费政策实施之前，公费指标是部分非重点高校或一些冷门学科招揽生源的重要手段，这种公费指标的红利在全面收费政策后消失殆尽，在收费标准差别不大的情况下，短期的经济压力已经形成，学生在选择时必然会考虑预期回报。从近年的报考情况来看，考生对专业学科的选择有明显的趋利倾向，理工、金融、计算机等应用型学科比较热门，而农学、地质、矿业等相对冷门的专业生源严重不足，专业的差距进一步扩大，带来这些专业的"弱势再生"，也就是说，这些冷门专业原本就处于竞争劣势，其通过政策的调整带来资源分配中的保护性措施被"剥夺"，必然带来它们对于生存现状和可持续发展上的公平诉求。

第五章 政策限度：研究生全面收费政策的限度分析

19世纪以来，与工业化大生产相适应的科学决策促进了政策分析的研究，并促使政策分析朝着理性主义方向演进，继而广泛应用于社会各个领域，即理性决策。理性决策依赖于信息的充分收集与科学的研判，最终进行决策的过程。虽然20世纪70年代，美国"新公共行政运动"试图在理性模式的基础上进行批判和超越[257]，但是依然强调要考虑复杂化组织中的个体偏好，依然无法摆脱个体理性与集体理性的矛盾。如此，"公共"决策并非是完全意义上的全部与普遍，而是每个个体在进行科学决策过程中利益博弈的结果，这是公共选择的逻辑。从这个角度讲，公共政策的形成也只是一部分人的个人偏好，"将所有的个人偏好转化为社会偏好，是不可能的"，这就是阿罗不可能定理（Arrow's impossibility theorem）[258]。从另一方面讲，现实也无法满足理性选择的所有条件需要，也就是说，在政策的形成过程中已经隐含政策限度的内生性和原发性。教育政策是公共政策在教育领域的表达，是所有教育行为的行动准则，决定着教育价值的空间与导向，是教育系统持续、健康发展的重要条件，特别是在我国经济发展的供给侧结构性调整中，人力资本的积累速度的贡献率甚至要远远高于生产率[259]，也就是说，教育政策本身就是一种重要的教育资源。本书通过对研究生全面收费政策的客观分析，厘清政策在实施过程中阻力和障碍的来源，如哪些来源于政策执行过程，哪些来源于政策的内生性限度。分析研究生全面收费政策的限度不是消极意义上的否定，而是对政策的适当判断和心理预期，一方面理解研究生培养机制改革的多样性与复杂性，另一方面理解政策问题也是政策限度的一种表达，进而在政策执行过程中采取必要的措施规避非预期结果，提高政策的有效度。

第一节　作为公共政策的特征

教育政策是公共政策的一种表现形式，因此公共政策的特征在一定程度上制约着教育政策，在社会实践中，公共政策的作用机理，即在公共管理出现问题后，给人们提供某些规范，通过改变人的行动，进行利益调整，从而解决现实的社会公共问题。因此，公共政策的典型特征就是其公共性，也就是说公共政策从制定、执行到结果都指向公共领域，如公共卫生、公共教育、公共环境、公共资源、公共秩序等，并对这些领域的行为进行规范和约束，以为公共利益服务，并通过规章、制度、规定等形式来保护和协调公共的利益。提高公共政策的质量有各种各样的途径，如完善公共政策设计、制定、执行、评估和反馈等过程的制度安排，完善公共政策的责任机制等，而这当中，政策分析极为重要。

一、公共政策的特征

对于公共政策的内涵有不同的解释视角，如从政策过程来理解公共政策，强调公共政策由不同要素、不同内容构成的系统性，既包含以目标和价值为中心的价值理性，又体现了以过程和策略为中心的工具理性[260~262]；从管理职能来理解公共政策，强调公共政策是政府为了履行管理社会的职能而实施的一系列的规范、控制管理过程的手段，是政府兼顾自身利益和公共利益的具体管理措施[263, 264]；从社会规范和约束来理解公共政策，强调公共政策作为引导个人和团体行为的准则，为社会规范和约束指明了正确的方向，提供了行动的计划与方案[265, 266]。无论从哪个视角来解释，公共政策在形式上的一致性体现在政府用来解决其在职责范围内出现的各种社会问题的手段或者行动纲领，广泛应用于社会各个领域，如经济领域、社会保障领域、环境保护领域、公共教育领域等，因此公共政策具有公共性、普遍性、权威性等特征[267]。

二、教育政策的属性

根据公共政策的覆盖范围，可以将公共政策分为国防政策、外交政策、经济政策、人口政策、教育政策等。因此，教育政策的首要属性是作为公共政策的表达，理应称之为教育公共政策，在教育领域中简化为教育政策，教育政策包括国民义务教育政策、高等教育政策、职业教育政策、继续教育政策、社会教育政策等。教育政策是公共政策在教育领域的具体表现，教育政策秉持公共政策的公益性价值取向，以教育行政公权力为依托，以各种具有国家强制力的教育行政行为为工具，规范和管理教育活动，解决教育领域中出现的问题，分配和调整教育资源结构，实现教育资源的均衡配置和教育公平。

（一）教育政策的内涵

教育政策对于一个国家的教育改革与发展有着举足轻重的作用，是教育改革发展的有效途径。法国在大革命初期，诞生了诸多的教育理念，如教育利益的国家化、学校教育的世俗化、创建有机的国民教育体系、教育的民主化等，这些教育理念为法国教育现代化提供了目标，而随后的教育改革均是将教育理念体现在教育（国家化）政策中来实施。基于教育政策对于教育发展的重要作用，教育政策学已经成为一门以政策过程本身为研究对象的学科，教育政策学首先要正确地理解教育政策的内涵和本质，是深入探讨教育政策问题的前提和基础。在学术界对教育政策有不同的界定和表述，如把教育政策理解为：

"教育政策是某一历史时期国家或者政党的总任务、总方针、总政策在教育领域内的具体体现。[268]"

"教育政策是一种有目的、有组织的动态发展过程，是政党、政府等政治实体在一定历史时期，为实现一定的教育目标和任务而协调教育内外关系所规定的行动依据和准则。[269]"

"教育政策是一个政党和国家为实现一定历史时期的教育发展目标和任务，依据党和国家在一定历史时期的教育任务，而制定的关于教育的行动准则。[270]"

"教育政策是动态的，应该是一个过程。一个不断解决在教育实践活动中出现的问题的过程，一个不断对已运行的政策进行补充和修正的过程，一个不断在特定时期为实现特定的教育发展目标和任务，而做出的关于教育决策的过程。[271]"

"教育政策是负有教育的法律或行政责任的组织及团体为了实现一定时期的教育目标和任务而规定的行动准则。[272]"

"教育政策是一个政党或国家为实现一定时期的教育任务而制定的行为准则。[166]"

"教育政策是教育行政机关针对目前社会需求及未来发展趋势，拟定方针与方案，经由立法或行政命令之合法化程序，以作为教育机关执行的准则。[273]"

"教育政策是有关某种态度的表述，这些表述通常记录于政策文件上，是即将或者应当遵循的，有关教育议题的原则和行动的特定化，用以达成所期待的目标" [274]。

"教育政策是负有教育的法律或行政责任的组织和团体为实现特定时期的教育目的，在管理教育事业过程中制定和执行的，用以确定和调整教育利益关系的行为准则。[275]"

虽然基于不同的视角、功能、形态等对教育政策有不同的解读，但是以下几点是教育政策内涵共通的内容：①教育政策首先是国家行为或者政府行为，一般要经过立法或行政命令的合法化程序，教育行政过程表现为国家或者政党确定和调整教育关系，从而实现特定历史阶段的教育目的；②教育政策在形态上是动态与静态的统一，在静态上表现为一系列的法律文书、政策文件，在动态上表现为教育活动过程中产生、存在和调整的"有组织的动态发展过程"；③教育政策具有较强的目标导向，表现为一系列的行为准则，是规范性的存在，目标是促进教育事业的发展与完善，完成特定的教育任务；④教育政策的时效性表达，在以上表述中会发现，教育政策一般限定在某一特定的历史时期或者阶段，针对教育领域中存在和出现的问题，而进行利益关系的调整和教育决策的形成。

（二）教育政策的属性

教育政策属于公共政策的范畴，具有公共政策的属性和特征，是在教育领域内针对宏观教育方针和微观教育现实问题制定的公共政策，是引导和规范人们教育行为的价值规范和行为准则。教育政策的属性表现在以下几方面。

1. 教育政策的政治性与技术性的统一

教育政策与其他公共政策一样，是社会的上层建筑，是国家、政党意志与行动意图的具体体现，直接反映了阶级、国家的政治意向和根本利益，反映了政党和国家在一定历史时期的方针与任务。教育政策的政治性首先体现在其阶级性上，任何教育政策都具有鲜明的阶级性，教育政策的制定与执行必然要为统治阶级的教育愿望和要求服务。在任何社会中，教育政策都具有鲜明的政治性，只不过随着政权性质的变化，教育政策的政治性也具有不同的性质而已。例如，在政府对高等教育的主导地位上，虽然我国高等教育施行成本分担，个人和家庭承担相应的教育费用（学费），但是这一比例仅为高等教育成本的 1/4 左右，一方面是国家在高等教育发展和改革上主导权的控制，另一方面过高的学费也会导致社会负担过重，从而引发各种社会问题。不仅我国如此，其他国家也以向学生收取学费来分担教育成本，作为解决高等学校严重财政困难的出路之一，20 世纪 90 年代之后，各个国家通过政府支持，用收取学费、适度提高学费标准、增加教育费附加等措施筹集资金。例如，澳大利亚实行"高等教育贡献计划"，向学生收取占成本20%的学费；美国公立高校一般收取占高等教育总成本25%的学费。在发展中国家这一比例更低，如印度为 18%，印度尼西亚为 11%，肯尼亚为11%[276]。也就是说，虽然在高等教育成本分担上将高等教育看作个人投资的观点已经被普遍接受，并反映在国家的教育政策中，但是高等教育的主导权和控制权依然没有发生变化。需要强调的是，虽然教育政策的政治性是教育政策的根本属性，但是政策并不能等同于政治，政治是目的，而教育政策仅仅是达成政治目的的重要手段。

教育政策除了政治上的要求之外，其表现形式仍然以文字和条文为主，因此，制定教育政策也要讲究技术规范，在教育政策制定的过程中要关注教育政策的规范表达与陈述，如教育政策的内容及表述方式要兼顾不同层次、不同群体的理解和接受能力，要把教育政策的内涵转化为易于传达、易于理解、易于接受、易于执行的规范文本。在政策执行过程中要关注教育政策的科学性和有效性，正如美国学者艾利森所说："在实施政策的过程中，政策文本确定的功能仅占10%，而其余的 90%则取决于有效的执行"[277]，由此，政策执行是教育政策的关键环节，因为政策执行有效与否，直接影响教育政策目标是否达到，关乎政府的信用和权威，也关系到教育发展的全局。

教育政策是政治性与技术性的统一，政治性保障教育政策的方向，而技术性保障教育政策的实施，因此教育政策的技术性是教育政策科学性的基础。

2. 教育政策的工具性与人文性的统一

教育政策的工具性不等于工具化，教育政策的工具性强调的是教育政策是政府对教育进行促进与发展的重要工具，因此工具性的属性需要教育政策在制定和执行的过程中要遵循科学化的原则，其实就社会科学领域来说，工具性的研究，或者说工具主义的视野早在 18~19 世纪就已经开始产生①，具体到教育实践领域，工具性主要体现为教育行政的决策者或者教育行政组织所制定和执行的教育政策是一种有目的的影响教育过程的方式。教育政策的工具性表现为教育政策与教育实践有着直接的关系，如高等教育政策除了关注宏观的高等教育发展方向之外，同时也要关注高校内部的实践活动，高校教研活动与专业实践之间的紧密相关性，教育政策可能对教师、学生群体的影响等，这些对于实践问题的关注成为教育政策制定和研究的强大推动力。教育政策的工具性也表现为教育政策制定和执行过程中对科学性的追求。随着政府教育管理职能的逐渐扩展，需要应对的教育实践问题也越来越复杂，因此，对于教育政策决策者的科学与实践观察能力的要求也在与日俱增。在这样一种背景下，从教育政策目

---

① 参阅摩勒、边沁以及实效主义者的相关论述。

标和工具角度来考虑，教育政策的重点越来越集中于将政策意图转变为可操作性的过程上。

教育政策的人文性即教育政策的人文性价值取向与教育政策的工具性密切相关。如前文所述，教育政策的工具性促使教育政策在制定和执行过程中追求科学化，但教育政策是按照一定的社会要求和教育管理规律，为促进个体社会化而进行管理活动的一系列规则的集合，从本质上来讲，首先强调的是"人"的自我发展与完善、"人"的社会化的过程，其次才是社会服务性，因此教育政策的"以人为本"不仅体现在价值观取向上，即人本思想和精神要求教育政策保护教育实践中人的利益，还体现在国家对于教育的意志和管理的科学化方面。因此教育政策的工具性和人文性是统一的。一方面，教育政策强调教育中"人"的利益，包括学生的利益、教师的利益、家长的利益及其他社会成员的利益；另一方面，教育政策的制定应遵循人自身发展的规律、经济社会发展的规律。另外，微观教育政策还要适应教育教学的规律，这与教育的目的是一致的，符合科学性的原则，因为教育正是促进人发展的活动，教育政策坚持"以人为本"的价值观是教育政策服务于教育实践的必然要求。

3. 教育政策的积极性与消极性的悖论

"诺斯悖论"是诺斯在 1981 年提出的，是指一个能促进经济持续快速增长的有效率产权制度依靠国家对产权进行有效的界定与保护，但受双重目标的驱动，国家在界定与保护产权过程中受交易费用和竞争的双重约束，会对不同的利益集团采取歧视性的政策，从而会容忍低效率产权结构的长期存在和导致经济衰退的结果[278]。国家具有双重目标：一方面，通过向不同的势力集团提供不同的产权，获取租金的最大化；另一方面，国家还试图降低交易费用以推动社会产出的最大化，从而增加国家税收。国家的这两个目标经常是冲突的。"诺斯悖论"描述了国家与社会经济相互联系和相互矛盾的关系，即"国家的存在是经济增长的关键，然而国家又是经济衰退的根源"。

按照诺斯的理论，政府在教育管理过程中同样也存在双重目标，使得政府在制定一系列教育政策和完成教育管理的过程中，以及在具体的教育实践过程中，由于政府双重目标的存在，教育政策同样存在积极性与消极性共生的"悖论"。教育政策的积极性是指教育政策的制定在目标导向和功能导向上都是积极的，体现在政策制定者（政府）与公众能达到良好的教育预期，教育政策既要追求人在自我发展与完善上的效率，又要追求"社会的效率"[279]，既要追求教育发展的自主性，又要追求教育管理中的秩序，这些教育管理目标都需要政府设计相应的教育政策体系来保障其实现，进而促进教育利益的最大化，因此教育政策是积极的。但是从另外一个角度讲，教育政策在制定过程中也存在道德风险，政府制定教育政策的过程是一个复杂且特殊的过程，政府也存在设计相应的教育政策体系来保障特殊利益群体的利益最大化的潜在动机，从而违背教育公益化和教育利益最大化的目标，表现为教育政策的消极性，导致教育政策既包括促进教育结构完善和教育向上发展的正向功能，也包含阻碍教育结构完善和教育向上发展的负向功能。教育政策既包括可以观测、评估的显性功能，也包括不易被察觉、无法进行评估和观测的隐性功能；既有预测和引导教育发展的预期功能，也包括因不确定性、偶然性而表现出来的非预期功能，因此教育政策具有积极性和消极性的冲突。

4. 教育政策的稳定性与可变性的统一

教育政策是政党和国家在教育管理过程中意志的表现，直接关系到国家的根本利益，因此教育政策在制定和出台过程中都会表现出坚定不移的原则性，表现在教育政策对于政党和国家意志的刚性体现，以维护既定教育政策的权威性和严肃性，对于公共利益的绝对遵从，对于遵照执行的决不妥协，这种原则性保证了教育政策一旦制定和公布，在一定时期内不能随意变动，要保持相对的稳定性，这就是教育政策的稳定性。同时教育政策又是一种工具、策略和手段，同时具备一定的灵活性与变通性，因而教育政策的稳定性是相对存在的，如我国高等教育制度体现出的主要特征是政府主导下的强制性制度变迁模式[280]，但这种教育政策的特征在对教育行为的约束上会水土不服，因此为了达成教育效果，教育政策又要采取一定的灵活变通措施，并根据实际需要，适当灵活地因地制宜，以提高教育政策执行的可操作性。同时教育政策的可变性还体现在教育政策的贯彻与执行过程中，教育政策就其执行方案来说，即使是解决一个一般的社会问题，也不可能一次就制订出最佳方案，而是需要在教育政策与社会环境的相互作用中，不断地进行修改、补充、调整和完善，因此在教育政策贯彻执行的过程中，政策要随着政策客体和环境的千变万化做出适当的调整，以保证教育政策的时效性。

需要补充的是，教育政策的稳定性和可变性在教育政策的制定和执行过程中是相互统一的，也就是说，教育政策首先要保证其稳定性，否则就会失去教育政策作为规范和准则的约束作用，导致教育行为无章可循，陷入"失范"的恶性循环。而教育政策的可变性是在政策稳定范围内进行一定限度内的可变，如教育政策的调整与变通不能改变既定的基本方向和原则，其要符合教育实践中的客观实际情况，即教育政策的可变并非随心所欲，必须充分尊重教育实践，归根结底，教育政策的可变性是为了巩固、完善和保障教育政策的稳定性，是为了教育政策更好地贯彻与执行。

除此之外，因为教育政策具有教育理论与实践的双重性，决定了教育政策既具有教育理论的特征，又具有教育实践的特征。就教育实践而言，教育政策还应该具备一定的前瞻性和完整性。前瞻性是指教育政策不是亡羊补牢式的善后型政策，而应当具有前瞻性，成为未雨绸缪式的计划性政策。在教育实践中常常会看到这样一种现象，某些方面出现了一些矛盾和问题，由于未能及时采取政策措施，等到了不可收拾的地步，才有相应文件出台去弥补。例如，在高等教育扩招问题上，一开始只追求速度和规模，缺乏办学硬件设施和高等学校规模效益的客观的评估，一度造成高等教育培养质量的下滑。又如，研究生全面收费政策的出台，必然要伴随相应的奖助学金制度和评价制度的完善，如果配套制度没有完善或者发挥应有的作用，一定会在教育政策的执行上出现各种各样的纰漏，这些都是由于政策滞后造成的，因此教育政策的科学性必然要求教育政策具有前瞻性和超前性。教育政策的完整性体现的是教育实践的复杂性，教育问题已经慢慢地与社会经济接轨，教育问题变得牵一发而动全身，尽管某一教育政策是针对特定问题而提出的，但这些问题总是与其他问题结成一个整体，相互依存、相互影响。孤立地解决某一问题，往往是不成功的。即使暂时解决了，也会牵连其他问题或产生新的问题。因此，教育政策应该是一个由各种教育政策相互作用、相互制约而构成的有机整体。

三、教育政策的功能

教育政策的功能是指教育政策执行过程中所产生的实际效果和影响，政策的基本功能包括导向功能、协调功能和管理功能。教育政策总是要付诸实施，最终产生预期的效果才算完成使命。教育政策最主要的功能是对政策所针对的教育问题产生治理和改善效能，简单地说，就是教育政策所发挥的功效和作用由教育政策的本质属性决定，并从与教育目标的联系中得到判定，从而使教育政策具有了客观的价值属性。

（一）教育政策导向功能

教育政策的导向是指教育政策为教育改革与发展确定方向、规定目标。确定方向主要是指教育政策要符合政党的教育方针，符合国家的教育目的，符合现有的法律体系，符合教育改革与发展的政治属性和发展方向；规定目标主要是指教育政策要经过系统的研究与评估，充分考虑经济发展、社会发展和教育发展的客观规律，从而在教育发展中引导人力、物力和财力等资源向政策所鼓励、支持的教育活动进行配置，促进教育的发展。教育政策的这种导向功能以权力介入为基础，因而比思想教育工作更具有威慑力和说服力。

教育政策的导向功能通常从两个方面表现出来：一是为教育事业的发展提出明确的目标，不仅可以减少教育失误，而且能最大限度地调动社会力量参与教育管理的积极性；二是推出一整套旨在促进教育事业发展的重大措施，如《关于完善研究生教育投入机制的意见》从财政拨款制度、奖助政策体系、收费制度三个方面明确了研究生投入机制改革的目标及重大举措。

明确目标与举措，结合《中国教育改革和发展纲要》的有关要求，进一步明确了我国研究生教育在今后一段时间内的导向：高举中国特色社会主义伟大旗帜，以毛泽东思想、邓小平理论、"三个代表"重要思想、科学发展观、习近平新时代中国特色社会主义思想为指导，坚持社会主义办学方向，立足基本国情，遵循教育规律，以人才培养为根本，以提高质量为核心，以改革创新为动力，建立健全的以政府投入为主、受教育者合理分担培养成本、高等学校等研究生培养机构多渠道筹集经费的研究生教育投入机制，全面激发研究生教育的活力，促进研究生教育持续健康发展。

（二）教育政策的协调功能

教育政策制定和贯彻执行的过程并不是一帆风顺的，教育政策制定者及政策客体的行为在很大的程度上会影响教育政策的贯彻落实。为了消解这些行为，保障教育政策得到正确的贯彻执行，必须加强教育政策的协调功能。教育政策的协调功能表现在教育政策的制定过程和执行过程中。

在教育政策的制定过程中，要平衡不同利益集团或利益阶层的教育关系，兼顾各种矛盾和利益冲突，保持教育政策的多维性、动态性和适度性。多维性是指教育政策要考虑到不同维度利益相关者的利益结构；动态性是指教育政策的制定要考虑到教育未来发展的趋势具有动态性；适度性是指政府所面对的是多方面的教育问题和纷繁复杂的利益矛盾，这些问题进而引发政府在不同目标选择上的冲突，在调节利益矛盾的过程中，较为理想的状况是在不损及任何群体利益的前提下，通过增加教育资源供给总量给那些弱势群体以利益补偿，如果对特定的利益群体有损失，那么可以通过在教育政策调整的空间内建立潜在的补偿机制来抵消产生的利益损失，这样就可以达到教育政策的调整适度，避免引发原有利益结构的剧烈变动。简言之，教育政策能够有效地化解冲突，调解关系，减少教育政策执行的阻力，保证教育事业平衡有序发展。

在教育政策的执行过程中，由于相关的经济社会环境发生了变化，或由于教育机构和受教育者自身的原因，教育活动与教育政策目标发生了偏离，甚至与政策目标背道而驰，此时需要采取有效措施，对有关教育活动和行为进行纠正、协调，使其沿着既定的政策目标发展，如研究生全面收费政策如果要得到良好的贯彻与执行，就需要各地区、各有关部门充分认识到完善研究生教育投入机制的重大意义，然后建立相应的工作机制，制定具体的实施办法。高等学校等研究生培养机构则要实行主要领导负责制，加强统筹协调和资源整合，确保各项政策落实到位。当然，为了保证资金落实到位，地方财政部门还要制定行政区域内有关资金的具体落实办法。

（三）教育政策的管理功能

教育政策作为国家管理教育工具，是主观能力与客观实践矛盾的统一，教育政策的管理功能是指教育政策具有计划、指挥、协调、组织和控制的功能，这是由教育政策本身的规范性决定的。从范围来看，教育政策的管理功能覆盖面广、渗透力强，教育政策不仅要指明人们的行为边界，还要指明人们的行为底线，以此管理和调控教育管理过程中的群体或者个人的行为趋向。教育实践表明，教育政策的贯彻执行中，各类主体的理解和行为会在相当大的程度上影响和妨碍教育政策的贯彻落实，因此必须强化教育政策的管理功能。从过程来看，教育政策管理教育是一个不断决策与实践的连续过程，行为主体不断地吸收教育实践的各种信息，不断地对收集到的信息进行分析和判断，以使教育政策获得适时调整更新。教育政策在付诸实施的过程中，外界环境的变化、拟解决问题性质的变化及新问题的不断涌现，都必然要求教育政策不失时机地做出调整和更新，以加强教育政策的管理功能。

第二节　教育政策限度的表达与分析

研究生全面收费政策限度实际上是政策限度在教育领域的表达，表现为政策有效性上的欠缺和政策结果上的非预期性。政策有效性上的欠缺来源于价值分析的视角，有效性是教育政策在活动过程中将政策目标转化为教育实践的程度，在价值分析中通常用价值负载来表现，任何教育政策都具有价值负载的特征，其负载效果取决于"政策过程中获得价值选择和实现价值选择的政策行为过程的'有效性'"[243]。因此，教育政策的价值分析从政策的有效性上也反映出政策限度的客观存在，其解释的视角是教育政策所调节的限度能不能解决所有问题，或者在解决某一问题过程中有没有达到预期的目标，因此是一种教育政策转化过程中的效能表达。

一、教育政策限度

公共政策的限度主要是因为政府职能有限，政府的有限性和有限范围的具体表现体现在公民权利与政府权力的关系互动中。政府职能的"有限"并不意味着政府可以无为，如果政府无为，就失去了存在的意义和价值；与此同时，政府所拥有的统筹全局、宏观调控、政策导向等权能亦非其他任何机构、组织和个人所能比拟的，因此，政府在公共行政管理中的作用不可替代。而基于教育具有公共产品或者准公共产品的属性，政府的有限性也同样体现在教育管理过程中，从而表现为教育政策限度。

（一）教育的产品属性

根据公共产品理论，社会产品分为公共产品和私人产品。按照萨缪尔森在《公共支出的纯理论》中的定义，纯粹的公共产品或劳务是指每个人消费这种物品或劳务不会导致别人对该种产品或劳务消费的减少，而且公共产品或劳务与私人产品或劳务有显著不同的三个特征：受益的非排他性、消费的非竞争性和效用的不可分割性。但凡是可以由个别消费者所占有和享用，具有敌对性、排他性和可分性的产品就是私人产品。介于二者之间的产品称为准公共产品[281]。

1. 受益的非排他性

非排他性是指在技术上无法阻止他人消费，或者阻止他人消费的成本过高而导致没有意义，通常意味着人们可以消费该产品且不需要为此支付费用，而私人产品只能是占有人才可消费，谁付款谁受益。任何人消费公共产品不排除他人消费（从技术加以排除几乎不可能或排除成本很高）。在公共产品的消费上不可避免地会出现"搭便车"现象。

2. 效用的不可分割性

私人产品可以被分割成许多可以买卖的单位，被不同的人占有消费。公共产品是为全体社会成员提供的，具有集体消费共同受益的特点。公共产品的效用是为整个社会的成员所共享，是不可分割的，国防、外交、治安等最为典型。效用的不可分割性实际上是受益的非排他性的延伸。

3. 消费的非竞争性

私人产品的消费具有强烈的竞争性，某一个人占有某产品时就排除了其他个人对该产品的消费，就是说"消费的边际成本为零"，但事实上"公共产品的边际生产成本大于零"。公共产品一旦被提供后，任何人都可以消费，任何消费者对公共产品的享用，不排斥、不影响其他个人对同一公共产品的同时消费，也不会因此而减少其他人享用该种公共产品的质量和数量。非竞争性包含两方面的含义：第一，边际生产成本为零，在现有的公共产品供给水平上，新增消费者不需增加供给成本；第二，边际拥挤成本为零，任何人对公共产品的消费不会影响其他人同时享用该公共产品的数量和质量，个人无法调节其消费数量和质量。

在教育发展的不同阶段中，其受益主体和受益结构会发生相应的变化，为了更好地区分教育的产品属性，我们把教育区分为义务阶段教育和非义务阶段教育。

根据公共产品理论，义务教育具有纯公共产品特征。其一，义务教育满足公共产品效用的不可分割性。按照义务教育法的规定，义务教育是一种强制性教育，它是向整个社会共同提供的，全体社会成员平等享有其效用，而不能将其分割或限定在某一特殊的群体享用。其二，义务教育满足公共产品的非竞争性。义务教育强调"公共责任"[282]，让所有适龄儿童都来接受教育，是义务教育的基本特征。适龄儿童接受义务教育并不会导致政府在义务教育制度安排上边际成本的上升，也不会影响其他学生获得教育资源的数量和质量。其三，义务教育满足公共产品收益的非排他性。义务教育在供给方面表现出全体社会成员集体消费或等量消费的无选择性与不可拒绝性。义务的强制性和免费性使得公民在接受教育的同时，无法排斥其他适当主体参与其中共享收益，因而，义务教育的制度安排保证了其在收益方面的非排他性要求。

非义务教育则部分具备公共产品的特征，属于准公共产品，随着教育层次的提升，准公共产品的属性越来越靠近私人产品。一方面，非义务教育阶段的教育具有竞争性，随着消费者（学生）的增加，教育的成本（师资和教育设施）也要增加。例如，一个班级内，随着学生人数的增加，校方需要的课桌椅也相应增加；随着学生人数的增加，老师批改作业和课外辅导的负担加重，成本增加，故增加边际人数的教育成本并不为零，因而具有一定程度的消费竞争性。另一方面，非义务教育阶段对教育的消费也具有排他性，有一定的限制，如果不支付费用（学费等）的消费者可以很容易地被排除在教育之外，对于高等教育而言，达不到录取要求也会被排除在高校的教育对象之外。

教育的产品属性决定了教育投资是一种风险性投资，虽然收益率高，但由于受投资周期长、见效慢等因素的影响，教育投资具有一定的不确定性。企业或个人无法准确控制教育投入的风险，因此，资本市场不愿投资教育，这就需要政府弥补市场的缺陷，承担提供教育服务的责任，而政府进行教育管理的重要手段和途径就是制定和实施教育政策。

（二）教育政策限度的渊源

教育政策是公共政策的一部分，国家制定和实施公共政策的根本目的是对"全社会的价值做权威的分配"[54]，这里的"价值"实际上是指"利益"，因此公共政策的过程属性表现为一个动态连续的利益主动选择过程，政策问题是公共政策的常态，政策问题中既包括基于某种利益、价值、文化传统上的认知差异，也有政策在生成过程和路径上的潜在局限，这种局限主要来源于"机会主义、成本——收益的忽视以及由此而来的腐败的危险，随之而来的是政府本身合法性的侵蚀"[55]。

（1）教育政策限度的渊源来自于政府的有限性的局限。因为政府是教育管理的主要实施主体，也是教育政策的制定和执行主体，政府的"有限理性"会带来政府的内部性，因为政府实际上是由政治家和公务人员等个人组成的行政组织，教育行政部门亦然，他们的能力和素质往往决定着政府管理教育活动的成效，一个重要表现就是政府提供政策存在有限性，即政策限度，对教育领域中的行为主体的约束能力降低或者失效，从而影响教育的健康发展。

（2）教育政策限度来自于契约的不完全性。在古典契约理论中，契约是完全的，其完全性是一种状态依存（state-contingent），完全性的实现具有极其严格的假设前提，包括个体的完全理性、完全信息、不存在外部性和交易费用为零等，但是在现实生活中，这些假设和前提都无法实现，也就是说，契约从根本上来讲是不完全的，契约中总留有未被指派的权利和未被列明的事项。从政策形成的路径上，经济学家认为政府提供公共政策实际上是公共部门与社会成员契约缔结的过程，由于政府与每个社会成员谈判和交易的成本太高，故政策及规章制度实际上是特定条件下政府从节约交易成本考虑而提供的"默认规则"或"替代选择"①，这在一定程度上可以节约交易成本，但是却带来政策有效性的消减，政策是对未来参与者可能采取的行为做出规定，并规定政策所涉及不同主体基于可证实信息的最终结算方式，显然，政策是指向未来的，而未来在本质上是不确定的，也就是说，政策中所涉及的各项规定与条款具有不可证实性。

因此，基于教育政策生成主体的"有限理性"和生成过程的契约逻辑，教育政策所预设的结果是基于指向教育发展未来的预期，对于权利和义务边界的确定

---

① 新制度经济学从成本和收益的客观对比上来分析政策限度的内生性，如科斯认为政府的公共政策只是一种在市场解决问题社会成本过高的情况下所做出的替代选择。在这种情况下，制定和实施公共政策可以降低社会成本，也就是说，政府的公共政策依然受到成本和收益的制约，其约束范围必然会有局限，即"政策限度"。

也是教育现状选择的结果预期，从时间演变的轴线上，教育现状与教育未来发展趋势的关系存在内禀的随机性，也因此决定了大部分教育政策都存在不完全性。因此，当教育政策成为政府管理教育的主要手段，契约成为教育政策生成逻辑的时候，政策的内生局限性和契约的不完全性共同表达为"政策限度"。

（三）教育政策限度的表达

政策结果上的非预期来源于限度分析的视角，限度分析用以描述教育政策的有限性，即通常意义上讲的教育政策"无能"，主要是指当前教育政策不能获得预期效果，导致教育政策"无能"，一方面来源于教育政策制定和实施过程中的主观逃离政策约束的倾向，另一方面的来源即与政策本身生成属性有关的政策限度。根据公共政策限度的表达和教育领域的特殊性，教育政策的限度主要表达为以下四个维度。

（1）时间限度，政策的出台一定针对特定的教育问题，而教育问题的发现、分析以及上升到政策层面去解决这些问题本身就存在时间上的延滞，因此，当一个变量值长期依赖于这一变量的过去值时，滞后就会存在，这种滞后必然会累加为政策限度。

（2）边界限度，指教育政策的调节范围有限，在一定程度上表现为政策的设计逻辑与现实错位，导致教育政策只能覆盖一定领域、一定层面、一定范围内的教育问题，并不能解决所有的问题，也不能涵盖问题的各个方面，"教育政策往往只适用于特定的政策对象"[283]。还有另一种情况是假定政府在制定某项政策的过程中考虑了各种因素，可以有效地解决政策多覆盖范围内的所有问题，但是政策成本很高（尤其是假定该成本包括政府进行这种干预所带来的所有结果），这也是政策的约束边界所不能及的。

（3）职责限度，主要是指政策执行主体的职责权限与教育问题的特殊性、政策方案的选择性及目标内化的主观性之间存在矛盾，当呈现的问题是前所未有的特殊问题时，职责权限并未涉及，就会带来政策约束的"真空"，有时甚至会产生扩散性的非预期结果，即行动局限是"现行教育政策的旨意与实际效果的距离，二者相异或相离（如果存在的话）的程度"[284]。

（4）目的限度，指教育政策的预期达成度有限，教育政策归根结底要以保障公共利益的最大化为目标和标准，符合多数人的偏好，也就是说，教育政策对利益结构的调整要遵循"对最不幸的成员提供保障"[285]，如果以上目标没有达成或者再生教育不公平、教育贫困等非预期结果，会在一定程度上影响教育政策目标的实现。

由此，没有任何一种政策和制度是完美无瑕的，教育政策总能体现其朝着特定目标改进的方向，但也存在"相应的盲区"[286]。但是，教育政策的限度并不能否定政策的价值，相反，政策的有限性也是政策进行价值分析时的重要向度。教育政策所关注的主要问题有两个：一个是教育政策问题能否得到有效解决，这关系到教育政策供给的质量，约束变量是政策限度；另一个是教育政策执行的绩效高低，这关系到教育政策是否得到了有效执行，约束变量是政策执行。虽然以上问题带来的结果可能都是教育政策的低效，但是在分析教育政策问题上我们需要有针对性地分析教育政策低效的根源，从而做出有针对性的弥补和完善措施。

二、教育政策失灵

在很多研究中，把政策失灵、政府失灵及政策限度等混为一谈，本书研究认为政府失灵是政策失灵和政策限度的根源，政策限度继承和显现了政府的内生性局限，而政策失灵也继承和显现了政府行政过程中的执行局限。

（一）失灵理论

失灵即某些物品变得不灵敏或者失去应有的功能。在经济与社会领域，失灵通常与缺陷、失败联系在一起，指预期目标没有实现。西方经济学的失灵理论包括市场失灵、契约失灵、政府失灵、志愿失灵等。

1. 市场失灵

由于市场机制的不完全性而导致其在某些领域不能起作用或不能起有效作用的情况。传统自由经济学家认为，在一个自由选择的体制中，社会的个体或者群体在经济人的假设下追求自身利益最大化，但是当每个个体都这样做的时候，就像有一只看不见的手在指引着他们，其结果要比他们真正想促进社会利益的效果要好得多，最终结果是社会的经济资源得到合理配置，达到"帕累托效率"状态，即任何重新调整都不可能在不使其他任何人境况变坏的情况下而使任何一人的境况更好，使得资源分配获得最佳效率。虽然在经济学家看来市场机制是迄今为止最有效的资源配置方式，但是，由于各种原因，在实际生活中，由于市场本身不完备，有时"看不见的手"也会不起作用，市场机制在很多场合并不能导致资源的有效配置，即市场失灵。

2. 契约失灵

信息不对称导致仅仅依据生产者和消费者之间的契约难以防止生产者坑害消费者的机会主义行为的出现，因此，消费者更偏好非政府组织所提供的服务而拒绝市场化的选择或国有机构的安排。契约失灵理论是美国法律经济学家汉斯曼在1980 年发表的《非营利企业的作用》一文中最早提出的[287]，以此来证明第三部门存在的必要性，并指出政府与第三部门之间的互补关系，也解释了为什么有些私人物品要由第三部门提供。契约失灵无法靠市场自行解决，消费者在购买产品时往往会选择依靠市场之外的一些组织来保护自己的利益。政府和第三部门就是市场之外的组织机构，它们都不以营利为目的，在提供公共产品和服务时不会借助信息不对称的优势获取利润，因此，政府和第三部门可以有效减少市场主体的机会主义行为，维护消费者的利益。

市场失灵和契约失灵都是从经济学的角度为政府和第三部门的产生和发展提供基本的解释框架，政府和第三部门可以弥补市场失灵和契约失灵，为社会提供市场所不能提供的产品和服务，但是在政府和第三部门的运行过程中，同样存在失灵现象，即政府失灵和志愿失灵。

3. 政府失灵

政府失灵是由美国经济学家伯顿·维斯布罗德提出的，是指政府进行干预时不能补救市场失灵所带来的缺陷，反而降低了经济效益或社会效益的状况[288]。政府也不是万能的，它也存在无能为力的地方，无能为力就是我们所说的政府失灵。

（1）从原因上来看，政府失灵主要源自政府的"有限理性"，因为政府实际上是由政治家和公务人员等个人组成的行政组织，他们的能力和素质往往决定着政府干预经济活动的成效。因此公共选择理论认为政府的有限理性会使其掌握不了建立规范制度所需的复杂信息，使科学合理的制度供给不足。政府失灵还来源于政府执行机构的问题，由于政府官员摆脱不了自利性"经济人"的属性，在政策执行过程中往往扭曲成为使政府机构本身受益。如果政策带来政府机构受益，政府官员会千方百计维护它，如果政策安排对其不利，要么政策无法生成，要么建立起来也得不到正确的执行，因此，布坎南认为，官僚机构的这种行为恶化了政府形象，增加了政府干预经济的交易费用，也导致了公众对政府信任度的下降，限制了政策目标的形成，造成政府失灵[289]。

（2）从表达上来看，政府失灵主要表现为公共产品供不应求，导致结构性失衡，以及政府在行政过程中的效率损失。第一，政府在提供公共物品方面的失灵。市场在提供公共物品时缺乏积极性，需要政府补位，但是政府未必能有效地提供所有的公共产品。结果可能是，一部分人对公共产品的过度需求得不到满足，而另一部分人的特殊要求也得不到满足[290]。这就是在提供公共物品方面的政府失灵现象，而公共政策作为政府提供的公共物品之一，也会存在公共政策在数量和质量上难以满足社会公众需要，或者供求错位的结构性失衡等现象。第二，政府的工作效率低下，公共选择理论认为政府提供公共物品和服务具有垄断性，缺乏市场式的竞争机制，追求服务成本最大化。委托代理关系带来效率损失，政府行政体系是一个庞大的科层体系，"缺乏自主性运作组织的自主性、首创性、挑战性等激励动力"，"科层体制中的权力会减弱或'挤出'其他动机"，"政府部门的行为努力倾向于维系在一个较低的均衡点上"，原本能动的个体沦为僵化体系中僵化的一环[291]，"政府的公共性层次过高"[290]等，因此，政府失灵表现为利益损失。

4. 志愿失灵

如同市场失灵、契约失灵和政府失灵一样，第三部门的运行同样存在失灵现象，因此志愿失灵又称为志愿者组织失灵或社会组织失灵。围绕志愿失灵，萨拉蒙提出了著名的志愿失灵理论[292]，认为社会组织以提供服务的主体为志愿者，志愿者的不稳定性和非持续性及掌握社会资源的有限性，使其在提供社会需求时出现不足，这一状况也成为政府长期介入志愿组织或社会组织的理由。萨拉蒙认为政府可以通过任务委托的方式，提供资金，由社会组织负责提供服务，实现政府与社会组织的合作。志愿失灵主要表现在以下四个方面[293]。

（1）志愿组织资金来源有限。志愿组织的活动所需经费不是通过强制的税收和追逐利润取得，主要是依靠私人的慈善捐赠。由于非政府组织提供的大多是公共产品或准公共产品，而公共产品供给中普遍存在着"搭便车"问题，更多的人倾向于不花费成本而享受福利，因此存在公共产品供给不足。

（2）志愿组织服务活动的特殊性。志愿组织的服务对象往往是特定的社会群体，由于不同的群体建立组织的能力不同，尽管社会中的许多群体（尤其是弱势群体）对社会服务有较大的需求，但却无力建立起代表自己利益的组织，获得资源能力和服务能力存在差异使得志愿组织服务与需求之间存在结构性失衡，无法满足所有处于需求状态的社会群体。

（3）志愿组织的非独立性。志愿组织的活动往往要受到捐赠者的影响，这些人在决定提供什么样的服务时，往往首先是根据自己的偏好和利益，其次才是组织的宗旨和社会的需求，导致提供的大多是富人喜爱的服务，而真正需要帮助的群体需求却供给不足。

（4）志愿组织的非专业性。志愿组织的服务对象往往是一些需要特殊照顾的人群，如贫困者、残障人士、孤儿、环境污染的受害者等，这就需要受过训练的专业人员对他们进行帮助。但是由于资金的限制，无法以优厚的工资待遇来吸引专业人才，这些服务只能由那些具有志愿精神但缺乏正式培训的业余人士来承担，这必然影响公共服务的质量。

基于以上理论可以得出失灵现象普遍存在于经济领域，包括政府、市场、契约、志愿组织等，失灵理论的核心经济行为主体无法或者未尽发挥应有的效能而导致的资源配置低效率，社会福利没有实现最大化，经济的运行陷入"内耗"或者资源利用不充分的低效率，因此，失灵又称为失败或者低效。

（二）政策限度和政策失灵

政策限度和政策失灵都是政府失灵的主要表现形式，政府对经济生活的干预和对社会的管理的基本手段是制定和实施公共政策，以政策、法规及行政手段来弥补市场缺陷，纠正市场失灵。但是与市场决策相比，公共政策的形成是一个复杂的过程，存在着种种困难、障碍和制约因素，使政府难以制定并执行好公共政策，导致公共政策失效，从公共政策失效来源的角度看，由于信息不对称、利益集团的影响因素导致政策在制定和生成过程中未考虑或者未尽考虑政策客体、边界、功能等而导致的公共政策失效，称为政策限度，因此，政策限度具有内生性，与政府的内生局限性有关；而如果公共政策失效来自于政策执行过程中，受到外部因素的影响导致政策执行偏差或者政策执行抵制等行为，从而导致政策执行无法实现预期效果。政策失灵是外生性因素导致的，也是政府失灵的一种重要表现形式。

1. 政策限度的原因

（1）政策限度源于政府的内生性，这是从主观推论角度的解释。阿罗不可能定理和克鲁格的政策有效性充分体现了政策限度的内生性。政策限度的内生性是指政府作为市场经济的一个主体，具有与其他市场经济主体一样的内生地寻求自身经济利益的特征，基于此政策在制定过程中已经内嵌了有效性。阿罗不可能定理认为，基于少数服从多数的投票机制，将产生不出一个令所有人都满意的结论[294]。这个理论推论认为，政府在现实中不可能找到一种完全符合集体偏好的最优配置方案。阿罗的研究结果表明，在现实的公共政策的制定中，这种类似的矛盾情况是一种普遍存在的现象。人们不可能找出一种确切的集体行为规则，能够保证从个人的偏好到"合理的"集体的选择。

克鲁格的研究[295]也佐证了政策限度的客观存在，她认为政策有效性依赖于三个前提：①政府作为政策制定者能自动地将社会福利最大化纳入自己的目标函数；②追求社会福利最大化的决策者有决策所需要的充分信息；③无须成本就可以提出和实施政策。她认为，这三个前提条件在现实中都是不存在的，因此，政策限度是不可避免的。

（2）政策限度源于信息不对称与交易费用的存在，这是从客观推论角度来解释的。迪帕克·拉尔[296]认为，政策限度存在两个方面的原因，公共政策是政府干预经济的主要途径：①政府受到信息不对称、交易费用的制约，公共政策难以使资源配置达到帕累托最优；②公共政策对于经济运行是一种扭曲性政策，一旦政策得以实施，就会引起整个经济的全面扭曲，致使经济远离市场均衡点。斯蒂格里茨同样支持了以上观点，他认为政府存在信息局限性，对私人市场反应的控制能力有限，对官僚机构本身的控制能力有限，政策执行程序存在局限性[297]。政策限度由此产生。

2. 政策失灵的原因

（1）政策约束边界认为，公共政策约束的范围应该在公共领域，在私人经济领域，公共政策会出现失灵。货币主义领袖弗里德曼认为，真实经济变量都有其客观值，它们是由生产的技术条件、经济结构和经济制度决定的，政府政策很难改变。如果政府试图人为地改变它们，其结果必然是政府失灵。总之，破坏市场运行机制的政府干预往往会导致政府失灵。

（2）政策客体的阻碍。理性预期学派代表人物卢卡斯认为，作为政府政策的作用对象的经济主体，他们不会完全被动地听任政府的摆布，会依据自己的利益对政府行为做出反应。当政府的政策与他们的利益相悖时，理性预期行为往往会抵消政府的政策意图（上有政策，下有对策），导致政策失灵。

（三）教育政策失灵

政策失灵和政策限度在教育领域同样存在，中央教育行政机构及地方各级教育行政机构在政策制定和实施过程中也存在不完美性，但是教育领域与其他行政机构的差别在于教育政策的研究对象是教育活动，而教育活动与其他社会活动相区别的根本属性就是教育是培养人的社会活动。如前文所述，教育政策限度和教育政策失灵都是用以表现教育政策的作用是有限的，某项教育政策并不能解决所有的教育问题，或者一定达到预期的目标，还可能会引发意想不到的非预期结果。区别在于教育政策限度嵌入教育政策制定过程中，是内生性局限，而教育政策失灵则表现在教育政策执行过程中，是外生性局限。相较于其他公共政策，教育政策有其内在逻辑特点和价值取向，因为教育是基本的民生问题，和每个人的利益息息相关，所以教育政策的局限性更容易被感知，主要是基于以下原因[298]。

第一，制定教育政策的社会基础多元且复杂，政策的覆盖范围广，内容呈现多维度特征，而且会随着社会情境的变化而变化，政策表达具有专门术语，真正理解教育政策的本质是困难的。因此公众对于教育政策的感知主要体现在政策执行过程中的局限性，即政策失灵。

第二，相对而言，公众对教育系统比其他社会系统更熟悉，对教育政策更关心，大多数公民对教育系统都有一定的接触和了解，并且都积极参与教育活动和学校的管理。因此对于基于政策的局限性更容易感知。

第三，教育领域的权力比其他任何领域的权力都分散，教育政策不但在不同的权力级别上形成和执行，而且在同一权力级别上也存在复杂的权力分配，从而加大了教育政策活动的难度和复杂性。也就是说，教育政策的局限性既有内部原因，又有复杂的教育环境和权力分配的分散性而带来的影响。

第四，教育过程本身具有多种目标，在不同的教育机构中目标又具有含混性，评估教育成果具有先天的困难性，因此，教育政策制定和实施过程中缺乏相应的约束与监督，进而引起教育政策失灵或者低效。

教育政策活动及其研究与其他公共政策相比具有明显的区别。除此之外，教育政策活动与其他公共政策相区别的根本属性在于教育是培养人的社会活动。在教育政策活动中，主客体关系始终表现为人与人的关系。人在教育政策中具有双重属性，既有客体性又有主体性。教育政策活动这种独特的主客体关系决定了教育政策与一般公共政策相比应该无条件地认可"人"，从另外的角度讲，正是因为教育政策约束的范围和客体都体现为人与人的关系，所以教育政策的局限性的反馈周期就变得漫长，教育政策低效或者失灵的存在会滋生潜在规则，约束个体的行为。因此，如何消除政策限度和政策失灵现象在教育领域就显得尤为重要。

三、教育政策限度与教育政策预期

对于教育政策限度和教育政策失灵的分析可以有效地帮助我们进行教育政策分析，并对教育政策有合理的预期和科学的改进措施，教育改革的过程实际上也是教育政策变迁的过程，旧的教育政策不断被新的教育政策替代，低效的教育政策不断地被修改、补充与完善，因此，任何教育改革都是一个复杂和不可完全预期的过程。尤其是政府提供教育服务的过程兼具政府的内生局限性和教育的复杂性，事实上，相较于纯粹的市场交易行为，教育服务的交易行为更为复杂，而消费者的公民地位更增加了问题的复杂性与特殊性。这实际上说明了经济学运用到公共部门的确存在局限，忽视了政治过程与市场过程的本质区别[299]。教育服务中的交易模式与市场中的交易模式的本质区别在于，前者是一种政治逻辑下的交易行为，而后者是市场逻辑下的交易行为。对政府购买教育服务而言，其特殊性在于，它兼具政治逻辑、市场逻辑和教育逻辑，但其最本质的行为逻辑应该是教育逻辑，该政策的教育逻辑要求政策实施必须符合教育的基本规律，政治逻辑要求政策实施要体现政府公共性的本质属性，而政策的市场逻辑则要求政策的实施必须符合市场的等价交换等市场运行的基本规律。这形成了政府购买教育服务行为本身的特殊性和复杂性，这些特殊性和复杂性都会在很大程度上干扰和影响教育政策的实施和推广，但是通过政策分析的视角至少可以帮助我们分析哪些教育政策实施中的问题是来源于政策制定的主体，因此需要提高和完善教育政策的供给程序和质量。

如果问题来自政策执行过程，如政策执行者、教育行为主体等对政策实施的复杂性和长期性没有充分的准备，当政策实施的成效不能在短期内予以明显的表现时，或者当改革的成效在短期内无法明确地加以鉴别时，政策的执行者可能对教育政策实施产生悲观的心理，或对政策实施失去兴趣。而教育领域的反馈则可能抨击教育政策实施的有效性，成为政策继续推进的阻力。教育作为培养人的社会活动，其周期性长，教育政策的实施过程同样体现出较长的周期性。这些特征增加了政策实施过程的困难度和复杂度，也使政策实施过程中的非预期问题难以避免。教育改革的初衷是为了解决某一教育问题，但在解决这个或这组教育问题的过程中，又会出现一些出乎教育政策制定者意料的新的问题。

因此，既要对教育政策实施过程中出现的各种预期与非预期的问题、确定与不确定的结果有充分的预期，也要对教育政策环境和政策主体的接受程度进行客观的分析与评估，对潜在的执行障碍有合理的解决策略，才能确保政策实施的效益。

除了对教育政策的限度有科学的预期和准备之外，也要对教育政策有合理的预期，政府不是万能的，教育政策也不是万能的，教育政策的效用是有限的，某一项教育政策并不能解决所有的教育问题。该项教育政策在解决某一教育问题的过程中可能并没有达到预期的目标，还可能会引发意想不到的非预期结果。教育政策限度包括两个方面：第一，没有解决问题；第二，因为政策引发了其他问题[300]。换言之，任何一项教育政策都有一定的适用范围，而不是"放之四海而皆准"。明确教育政策实施的限度，就是要明确教育政策实施的局限性和适用范围。因此，在实施和推广教育政策时，要对教育政策的限度有所认知，要对教育政策进行合理预期。

第三节　研究生全面收费政策限度的表达与分析

对于公共政策限度的分析是公共政策分析的重要内容，政策限度分析不仅是一个理论问题，还是一个实践问题。从政府角度，一方面，公共政策要受到成本和收益的制约，其必然会有一定的限度；另一方面，政策限度分析有助于公众对政府管制有更加科学、客观的认识，经济学家和决策者一般都有过高估计政府管制优点的倾向，采取的措施是减少政府管制，但是并没有告诉我们边界定在哪里，政策限度的分析将有助于厘清政府管制的边界。对于教育政策来讲，其制定和实施首先要考虑教育共享性的公共利益，但是政府在制定和实施政策的过程中还要兼顾集体性组织和私人的利益，因此教育政策的调节范围具有多元局限，教育政策必然存在有所为和有所不为的边界。研究生全面收费政策作为研究生人才培养机制改革调整中的重要政策标识，其制定和实施也必然受制于政府的固有属性和外在因素，从而在政策的实施过程中表现出一定的局限性，已经有相关研究对政策问题表达出了质疑，因此，从政策限度分析的视角，对研究生全面收费政策的局限性有了更加客观的分析，并对政策的效用进行合理的预期。

一、研究生全面收费政策的局限与分类

研究生全面收费政策的目标之一是逐步完善我国研究生教育投入机制，构建研究生教育成本分担机制，完善研究生财政拨款制度。虽然我国研究生教育实行全面收费在一定程度上改变了我国教育经费投入单一的局面，但是也加大了居民教育投入的负担。研究生全面收费政策的另一目标是调动和激发研究生的学习动机、改善其学习策略，进而提高研究生投入学习和科研的努力水平，提高研究生培养质量，但是在提高研究生学业成就的同时也带来了研究生学术研究上的"锦标赛"，违背了政策的初衷。除此之外，对于研究生教育公平的兼顾也是研究生全面收费政策的重要目标，原有"双轨制"导致教育资源在配置中出现不公正现象，加剧了教育的不公平，这种不公平主要体现在公费生和自费生之间。而全面收费政策的实施，使得所有研究生都一视同仁，有利于促进教育公平的实现，但是在促进教育公平实现的过程中又会再新生其他不公平的现象，以上所有都表现出研究生全面收费政策在实施过程中会面临这样或者那样的问题，甚至会出现一些非预期的现象，我们称之为研究生全面收费政策的局限性。这种局限性一方面来源于政策的执行阻滞，即"政策执行过程中的执行活动因某种消极因素的影响而出现的不顺畅乃至停滞不前的现象，进而导致政策目标不能圆满实现甚至完全落空的一种情形"[301]；另一方面来源于政策限度，是指由于政策内生性因素而导致的政策目标不能完全实现的情况，具有不可回避性。根据内容来进行划分，研究生全面收费政策的局限性可以分为以下两类。

（一）研究生全面收费政策的效用局限

首先，研究生全面收费政策对于学生内在动机的激发程度有限，这是由政策的执行阻滞所导致的。研究生奖学金评定实行计量化的评价标准，严重背离学术研究的宗旨，导致了学生为奖学金而学习和科研，这也在一定程度上影响了研究生的学习动机。

其次，研究生全面收费政策对于学生元认知策略和认知策略的改善效用有限，这是由政策执行阻滞和内生限度共同导致的。一方面，研究生对于学习的掌控能力很容易受到奖学金评选中计量指标的影响而打乱原有的学习节奏和学习计划；另一方面，收费政策自身存在职责限度，由于问题的特殊性、约束目标的接受程度等原因，收费政策在执行过程中对行为的引导和约束能力有限。

最后，研究生全面收费政策对于学生学业成就的提升作用有限，这是由政策的内生限度导致的。全面收费政策自身存在职责和目的限度，该政策对于研究生的激励作用有限，学业成就的提高不仅依赖于收费政策的良好实施，还依赖于其他配套资助措施的完善以及高校内部改革的协同配合。

（二）研究生全面收费政策的公平局限

研究生全面收费政策在公平方面也表现出了诸多局限性，公平局限的来源同样可以分为政策的执行阻滞和政策的内生限度，这些因素共同影响了收费政策效用的发挥。政策的执行阻滞主要表现在以下几个方面。

首先，学费标准趋同化带来的影响。综合考虑地区、学校、专业等因素，制定差异化的收费标准，发挥学费的市场调节作用，是国际上通行的做法。如美国高等教育收费有以下三个特点：一是私立高等学校的学费要高于公立高等学校；二是名牌大学的学费要高于非名牌大学；三是对外地学生所收的学费要高于本地学生[302]。但是从调查结果来看，由于大部分培养单位的研究生学费未按照不同的学校层次、学科、专业等划分不同的标准，而是普遍采取"一刀切"的形式，这就极大地削弱了收费政策的公平性。在宏观上，导致不同地区之间的恶性竞争，由于我国经济发展存在地区性差异，这种差异也体现在对高等教育的支持上，我国东部、南部沿海地区的重点大学密集，获取社会资源的能力较强，为研究生的学习和科研提供了优质的条件，受到许多研究生的青睐；不同类型高校之间的恶性竞争也逐渐显示出来，一般综合性、理工类的高校的办学能力、培养水平、获取经费能力以及社会支持等都要高于行业类高校，尤其是农业、地质、矿业等行业高校，如果学费相差无几，这些行业类高校必然面临竞争力下降、招生困难等问题。在微观上，这种趋同化的收费模式也导致弱势学科的研究生对收费政策的认可度较低，约束能力有限，不同学科研究生的专业兴趣、科研热情等差异客观存在，弱势学科研究生的学业成就并不会仅仅由于全面收费政策的实施而有较明显的改进。

其次，资助模式不同带来的影响。这主要表现在专业型硕士研究生和学术型硕士研究生上，专业型硕士研究生是我国研究生教育的一种形式。教育部决定从2009年起，大部分专业学位硕士开始实行全日制培养，并发放"双证"，2011年继续推行将硕士研究生教育从以培养学术型人才为主转向以培养应用型人才为主的转变政策，实现研究生教育结构的历史性转型和战略性调整。根据国务院学位委员会的定位，专业学位培养特定高层次专门人才，主要是为了培养理论与实践相结合的创新型人才，具有扎实理论基础，并能适应特定行业或满足实际工作所需要的应用型高层次专门人才。专业型硕士研究生与学术型硕士研究生虽属于同一培养层次，但在培养规格上各有侧重，在培养目标上存在明显差异。学术型硕士研究生按学科设立，以学术研究为导向，偏重理论和研究，以培养大学教师和科研机构的研究人员为主；而专业型硕士研究生则是以专业实践为导向，重视实践和应用，培养在专业和专门技术上受到正规的、高水平训练的高层次人才。专业学位教育的突出特点是学术性与职业性紧密结合，获得专业学位的人，主要从事于具有明显职业背景的工作，如工程师、医师、教师、律师、会计师等。从以上可知，专业型硕士研究生和学术型硕士研究生都是研究生教育的重要组成部分，从2015年开始，国家将专业型硕士研究生和学术型硕士研究生的数量控制在1：1的比例，专业型硕士研究生将在国家经济和社会发展中扮演越来越重要的角色，但是在研究生全面收费政策的实施过程中，专业型硕士研究生和学术型硕士研究生的学费差距过大，且部分培养单位的专业型硕士研究生不享受学业奖学金，导致不同类别的研究生对收费政策的实施效果评价不同，不但影响了教育公平，也对专业型硕士研究生的学习积极性起到了抑制作用。

最后，筛选标准的数量化带来的影响。奖学金是为了引导和鼓励学生奋发向上，刻苦学习，全面发展而设立的。它通过调动学生积极性和主动性，在人才培养过程中发挥着非常重要的导向和促进作用。因此奖学金制度一方面要体现激励作用，对各类奖学金的申报条件进行明确、可测的规定，只有对奖学金条件明确化，使学生清楚地知道各类奖学金的要求和条件，确立获得奖学金的目标，明确努力的方向及程度，提高学生获奖的期望值，才能调动大多数学生的积极性，进而增强激励效应。另一方面也要体现公平。公平理论认为，寻求公平是人们普遍存在的社会心理倾向，人们除关心所获得报酬的绝对值外，更关注与他人相比、自己的投入所获得报酬的绝对值，并对公平与否进行判断，进而产生"公平感"或"被剥夺感"，这会对个体的后继行为产生很大的影响。对学生而言，表现为"继续努力"或"放弃努力"，甚至是"拒绝努力"。因此：①奖学金设置要公平，各种奖学金的条件和奖金、荣誉要相当，符合绝大多数学生的认识与看法。②奖学金的评定程序要规范。③奖学金的评定结果要公正，结果要符合大多数学生的期望。但是通过本次调查研究发现，虽然很多高校主张因材施教，却在奖学金评选问题上不能"因材评奖"。很多高校设立研究生奖学金评奖条件所有专业"一刀切"，存在不合理的现象。例如，文科、理科、工科、艺术类专业之间，以及实践类专业和理论类专业之间，均存在学科及科研内容上的较大差别，如果所有专业奖学金评选条件均相同，则无法促进因材施教的教育原则在教育实践过程中的体现，不利于人才的培养。还有很多高校奖学金全面覆盖，也就是说，研究生在"一奖一助"政策下，学费都能够得到相应的抵消，过低的成本会使许多研究生的学习动机外部化，也在一定程度上影响了研究生学习和科研的动机和策略，既不利于学术持续健康发展，也导致全面收费政策目标无法圆满实现。他们仅仅追求研究生教育的学历和学位赋予他们在人才劳动力市场上较强的标签作用，希望能以最低的成本获得学历，不愿意投入过多的时间和精力在学科和科学研究上，也就是说，全面收费政策的激励作用有限。

二、研究生全面收费政策局限的根源

教育政策一般是教育行政部门为了解决现实和潜在的教育问题而做出的决定和行为。由于政府的决定和行动涉及教育的方方面面，教育内容和结构相互依赖和影响，任何一项教育政策都会对教育活动产生广泛而深远的影响。一项高等教育的政策可能会传递到基础教育或者相应的考试评价制度上，使得教育政策成为一个极其复杂的教育现象，乃至社会现象。特别是教育政策的制定、执行、分析与评估过程中，所涉及的价值观一般都表现得千头万绪、丰富多彩，表现出不同的教育行为和教育意义。研究生全面收费政策同样也表现出以上特征，因此在政策分析过程中，对于研究生全面收费政策的局限性进行科学而合理的分析与解释是教育政策科学化的重要体现，分析研究生全面收费政策存在局限的原因是来自内部限度还是外部阻滞将有助于我们遵循政策的目的性与规律性的统一，而忽略任何一个方面都是一种不完美的政策行为。

（一）基于政策限度的分析

限度分析是基于价值分析而衍生出来的政策结果的非预期性，限度分析用以描述教育政策的有限性，主要是指当前的教育政策不能获得预期效果，对教育实践的规范和管理作用有限，我们通常意义上说的教育政策"无能"实际上就是教育政策限度的一种体现。教育政策"无能"，一方面来源于教育政策制定和实施过程中的主观逃离政策约束的倾向；另一方面来源于政策限度，这种限度并非由外在条件不确定而导致，而是与政策本身属性有关，具有不可回避性。政策限度的存在意味着对教育政策的科学论证和对教育问题进行客观分析，对政策价值进行辩证性评价；认知政策限度既是对教育政策产生本源的回归，即政策的循环就是不断出现问题并加以解决问题的过程，也是回应教育政策在科学领域中的理论探索与实践创新的现实要求，也更有利于推动教育政策的科学研究范式的转变，丰富政策理论考察的实践，同时也扩展教育政策研究的领域，从实践角度是为了更好地调整政府干预教育的基础，进一步完善研究生培养机制的重要保障。

1. 研究生全面收费政策的文本限度

首先，《关于完善研究生教育投入机制的意见》提到，全日制专业学位研究生以及目前已按规定实行收费政策的研究生，暂执行原收费政策，这就导致专业型硕士研究生的学费偏高，在一定程度上影响了专业型硕士研究生对收费政策的认可度。其次，该意见并没有提及专业型硕士研究生是否享有研究生学业奖学金，而是把确定学业奖学金的覆盖面和具体评定办法的权力下放至高校，直接导致个别高校的专业型硕士研究生既需缴纳高额学费，也不能获得学业奖学金的资助。最后，该意见在研究生奖励和资助标准的制定上给予培养单位很大的自主权，随着奖助学金数量的大幅度提高，资助的标准和评定也日趋复杂，如果没有进行适当的监督，这种自主权可能会陷入设租—寻租模式，从而导致教育政策合法性的流失。

2. 研究生全面收费政策的结构限度

作为研究生培养机制改革的重要环节和重大举措，全面收费政策并非是孤立的政策，而是由招生政策、资助政策、导师责任制等共同构成并推动整个研究生培养机制改革的政策。研究生全面收费政策的"嵌入性"特征决定了其对研究生培养机制改革的相关制度完善的依赖与呼应，全面收费政策的实质是研究生教育理念的转变和研究生管理体制的调整，既涉及招生、培养、学位授予、导师管理等方面的改革与调整，也涉及收费标准、政策补偿等具体执行过程的完善。研究生全面收费政策的这种结构局限决定了其在执行过程中对其他制度存在一定的依赖性。

3. 研究生全面收费政策的边界限度

研究生全面收费政策的调节范围是有限的，这种局限性在一定程度上表现为政策的设计逻辑与现实错位。教育政策只能针对一定领域、一定层面、一定范围内的教育问题，并不能解决所有的问题，也不能涵盖问题的各个方面，"教育政策往往只适用于特定的政策对象"[283]。还有另一种情况是假定政府在制定某项政策的过程中考虑了各种因素，可以有效地解决政策覆盖范围内的所有问题，但是政策成本很高，这也是政策约束范围内所不能及的。与所有教育政策一样，研究生全面收费政策也存在边界限度的约束。研究生收费政策改革只是研究生培养机制改革的一部分，而研究生培养质量还与研究生考试招生制度改革、研究生培养模式改革、研究生资助体系改革等多方面内容息息相关。研究生全面收费政策的调节范围是有限的，它只能在一定领域和一定范围内解决一些问题，研究生全面收费政策的作用边界和范围决定了政策有效性只能在一定区间范围内对提升研究生教育质量发挥有限的作用和影响，还依赖于其他配套政策的完善及高校内部改革的协同配合。

4. 研究生全面收费政策的职责限度

教育政策存在职责限度是指由于问题的特殊性、政策方案和约束目标的接受程度等原因，教育政策在执行过程中对行为的引导和约束能力存在限度，有时甚至会产生扩散性的非预期结果或者与预期相反的效果，我们称之为行动局限，即"现行教育政策的旨意和实际归结成果与效果的距离，二者相异或相离（如果存在的话）的程度及其影响因素"[284]。研究生全面收费政策在现阶段所表现出的对于研究生学习动机的激发、学习策略的改善和学业成就的提升不仅没有达到预期的效果，甚至伴随着政策的溢出效应，勤工助学和兼职的研究生的比例增加等，对边界限度和职责限度的认知则意味着全面收费政策并非单枪匹马，其需要与研究生培养机制改革相关的制度全面配合与协调。

5. 研究生全面收费政策的目的限度

研究生全面收费政策的预期达成度有限，教育政策归根结底要以保障公共利益的最大化为目标和标准，符合多数人的偏好，也就是说，教育政策对利益结构的调整要遵循"对最不幸的成员提供保障"[285]，如果以上目标没有达成或者出现再生教育公平、教育贫困等非预期结果，会在一定程度上影响教育政策的效度。研究生全面收费政策在达成度上还要依赖于其他配套辅助措施的完善以及高校内部改革的协同配合，也就是说，政策总能体现其朝着特定目标改进的方向，但也存在"相应的盲区"[286]。

6. 研究生全面收费政策的时间限度

研究生全面收费政策存在时间限度是指现有研究生培养过程中的问题逐渐消散到教育质量慢慢提高，再到教育质量显著提高，这是一个时间周期相对较长的过程。因此，收费政策的效果会明显受制于这种时间滞延性的影响。在实行全面收费政策后，研究生的学习动机是否更加端正、学习策略是否有所调整、学业成就是否明显提升等都需要时间进一步观察，且在还没有发生显著质变之前，发生的细微量变是很难被直接观察和评估的，这在一定程度上也影响了政策有效性的评估，也就是说，政策总能体现其朝着特定目标改进的方向，但也存在"相应的盲区"[286]。时间限度的存在意味着全面收费政策并非一蹴而就，而是需要在实践过程中不断地修正完善。

（二）基于执行阻滞的分析

1. 研究生全面收费政策对相关利益主体的兼顾

研究生全面收费政策从制定、出台到最终实施都是政府主导的强制性变迁行为，在利益调整的过程中，政府、高校和学生处于不平等的地位上。一方面，作为政策的直接受影响者，研究生群体在收费政策的制定和执行过程中并没有表达自身意愿的机会，而是处于相对被动的位置。研究生全面收费政策的初衷是取消研究生收费计划内和计划外的"双轨制"，消除因为入学时考试成绩的微小差异而在缴纳学费上出现的不公平，但是，我国已然存在的地区差异、城乡差异和阶层差异造成在教育起点上的不公平，社会阶层的分化以及贫富差距会直接映射在教育上，研究生全面收费政策在实施过程中已有利益结构的调整，而新的利益结构尚未形成或者不稳定，如果缺乏配套制度对结构调整中的弱势群体进行有效保护，部分研究生面对这种制度性原因而带来的"弱势再生"几乎是被动的，更没有选择的余地。另一方面，研究生全面收费政策在某种程度上削弱或者取消了对弱势高校的支持，在教育投资成本差别不大的情况下，短期的经济压力已经形成，因此影响选择的主导因素会变为预期回报。重点高校在学科基础、师资条件、平台建设等方面有相对的优势，在人才培养质量上，学生的知识技能获得有更高的起点、更多的学术交流机会，专业发展有更宽广的平台，这对于学生有极强的吸引力，因而成为研究生在院校选择上的首选目标，而不占优势的非重点高校则会变成研究生退而求其次的选择。

2. 研究生全面收费政策与当前社会观念的冲突

无论多"用心良苦"的政策，首先都是被抵触的，因为变革可能会在个人身上出现不良后果或者不可预知的结果。长期以来，我国对国家计划内研究生实行的是免费政策，免费读研的观念根深蒂固。2014 年之前入学的研究生都是公费就读，到了 2014 年就要缴纳学费，这导致大多数 2014 级研究生对收费政策都很抵制。这种抵制也高度符合制度变迁中的"变革的悖论"，对于整个研究生群体的福祉而言变革是必要的，但是仍有一些个体抵触变革。全面收费政策对于研究生最直观的感受是学习成本的提高，虽然研究生在入学时缴纳的学费在入学后学校会通过奖学金、助学金等方式进行补偿，但是收费政策的"补偿"和"激励"

标签的标识度远远不及"收费"标签，个体对于认知度不高的事物，必然会存在隔阂，从调查中较高比例的研究生对收费政策持不认可态度也可以看出大部分研究生对全面收费政策存在一定的抵触心理。而且在全面收费政策的逻辑里似乎默认了所有研究生都有能力在获得奖助学金前缴清学费，但是实际上并非如此。而且，缴纳学费与获得奖助学金之间存在前后时间差，且国家奖学金制度覆盖面偏窄，预期获得资助存在不确定性，家庭收支矛盾必然会在教育机会选择上表现出来，这种影响在低收入家庭尤其明显，一部分贫困家庭的学生可能会因为收费而放弃就学。

3. 研究生全面收费政策与现有制度的冲突

用以保障教育发展和约束教育行为的教育政策和制度一般都呈现体系化，而且这种体系化的程度会随着教育的发展而日趋复杂。教育政策之间的相互作用是客观存在的，在政策的执行过程中要考虑到现有教育政策与后续教育政策之间的相互作用。这种相互作用的结果既可能是效果的叠加，又可能是效果的抵消和冲突。因此，在研究生培养机制改革的过程中，全面收费政策有效性的发挥除了需要具体的收费制度安排之外，也需要制度环境的调整与变革。任何教育制度的安排在制度环境中都不可或缺的是教育评价制度。当前，研究生奖学金评定实行的是计量化的评价标准，功利化和数量化特征突出，这一点严重背离学术研究的宗旨，导致政策改善的不是研究生学习和科研的积极性，而是为奖学金而"科研"，学术激励扭曲为"论文锦标赛"，催生出大量的"学术泡沫"，也在一定程度上影响了研究生学习和科研的动机和策略，既不利于学术持续健康发展，也导致全面收费政策目标无法圆满实现。如果资源分配的评价标准依然遵守功利性、数量化，那么研究生的理性选择必然是在现有的评价制度中通过论文、课题、奖励、项目等来获取优势权。对于研究生的评价需要更加动态和灵活的评价制度，同时，全面收费政策效用的发挥也依赖于研究生招生制度、用人制度、培养制度的逐渐改革与调整。

4. 研究生全面收费政策与执行主体的矛盾

研究生全面收费政策的变迁过程实际上是以政府为主导的需求诱致性的制度变迁，在实施模式上是一种典型的自上而下的模式，政策的执行主体数量庞大、各具特色且地域分散，要让每个培养单位保质保量、不折不扣地有效执行，是一件十分困难的事情，必然存在基层培养单位出于自身利益考虑而选择部分变通或是应付执行政策的现象。例如，在学费标准的制定上，《关于完善研究生教育投入机制的意见》里提到"研究生学费标准应综合考虑不同专业研究生培养成本、当地经济发展水平、办学条件、居民经济承受能力等因素确定，并与本专科生学费标准及已收费研究生学费标准相衔接"，但实际上很多高校现行的研究生学费标准普遍采取"一刀切"的形式，并没有根据不同地区、不同专业等划分不同的标准，这就极大地削弱了研究生全面收费政策的有效性。

三、研究生全面收费政策的局限表达与分析

基于以下分析，研究生全面收费政策的局限可能来自于内生性的政策限度，也可能来自于政策执行过程中的外在因素的阻滞，一方面我们要客观地接纳研究生全面收费政策的局限性，了解其约束范围的复杂性和受制于教育的功能限制[303]；另一方面更应该分析研究生全面收费政策局限性的表达，以采取必要的辅助政策或者对政策的修正与改善来弥补政策局限性带来的利益损失。

（一）教育成本分担与教育投入负担

我国投入教育的财政经费主要来源于中央财政拨款、收取的学费、学校事业收入、社会捐赠、教育基金和其他教育经费。研究生教育全面收费政策使收取学费部分有所增加，与此同时，国家通过设置奖学金的形式来弥补研究生因缴纳学费而产生的经济负担，但是，随着研究生学费的不断攀升，许多数据显示，缴纳的学费已经大大超出居民承受能力。目前，我国高校学费一般都在 6 000~10 000 元/年，甚至有的高校，如北京大学法学院学费为 22 000 元/年，中国人民大学两年要 30 000 元，有项研究对 91 所"211"工程高校的研究生学费进行分析后发现，中部地区硕士研究生的平均学费为 7 740.7 元/年，博士研究生的平均学费为 9 694.4 元/年[304]。而据有关统计，2017 年，全国居民人均可支配收入 25 974 元[305]。也就是说，硕士研究生的学费占居民人均可支配收入的 30%以上（还不包括住宿费、生活费）。而从国际范围看，公立高等学校的学费标准与人均可支配收入之比是有明确限制的，通常不能超过20%（比例过高，将增加家庭的学费负担，挤占其他正常开支）。在美国，公立高等学校的学费标准在 5 000 美元左右，这相当于人均可支配收入的 1/6；在英国，2006 年之前，大学学费占英国人均收入的 10%，2006 年之后，英国涨学费，但学费标准不超过人均可支配收入的 20%。

（二）教育公平问题的兼顾与再生

研究生全面收费政策的初衷是取消研究生收费"双轨制"，消除因为入学时考试成绩的微小差异而在缴纳学费上出现的不公平，并通过改变研究生资源配置

方式来提高研究生学习和科研的积极性，针对可能出现的不公平，政策在设计上考虑通过国家助学金和助学贷款来进行兼顾。但是根据组织和个体的行动逻辑，这种对教育公平的兼顾存在不确定性。

1. 选择上的非自愿性

罗尔斯对于公平原则的解释强调"差异性"，强调选择上的同一尺度与多元尺度的结合，但是这种"差异性"存在两个特定前提：其一，尺度选择的多元是自愿的，体现为平等主义与自由主义的结合；其二，"差异性"具有相应的补偿机制，"其结果能给每一个人，尤其是那些最少受惠的社会成员带来补偿利益"[306]，这种差异就是合理的，是在正义范围内的。全面收费政策对于研究生最直观的冲击是学习成本的提高，虽然从制度设计的角度来看，配套的奖学金制度可以在一定程度上冲抵学费，但是这种冲抵存在一定"时滞性"，且奖学金制度覆盖面有限，预期获得资助存在不确定性，家庭收支矛盾必然会在教育机会选择上表现出来，这种影响在低收入家庭尤其明显，一部分来自低收入家庭的学生开始产生放弃就学的念头，如研究生考试报名人数从2014年开始呈现下滑趋势，2015年继续下滑至2012年左右的报名人数。因此，支付能力和损失程度是影响学生选择教育机会的主要因素，所以他们做出的选择的"多元尺度"和"自愿性"都无从体现。

2. "再生性贫困"问题

研究生教育的产品属性是偏私人产品，这种产品属性在其成本不较大幅度偏离预期成本的范围内是有较高投资动机的。按照现有的制度安排，现阶段全日制学术型硕士研究生学费标准每年不超过8 000元，博士研究生每年不超过1万元，对于家庭经济困难的研究生而言，这是一笔高额的费用。我国已然存在的地区差异、城乡差异造成在教育起点上的不公平，社会阶层的分化以及贫富差距会直接映射在教育上，形成消费水平和社会交往都受到制约的贫困研究生群体，还有来源于政策"再造"的影响，即"再生性贫困"，这是政策变迁和制度转轨的代价，研究生全面收费政策在实施过程中带来已有利益结构的调整，而新的利益结构尚未形成或者不稳定，如果缺乏配套制度对结构调整中的弱势群体进行有效保护，研究生面对这种制度性"弱势再生"几乎是被动的，更没有选择的余地。同时，这种"再生性贫困"还会产生扩散效应。因为支付能力有限，这部分研究生群体既要投入学习和科研工作，又要弥补经济上的落差以保证正常的生活与开销，在一定程度上挤占了学习和科研投入的时间和精力，这并非是研究生全面收费政策所预期的结果。

（三）培养单位的动机激发与寻租效应

全面收费政策为研究生培养单位带来了全新的发展机遇，政策赋予培养单位相应的激励和约束机制，同时也面临极大的挑战。一方面，政策需要培养单位提供足够的配套资助，学校需要增加对研究生"三助"的投入，为研究生提供更充足的科研经费；另一方面，质量提升的压力增强，政策使得研究生教育的交易、契约模式更明显，研究生缴纳学费获得教育机会，如果培养单位无法提供优质的教育资源必然会面临生源竞争上的劣势，因此，培养单位所附加的质量提升的压力会日益增强，促使培养单位制定与之相配套的培养模式，从课程设置到导师遴选，从奖学金设置到助学体系的完善等都需与政策相匹配。在机遇与挑战并存的情况下，政策的限度表达为培养单位结构调整和分层，并非政策预期。

1. 内部利益结构的分配与调整

培养单位在对研究生进行奖励和资助标准的制定上拥有很大的自主权，随着奖助学金数额的提高，资助的标准和评定也会日趋复杂，如果没有适当的监督，这种自主权就会陷入设租—寻租模式，从而导致大量教育资源消耗于寻租活动，通过私下交易提高交易费用，如在研究生资源分配和指标分配上有指向性地倾斜和改变分配的比例，导致部分特定主体利益增加，此过程中除了租金的非生产性转移外，还会抑制教育竞争的活力，导致政策合法性的流失。

2. 不同培养单位的负担能力

在研究生全面收费制下，国家增加对研究生教育投入，并且提高研究生教育的生均经费，在一定程度上有利于高校优化教育资源，高校不需在培养研究生上承担过多的经济负担，可以有充足经费投入高校的教学、科研等方面。但另一方面会加剧普通高校与重点高校之间的差距，我国研究生收费政策试行首先选择的是第一梯队高校，这类高校有充足的办学资源，国家经费投入多，社会资金来源广，一旦试行收费制度，其奖助体系、培养机制能够立刻做出积极调整，而对于普通高校来说却执行困难[307]，这必然会导致培养单位在生源和教育资源占有上的不公平。

3. 不同培养单位的分层更加严重

全面收费政策之前，公费指标是部分弱势培养单位招揽生源的重要手段，而这种公费指标的红利在研究生全面收费政策实行之后消失，全面收费政策实际上削弱或者取消了这种弱势支持，在教育投资成本差别不大的情况下，短期的经济压力已经形成，影响选择的主导因素会变为预期回报。只要培养单位之间存在对比差距，那么研究生全面收费政策就一定会在研究生的选择中发挥作用，已然存在的培养单位之间的差距会因为研究生选择上持续发酵，导致优势的培养单位之间的分化越来越严重，这一点在培养单位内部学科、专业之间的差距扩大同样存在，政策最终的结果不是缓解教育机会供求矛盾，而是使矛盾由原有总体供求失衡转移至优势学科、专业和学校的竞争，原本就处于竞争劣势的培养单位，其在资源的分配中保护性措施被剥夺后，其生存危机和动机强度超限[①]，因此，这些培养单位的发展重点不在于培养质量的提升，而是对于生存现状公平缺失的诉求。

（四）研究生的动机激发与逆向选择

在研究生全面收费政策之前，用以确定研究生是自费或者是公费接受教育的标准单一，一旦获得公费指标，学生可以无偿享用教育资源，无论努力程度和支付程度高低与否，都不会影响资源分配结构和方式，因而，研究生除非有强烈的内部学习动机，否则外部资源不会改变其努力支付水平，而如果研究生的努力支付始终在低水平徘徊，这种制度是低效或者是无效的。全面收费政策通过缴纳学费，教育资源可以整合并重新分配，如果意欲在分配中获得优势，就必须支付较高的努力水平，获得较高的学业成就，而奖助学金制度的动态管理模式又使得学生的努力程度跳跃了阶段性局限，始终处于较高的水平。但是，政策的实践同样存在局限性，既包括研究生在既有政策下的理性选择，也包括政策的非预期结果。

在政策的生成过程中，研究生为了让自己在新的政策环境中获得优势地位，往往会形成自己的策略选择，表现为现有评价制度下的学术"投机"行为，即研究生道德限度上的逆向选择。在原有政策环境下，公费的研究生无任何经济压力和投入学习的驱动力而疏于学业，全面收费政策的作用在于激励研究生通过自己突出的学业、科研成绩来影响教育资源的分配结构，但是，按照现有的科学研究评价制度，研究生的追逐点不在于潜心的学习与科研，而在于不断迎合现有高度量化的指标，按学校的"硬性"规定，不断地发论文，为奖学金而"科研"，学术激励扭曲为"论文锦标赛"，这显然违背政策的初衷。

---

① 动机强度与活动效率两者并不呈现正的线性关系，动机强度过高或者过低，均会导致活动效率下降，动机强度超限是指超过了个体所能接受的最高的动机强度，因而会导致活动效率下降或者停滞。

第六章　政策改进：研究生全面收费政策的改进空间与路径

研究生全面收费政策的根本目的是推进研究生教育综合改革，提高我国研究生培养质量。从政策实施的效果来看，在政府对教育资源的投入、高校间的资源分配，以及其他政策执行主体的责任承担上都发挥出了良好的效用。另外，政策也带来了研究生教育培养机制改革的一次重大调整，进一步扩大了高校的办学自主权，调整了研究生教育的培养模式，进而将会推动研究生教育及其他相关方面的一系列体制改革。但是实施过程中也同样存在行动局限、抵消作用及一些非预期的结果。正如第四章、第五章所提及的，研究生全面收费政策除了带来研究生教育投入结构的改善、奖助学金制度的改善和教育质量的提升之外，还伴随研究生就读期间经济问题、教育公平问题，以及原发性贫困和再生性贫困等问题。这些问题一方面伴随政府制定教育政策的过程，具有内生性，另一方面来自教育政策执行过程中的理解偏差、执行阻滞、路径依赖等，这在一定程度上影响了研究生全面收费政策效用的发挥。

政府任何政策的实施到成熟都要经历一个不断探索的过程，制度变革初期虽然也会伴随着执行问题和非预期的风险与矛盾，但只有正视全面收费政策的效用，找出不足和问题，并客观合理分析问题的原因，使政府、学校和研究生等不同利益主体在政策变迁过程中不断适应和调整，才能为进一步完善研究生培养机制改革奠定基础。

一、政策调整遵循理性审视视角

鉴于对研究生全面收费政策内生限度的分析，教育政策的限度是一种"内生性"存在，这种"内生性"存在根源是政府的有限性，因此在分析政策问题时把政策限度作为一个重要的参考指标，对于政策的预期效果的判断也应该遵循理性审视原则，对政策实施与政策预期之间的差距有充分的预期，做好充分准备来迎接政策在实施过程中出现的问题与困难，分析政策问题是来源于政策限度，还是来源于政策在执行过程中的人为偏差，从而对教育政策的改革实施进行针对性的调整，在政策实施过程中充分准备应对和调整的策略，同时也要避免教育政策超越其约束范围。

研究生全面收费政策是基于特定的教育问题而产生的，主要是基于完善研究生教育投入机制，改善研究生学习、科研和生活条件，提高研究生培养质量，营造更加公平、公正的学习环境。既然教育政策限度客观存在，再加上发现、分析研究生培养过程中的问题，以及上升到政策层面去解决这些问题本身就存在时间上的延滞，那么，当一个变量值长期依赖于这一变量的过去值时，滞后就会存在，这种滞后也累加在政策限度上。结合研究生全面收费政策在执行过程中的分析，全面收费政策无论是对于学习动机和学习策略的改善，还是对于学业成就的提升，都没有达到预期效果，相反因为收费政策的"信号作用"太强，让研究生在学习动机上产生了彷徨。学习成本的增加也使得研究生对于学业成就产生了更高的期望，影响了学业成就的提升。这些都可以反映出收费政策在一定程度上偏离了预期，这种非预期同样也会在政策限度上累加。因此，认识教育政策的科学论证和对教育问题的客观分析的基础，这是对教育政策的价值的肯定，同时，也要合理审视教育政策的这种有限性，这是避免教育政策失败的基本前提，在教育政策实施过程中充分准备应对和调整的策略，同时也要避免教育政策超越其约束范围，避免教育政策的失败。

总之，研究生全面收费政策的这种限度分析并不能否定政策的价值，相反是政策进行价值分析时的重要向度，理应得到理性的审视。对政策的理性审视即是对研究生全面收费政策的价值和限度进行客观的审视，这既是对教育政策产生本源的回归，即政策的循环就是不断出现问题并加以解决问题的过程，也是回应教育政策在科学领域中的理论探索与实践创新的现实要求，也更有利于推动教育政策的科学研究范式的转变，丰富政策理论考察的实践，同时也扩展教育政策研究的领域，从实践角度是为了更好地调整政府干预教育的基础。因此，对研究生全面收费政策进行有效性分析时不能把重点仅仅放在政策的执行上，更要做到政策的制定要充分考虑各相关主体的利益，切实做到符合大多数人的需要。社会要提高对收费政策的理解和认知程度，学生和家长要充分了解政策的依据、政策的导向、政策的操作过程以及方案，"筛选"出兴趣和志向都能契合学习和科研的"潜在"研究生培养群体。提高社会认知度，重点应该分析政策可能给研究生个体和教育带来的变化的感知度和标识度，如办学条件的改善、研究生教育的多样化发展，奖学金的评选政策与过程等，让学生在入学前和入学过程中对政策的导向以及奖学金的获得有清晰的把握，才能有针对性地进行学业和科研的投入，提高收费政策的激励效度。

二、政策变迁遵循"自下而上"的路径

（一）全面收费政策的制度路径弥补

不同教育制度安排都伴随不同的教育效果，我国教育投资模式决定着教育制度生成的自上而下的路径是其普遍特征，一般而言，强制性教育制度变迁并不是建立在一致性同意基础上的，因此，从制度效率的角度考虑，尽量让更多的利益相关者参与制度形成与制度调整的博弈过程，让利益的调整尽量达到充分化，可以有效地保证制度效率。

从全面收费政策变迁的纵向过程看，既包括政府主导的强制性变迁，又涵盖各个培养单位作为初级行动团体的诱致性变迁，鉴于政府在制度变迁过程中的最终确认地位，其生成路径更体现为"政府主导的需求诱致性的制度变迁"[180]。全面收费政策的实施需要一个不断调整的过程，制度文本仅仅是制度生成的起点，在制度生成的过程中，谈判和讨价还价越充分，制度均衡就越容易达成，我国教育制度之所以约束力有局限，很大程度上是因为制度生成路径的政府主导模式，当事人的利益表达没有得到充分的体现，实际上在制度生成过程中，基于教育制度文本必然要转化为教育制度实践，当事人的利益表达是不可避免的，如果这种表达在教育制度实践中，表现为意愿教育制度供给与实际教育制度供给的冲突，当教育行政部门的"强制性"不清晰时，培养单位或制度当事人往往会"修正"意愿教育制度供给，并使这种修正适合自己实现利益最大化原则，具体的修正方法包括根据实际情况一定程度地"歪曲"教育制度本意、教育制度未尽事宜打"擦边球"、出台补充文件或者解释文件来进行教育制度的"落地"解读，经过种种修正措施，政府的意愿制度供给实际上慢慢演变为包含当事人利益表达的实际制度供给，这种实际教育制度供给与意愿教育制度供给的冲突，以及最终实际教育制度供给对意愿教育制度供给的替代实际上是制度当事人利益表达的形式，而这种冲突代表的制度的执行力和约束力的弱化，在一定程度上削弱了教育制度供给的严肃性和权威性，从而导致改革失败。总而言之，在政策实施过程中出现的问题实际上是不同利益主体间结构调整的利益损益或者利益盈余的表现，当这种博弈过程越充分，越接近评价制度效率的最终和唯一标准，即同意一致性规则。因此，为了更好地弥补研究生全面收费政策的政策限度，制度完善应遵循"自下而上"的制度生成逻辑，关注教育政策的适用性，既然制度当事人的利益表达不可避免，就应该把这种表达的过程放置在教育制度实践之前，虽然获得当事人的利益表达存在费用和成本的问题，但是为了更好地弥补全面收费政策的局

限性，在制度完善的过程中要给予利益相关者如培养单位、研究生及家庭、社会公众等更多的信息传递和交换的时间和空间，让权利配置的博弈过程更加充分，提高政策的实用性和约束力。

研究生教育政策的出台除了重视并处理好与制度相关的外部客观影响外，政策相关主体的利益表达起到了至关重要的作用，在推进并深化研究生培养机制改革时，除了政府作为基础动力牵头主导政策制定过程外，也必须重视高校、研究生及研究生导师等内在动力的需求表达，只有多方面调动起主体的积极性，才能为研究生培养机制改革提供强大的支撑。因此，在制度生成过程中，为了更好地弥补研究生全面收费政策的政策限度，应遵循"自下而上"的制度生成逻辑，提高政策相关主体的参与自觉性和积极性。由于政府的利益诉求在于扩大研究生教育资源供给，减轻国家财政压力，实现教育经费的多元化，因此，政府及相关教育主管部门需要把握好方向性的基本原则，发起研究生培养机制改革，鼓励各大高校主体在政策制定中充分发挥自主权和自由选择权，克服原有收费政策下，研究生教育的规模和结构完全由国家和政府运用行政手段干预的不足。而高校作为研究生培养机制改革的基本单位，对研究生培养需求最为了解，要切实体会到改革的迫切性，在遵循符合中国国情的政策制定原则下，深入探寻研究生培养环境的实际与问题，掌握改革重点，为开展研究生培养机制改革奠定坚实的基础。作为研究生培养机制的执行者之一的研究生导师以及研究生群体，在得知研究生教育实行全面收费政策以后，会意识到研究生教育阶段的学习是要付出相应的经济成本的，在这个过程中，也就会充分认识和展示自己的主体地位，在制定政策时要理性发声，为研究生培养机制改革贡献最真实的声音，加大政策改革的实效性，在做出改革决策后，也要积极了解相关政策文件，为更好地履行研究生培养的政策责任和义务，为政策的顺利实施提供足够的"人心"支持[308]。

（二）全面收费政策的政策环境

用以保障教育发展和约束教育行为的教育政策和制度一般都呈现体系化，而且这种体系化的程度会随着教育的发展而日趋复杂，换言之，教育政策之间的相互作用是客观存在的，同时要考虑到现有教育政策与可能的后续教育政策之间的相互作用，相互作用的结果可能是效果的叠加，也就是教育政策的正外部性。

任何一项教育政策都不是孤立存在的，而是依赖于体系化的教育政策体系聚集而推动教育变革和发展，是在一定的制度环境下产生的。研究生收费制度变迁主要源于高等教育体制变迁，我国高等教育体制经历了从计划体制到政府主导、市场参与，再到大学自主的新的管理体制的过程，相应地，研究生教育收费制度变迁也会受此体制变化的影响[309]。众所周知，客观存在的体系化的教育政策和制度之间的相互作用是难以避免的，这种作用可以是相互照应与支持的作用。例如，1997 年开始的本专科生并轨收费在一定程度上为研究生阶段成本分担提供了社会和政策基础。也可能是相互冲突与抵消的作用，如研究生推免制度带来了培养单位之间分化的进一步扩大，在一定程度上违背了高等教育发展的多样性与活力；推免制度与研究生全面收费政策相互作用对目前校级、专业学科之间差距的放大效应；高等学校扩招政策与高等教育质量工程的政策目标的内在张力，也成为近年来我国大学生就业困难的重要原因。

在教育政策体系内部还存在基础制度和核心制度，如果这些制度不发生相应的变革与调整，单一的制度变迁很难发挥应有的效用。例如，如果现有的科学研究的评价制度不进行改革与完善，很难期望与调动研究生科研积极性相关的政策能够发挥作用。因此，在研究生培养机制调整和全面收费政策完善的过程中既要考虑政策形成过程中的潜在障碍，也要考虑现有的制度环境以及当前利益与长远利益的冲突与调和，也就是说，全面收费政策的作用发挥既需要克服制度形成的路径依赖，又需要其他相关制度的不断调整和变革。

三、政策保障遵循系统协调原则

研究生教育是导向性和预期性很强的教育阶段，因为受过研究生教育的人一般都能获得较高的收入和具备较强的社会竞争力。研究生全面收费政策意味着我国开始探索研究生全面参与教育成本分担的模式，改革所代表的绝非单纯的制度文本，而是一个完整的制度体系，因此，应不断加强研究生全面收费政策的制度设计，逐渐完善配套措施和推动研究生培养机制的全面改革，才能尽可能规避政策限度带来的非预期结果。

研究生全面收费政策只是研究生培养机制改革中的嵌入环节，研究生培养机制改革包括研究生选拔机制，创新培养模式，优化培养过程，确定收费标准，完善研究生奖助制度等，全面收费政策效用的发挥必须依赖于其他改革的全面展开，是一项牵一发而动全身的变革，变革过程中的问题，尤其是来源于政策的内生局限的问题，其核心是政策环境和政策体系中的不同政策之间的协同保障机制需要进一步完善。通过访谈以及数据分析发现，研究生收费政策在实际实行过程中逐渐暴露出收费标准"一刀切"、教育资源"分配差"、奖学作用"重金化"、学术科研"功利化"、勤工俭学"利益化"、助学作用"削弱化"等问题，这些问题都迫切需要解决。

（一）建立健全教育成本分担机制

《关于完善研究生教育投入机制的意见》在指导思想上就开门见山地指出，"建立健全以政府投入为主、受教育者合理分担培养成本、高等学校等研究生培养机构多渠道筹集经费的研究生教育投入机制，全面激发研究生教育的活力，促进研究生教育持续健康发展"。研究生教育作为国家教育体系的最高层次，肩负着建设创新型国家的重要使命。研究生教育也是一种高端的公共产品，在科学研究、社会服务等方面发挥着主力军的作用。但是需要明确的是，研究生教育不是义务教育，受教育者应主动承担一部分培养成本，中央和地方财政也应在投入上量力而行，有所作为。

目前我国研究生培养仍高度依赖国家财政，这与研究生教育偏私人产品的准公共产品性质不相符。经过研究发现，研究生全面收费政策给家庭贫困的学生带来了巨大的经济压力，学费和生活费都是他们读研期间不得不克服的困难。在研究生全面收费政策的背景下，只有给予研究生群体符合社会经济发展水平的资助政策、构建系统的研究生教育资助体系，才能缓解贫困学生的经济压力，有效实现研究生教育成本分担，保障研究生教育公平，优化研究生教育结构，最终达到提高研究生培养质量的目的，因此，应逐渐建立健全成本分担机制，而不是简单地全面收费。

以研究生奖学金、助学金、勤工助学金、助学贷款、学费减免及其他项目为主体系统构建研究生教育资助体系，是当前的一项重要而紧迫的任务[310]。应坚持"公平为主，兼顾效率"的研究生教育资助体系构建理念，提高研究生教育资源的利用效率，同时扩大资助经费的来源渠道，着力改变当前高度依赖国家财政拨款的研究生培养投资机制，逐渐健全研究生教育成本分担机制，让作为研究生成本分担主体的国家和政府、家庭和个人、学校和导师、社会捐赠等都能分担一定的教育成本，使得政府对研究生教育的支持慢慢地由完全成本承担者变为政策宏观调控者，形成以政府财政拨款为主、多渠道筹措办学经费的成本分担机制，如政府利用税收等政策工具，制定相对优惠的税收政策或建立优化社会捐赠利益补偿机制，鼓励社会团体、企事业单位和有能力的个人面向学校设立奖助学金、开展社会捐赠等。高校和研究生导师可以利用校办企业与服务、科技成果和技术转让、课题和科研经费等途径创收，积极开拓新的融资渠道。研究生教育投资多元化能在一定程度上弥补研究生全面收费政策的不足，增加研究生教育经费，缓解贫困研究生的经济压力，提高全面收费政策的被认可度，最终达到提高我国研究生培养质量、促进研究生教育持续健康发展的目的。

另外，鉴于我国研究生助学贷款在资助体系中偏低的实际，"研究生助学贷款在我国资助体系中所占的比例仅为 4.11%，而世界上大多数发展中国家助学贷款平均比例为 20%左右，发达国家则更高"[311]。政府应鼓励和开放多种形式的助学贷款项目，让企业、社会团体、个人、非银行金融机构等以助学贷款方式，为研究生提供多种贷款服务。当然，还可以鼓励导师积极参与成本分担，如导师直接承担培养费用或者设立研究生助研岗位来参与成本分担。

（二）完善研究生教育财政拨款制度

为了促进改革的顺利进行，对于已经出台的政策有必要进行细化与完善，主要包括完善政府财政拨款机制、建立健全导师项目负责机制、导师评价机制、研究生评价机制等，以此作为配套保障机制来平衡各方利益相关主体的权益[141]，使得改革能够做到有规可依、有章可循，在改革的同时保持有序与稳定，而不是简单地增加政府的投入。

1. 完善政府财政拨款机制

研究生教育作为准公共产品，社会获益和个人获益并存，且社会获益要远远大于个人获益，这是政府主动推动研究生培养机制改革的主要动力，决定了政府应该承担研究生教育的主要经费，因此，有必要加大政府对研究生教育的财政支持，完善财政拨款机制。《关于完善研究生教育投入机制的意见》中曾明确指出要完善中央部门所属普通高等学校研究生教育财政拨款制度，各地要参照中央高校研究生教育财政拨款模式，建立健全地方高校研究生教育拨款制度，加大财政投入力度。一方面政府要建立健全包括生均综合定额拨款、绩效拨款、奖助经费在内的财政拨款体系，另一方面要建立拨款标准动态调整机制，逐步提高拨款的水平。研究生教育要想长远发展，必须由研究生教育财政拨款机制作为首要支撑点，因此，政府有能力也有意愿担负起支付研究生教育经费的责任，充分发挥政府在高等教育资源配置过程中的宏观调控作用，并且在实际实施的过程中，政府还要合理兼顾中央高校和地方高校的资源差距，坚持效率优先，兼顾公平，及时给予高校更多的保障和激励措施，对所有的高校实行根据研究生培养质量、科学研究水平等因素确定的研究生教育绩效拨款机制[312]。

政府在实行财政拨款制度时，将绩效思想和方法运用其中，这在一定程度上引入了竞争机制，但在具体实施过程中，由于不健全的绩效评价制度和不完善的具体评价标准的存在，绩效拨款过程中存在着很多不公平的恶性竞争行为，因此有必要提高拨款过程中的绩效意识，拨款的数额与学校的办学类型、专业价值等息息相关，加快建立一套完整的科学绩效考评流程和制度，让教育经费的流向有理可依，规范竞争中的不公平行为，创建更具活力和公平性的竞争机制，丰富高校办学环境的活力。建议完善有关财政拨款方面的立法制度，规范政府的行为，通过建立专门的研究生教育政府拨款的监督部门，作为中介机构存在于高校和政府之间，负责高校的非竞争性事业经费拨款和竞争性的科研经费拨款，监督高校资源配置的全过程，进而减少政府对高校的过多干涉和政府对高校政策的倾斜，扩大高校研究生教育的办学自主权，或者通过建立学生上诉制度从而形成有媒体、社会公众广泛参与的全民舆论监督机制[313]，一旦发现不符合规定或腐败的行为，必须严肃处理，不仅要有制度的约束，还要通过有效的行政管理和行政手段的作用来改善政府拨款行为。

与此同时，建议实行信息公开机制，以保障科研经费分配的公开化和透明化。建议完善竞争性科研经费的拨款方式，相同层次的高校和专业之间有必要设置绩效考评和竞争机制，因为同类高校和专业比较的方式才能体现真正意义上的绩效竞争，保证竞争的公平和公正。在此过程中，还要注意部门之间可能会由于对利益的分割而出现对经费资源的垄断，进而影响高校在公平竞争的环境中获得应有的经费。对于弱势高校或弱势学科，还可以通过设置相应的扶贫资金项目来帮助与支持。

2. 建立健全导师项目负责机制

自从研究生培养机制改革之后，研究生导师发挥着越来越重要的作用，以科学研究为主线，逐步强化研究生导师在科研活动中培养创新人才的导师项目负责机制也应运而生，但在具体实行过程中却发现，理科类、工科类等课题经费相对较多的学科对导师项目负责制并没有太多的抱怨，相反，课题经费相对较少的人文社会科学类却表现出对此机制的不满。此项机制是在借鉴发达国家研究生导师项目负责机制的基础上提出来的，具体要求是拥有课题经费的导师才有资格指导研究生，没有课题经费的导师一般不允许带研究生，但并非所有的高校都是这样，如美国普林斯顿大学的人文社会科学类，导师自己不仅不需要缴纳助研经费，学校还会出钱补贴相应的费用。此外，也有学校实行导师不直接资助，而是帮助研究生向有关基金申请研究生助研经费。总之，国外研究生助研经费并非全都出自导师，有些弱势学科还是需要学校出资进行保护的。我国在建立导师项目负责机制时，虽然也有积极借鉴国外经验，但很少考虑到我国的实际情况。多数高校在实施改革方案时，采取的是所有学科"一视同仁"的态度，并没有对人文基础学科"区别对待"，要求人文基础学科的导师同样缴纳助研经费，并且与理工科导师缴纳的费用相差不大。众所周知，理工科类的导师课题无论是在数量上还是经费额度上均比人文基础学科的导师多，要求缴纳差别不大的助研经费未免会引起学校对人文基础学科重视程度不够的表象。

因此，我国在进行研究生导师项目负责机制改革时，要合理借鉴国外经验，不能一味秉持"拿来主义"，也要注意特殊情况，懂得结合学科间的差异与我国的国情。为了促进学科之间的平衡发展，像某些需要保护的基础学科，学校要采取措施予以保护和倾斜，导师在招生时要给予支持与帮助，并适当取消助研经费的缴纳。

3. 建立科学有效的导师评价机制

研究生导师是决定研究生培养质量的关键因素，研究生培养机制改革的核心内容便是引入动态竞争机制，它打破了以往导师招生名额的平均分配制度，但是目前许多高校都缺乏科学有效的评价机制来约束导师的行为，极不利于导师制度的良性发展。基于此，建立科学有效的导师评价机制，综合考量研究生导师的道德素养、科研能力，以及培养学生是否用心等方面，从而打破约定俗成的"终身制"，增强导师的责任意识和岗位意识，提升研究生导师队伍的整体素质，保障研究生的培养质量。

目前我国研究生主要采取的是由导师对研究生的科研、学习、生活等方面进行指导的"导师制"人才培养方式，在这种培养模式下，研究生与导师的关系和谐与否将直接影响研究生的学业以及未来的职业成就，影响高校人才培养的功能。近几年关于硕士论文抄袭等事件在网络上引起了广泛的热议，事件体现了研究生与导师关系的异化，而最终的根源是缺乏科学有效的导师评价机制。为了建立科学有效的导师评价机制，本书主要从以下三个方面提出改进策略。

（1）多元化评价主体的参与。学习和借鉴国外多元化评价体系，淡化高校对研究生导师的行政评价作用，积极鼓励研究生评价、同行评价、自我评价以及社会其他评价主体的参与。

研究生是研究生教育阶段目标的受益者，对导师的道德修养、学术水平、指导效果也最为了解，理应成为导师评价机制的主体，但在评价之前首先要明晰学生评价侧重于对导师在学习、科研、就业方面的指导情况，其次有必要对研究生进行指导与教育，让研究生知悉评价的目的与意义，尽可能地做到客观、公正，保证评价结果的真实有效，为此，可以根据不同学科特点采取不同的评价方式，如调查问卷、小型访谈等。

同行评价能够客观地反映出导师的科研成就、学术地位，但要避免"同行相轻"现象的发生[314]，高校研究生教育管理部门可以成立专家评价委员会，通过聘请校内校外知名学者、教授组成评估小组，依据评价指标体系对导师做出评价。

开展研究生导师自我评价可以提高导师的自我参与度，研究生导师是注重学术声誉和社会影响力的知识群体，理应调动导师的主动性、积极性，在评价过程中注重自我监督、自我改进、自我激励与自我约束。

社会其他评价主体的参与可以侧面反映出导师在社会的影响力、知名度，高校可以不定期组织由实习单位、研究生导师代表参加的座谈会以了解来自社会的评价信息，为评价导师提供参考，进而激励导师不断提高学术水平，提高研究生的培养质量。教育行政部门也可以成立第三方专业教育评估机构，对研究生导师的指导效果、培养质量进行考量。

（2）差异化的评价标准。研究生培养机制的改革要求各高校结合研究生类型和学科类型的不同制定一套科学有效的研究生导师评价机制。首先是培养体系要体现差异化，根据研究生培养类型的不同制定分类的学科培养标准、课程体系以及毕业要求；其次由于学术型研究生与专业型研究生的培养目标不同，对导师在学术水平、科研能力等方面的评价要求也要体现差异化。总之，对导师评价指标体系的确定既要充分考虑学科之间的差异性，还要合理兼顾各学科特点或按照学科大类来制定评价规则。

（3）评价内容全面化。为了充分发挥研究生导师评价机制的激励作用，评价内容不能仅看重导师的科研成果，这样极易产生导师唯论文、唯科研的倾向，还要重视对导师育德树人方面的评价，包括导师自身的道德修养、课堂教学情况，还要重点突出导师对研究生指导成效方面的评价，在此过程中，运用定性评价和定量评价相结合的方式，对研究生导师进行科学合理、具有可操作性的全面评价。

4. 建立科学有效的研究生评价机制

研究生评价机制的实行对研究生的质量调控和把关起着非常重要的作用[315, 316]，在实际操作中，采取何种指标对研究生进行评价，以衡量研究生的能力，进而确定总的评价机制是需要我们考虑的现实问题。现行学科种类繁多，且研究生教育阶段涉及的因素众多，导致对研究生的评价考核也逐渐趋向复杂化，难以通过可量化的考核内容得知研究生的学习及科研水平，所以，建立科学有效的研究生评价机制，切实提高研究生的培养质量，是我国研究生教育阶段亟须解决的现实难题。

研究生通过层层选拔进入高校就读之后，为了保证培养的质量，高校还需要对研究生进行定期的阶段考核，只有通过每个阶段的考核，才有资格进入下一阶段继续学习，阶段性考核主要包括：研究生在读期间所学课程的成绩考核；马克思主义理论课程成绩和政治态度、参加课外活动情况、学习态度等指标综合而成的政治思想素质考核；研究生发表论文的数量以及刊物级别的科研能力考核；参加外语、计算机等全国基础考试的综合技能考核。

随着高等教育人才需求的不断扩大，社会对研究生的要求也开始"水涨船高"，对每位研究生进行客观公正的评价既是对研究生自己负责，也是对社会负责。为了建立科学有效的研究生评价机制，可以从以下三个方面进行改进。

（1）考核方式强调灵活性。针对目前课程考核注重考试和论文的形式，有必要加大对学生学习过程的考核力度，教师需要改变以往"灌输式"的教学方式，采取更具创新、更能提高学生学习兴趣的课堂教学模式，比如在课堂中分小组对问题进行讨论与交流，考察学生的逻辑思维能力、语言表达能力以及团队协作能力，这样，不仅能调动学生学习的兴趣，还能获得更公正的考评结果。

（2）价值追求强调多元化。每个人都是独一无二的，都有各自不同的特点，存在异质性，有的学生擅长理论学习，有的学生则擅长科学研究[317]，鉴于此状况，应该对研究生实行多元化的评价机制，不仅注重学习成绩，还要注重创新能力的培养。例如，对具有较强科研能力的学生可以适当放宽对理论课程的成绩要求，督促学生在校期间加强薄弱学科的学习[318]，同时改变考核标准一致化的形式，使具有不同特点的学生都能发挥自己的优势，为社会复合型人才的培养提供保证。

（3）评价体系强调完善性。目前研究生评价体系存在的最大问题便是不同考核内容所占比重有待改进，应该适当调整课程成绩和科研成绩两部分的评价比重，转移学生学习和生活的重心，增加参与课外活动的机会，丰富校园生活，开阔视野，也为之后的学习和科研开拓思路[319]，加大对研究生各个环节的考察力度，使研究生评价机制的实际效用得到发挥，为研究生教育质量的提高保驾护航。

（三）完善研究生学费定价制度

从现行的收费方式来看，原则上现全日制学术型硕士研究生学费不超过8 000元/（人·年），博士研究生不超过10 000元/（人·年），而全日制专业型硕士研究生暂执行原收费政策，具体的收费标准由高等学校所在地省级教育行政部门提出，经省级价格、财政部门审核并报省级人民政府批准后执行，同时报国家发展和改革委员会、财政部、教育部备案。研究生学费按学年收取，不得提前预收，学费收入将按照规定纳入财政专户管理，实行"收支两条线"，由高等学校统筹用于研究生教学、科研、改善待遇等支出[320]。但是从访谈中了解到，多数研究生认为现在的学费标准不合理，应该下调，尤其是对于专业型硕士研究生，他们大多认为所交学费已超10 000元，强调应下调，并且应合理规范收费标准。从问卷调查中发现，52.1%的研究生认为学费标准不应该设置相同。另外，从研究生家庭所在地来看，52.5%的研究生来自农村，这样"一刀切"的收费标准对于贫困生而言会造成一定的家庭经济压力，易出现因教致贫、教育不公等问题。

另外，从教育资源分配上来看，调查显示 38.6%的研究生对于"就目前所在高校提供的教育资源，认为已交的研究生学费是值得的"该题的态度表示一般，并且有 23.8%的研究生持不同意态度，基于上述现状，教育资源的投入与学费收取并不匹配，存在教育资源分配低下的问题。另外，根据学校层次（"985"工程高校、"211"工程高校和一般院校）的划分，研究者对于三类高校的研究生均进行了访谈，一般院校的研究生大多表示所能利用的教育资源很少，学校没能提供较好的科研条件与平台，而"985"工程院校的研究生对于教育资源的态度与之相反，纷纷表示满意。以上从一定程度上表明虽然已实行收费，但是依然存在教育资源投入低下、分配不公等问题，尤其体现在不同层次高校间的教育资源分配差距上。

虽然收费标准受诸多因素的影响而难以确定，但不能因此产生畏难情绪，收费标准的确定对研究生教育发展关系重大。此外，数据分析表明研究生全面收费政策被认可度在研究生类别、入学年份、家庭所在地、家庭年收入、月支出等人口学变量上存在显著差异，而政策被认可度较低的主要原因就是学费标准不够科学合理。因此，收费标准的确定应该在考虑各培养单位实际教育情况的基础上，在事业性和效益性相结合的原则下，联系实际构建研究生成本核算体系，根据科学的成本预算优化收费结构，实行分段收费标准，还要考虑各高校、专业、学科间的差异性。与此同时，还要积极发挥广大研究生、社会公众的监督作用，加强对研究生收费制度的监督与管理，提高研究生对收费政策的认可度。

1. 构建研究生成本核算体系

为合理制定高等学校学费标准，提高教育收费决策的科学性，2005 年 6 月 8 日，国家发展和改革委员会印发《高等学校教育培养成本监审办法（试行）》，研究生教育阶段成本核算项目的确定主要还是依据国外相关规定和本专科教育的经验，主要的原理和方法也是在研究生教育未实行收费制度之前建立的，与当下研究生收费制度背景是不相符合的，不能再以此作为研究生学费定价的依据。因此，应该结合我国研究生教育的实际情况构建分层次分类别的新的研究生成本核算体系，充分考虑我国居民的平均经济承受能力、研究生在劳动力市场的供求和预期收益以及是否与本科阶段的教育相衔接等因素，遵循时效性、动态性、差异性的原则，剔除掉不科学不合理、与研究生培养无关的收费项目，避免滥支、高估成本造成收费标准不合理的局面，与此同时，各研究生培养单位要牢固树立成本意识，降低不必要的成本支出，提高教育经费的使用效率。此外，还要充分发挥市场的优势，有效地将政府与市场结合，形成双重效率机制[313]。政府虽然在学费定价中占据主导地位，但政府并未掌握全部相关信息，政策的制定多是站在行政管理的视角，导致决策存在局限，这种情况下，可以引入市场机制调节研究生教育规模与结构，鼓励运用社会资源发展研究生教育，弥补政府教育投入的不足，平衡研究生教育的供求结构，从而制定出真正符合我国现实国情的研究生教育成本核算体系。

2. 实行研究生分段收费标准

研究生在不同阶段的学习性质不同，其责任和贡献也有所不同。我国可以借鉴美国高校，实行研究生分段收费制度[321]。在课程学习阶段，学校付出了较高的成本，此时收取较高的学费是合理的。但是，在研究生独立自学，学校在提供设施以外付出不多的阶段，就应该适当地少收学费。我国硕士研究生的培养模式一般分为两个阶段：前一年或前两年进行课程学习，最后一年撰写毕业论文。在研究生课程学习阶段，学生从学校提供的课程教学中获得专业知识和提高自身能力，缴纳较高的学费是合理的；高年级时研究生基本上没有课程学习，而是在进行创造性研究，是在发掘和贡献自己的价值，此时收费标准应适当下调。尤其是进入博士阶段的研究生，他们已经从学习转为研究、从获取转为贡献，此时不仅不应该付费，还应该获得一定的薪酬补贴。按不同学年段收取差异性的学费更符合高等教育"谁受益谁付费"的原则，这样的收费标准更加科学、合理、公平，有利于降低研究生的读研费用，降低读研的机会成本，提高研究生对于收费政策的满意度，优化教育资源配置效率，让收费政策运行得更为顺畅。

3. 制定差异化学费标准

研究生学费标准"一刀切"的形式没有兼顾学校所处地区、层次和学科专业的差异，实际上间接削弱或者取消了对弱势学科、专业和学校的支持。我国幅员辽阔，地区差异明显，加之高校之间教学质量、就业率等本身就存在一定的差距，专业、学科实力也是如此，研究生理性选择必然是优中选优，已然存在的专业之间的差距会因为研究生专业选择上的劣势而持续发酵，导致学校、专业对比差距上的"马太效应"，如普通高校由于各种历史原因的存在，招生始终遇到瓶颈，有的专业一连三年都出现无研究生报考的现象，严重影响学校的长期发展。因此，应当根据不同的地域、学科、专业等因素制定差异化的学费标准，这有利于帮助有科研天赋的弱势群体跨入研究生教育的大门，平衡生源流向，如根据收益原则，较高收益的学校和专业理应收取较高学费，但是不能超出最高标准，可以适当增加基础学科和弱势学科公费生的比例；根据市场的供求规律，热门学校与专业收取学费理应高于其他学校和专业，以促使高校关注劳动力市场；根据学生的家庭收入水平、地区差异等差额收取学费，学费标准理应倾斜于经济压力较大的学生群体，对于特困生应加大资助力度与享受面以保证其公正运作，以免滋生再生性的公平问题，逐步完善研究生分类收费标准。

4. 完善研究生学费监管制度

研究生收费制度的确定，还需要设置相应的监督管理制度，以保障学费制度的有效实施，因此，可以从以下几个方面完善研究生学费监管制度。

（1）建立学费价格听证会制度。目前研究生收费标准主要由政府确立，市场机制协同调节，但市场调节并不是万能的，而且研究生收费标准的确定事关广大群众的切身利益，因此，学费价格的制定除了考虑政府、市场的供求关系外，还应该充分听取公众的意见，所以需要通过建立学费价格听证会的形式引入第三方监督机制。

学费价格听证会的实行一方面可以为政府的决策提供信息来源，约束政府的定价行为，保证学费政策的科学性，另一方面可以保障公民的权利和权益，使大多数人都可以享受到公平的教育机会，监督市场机制竞争下不公平现象的发生，实现学费政策的可行性[322]。由于研究生学费制度涉及众多的利益主体，听证会的成员也要涵盖各个相关利益者，如政府机构、高等学校、研究生及其家庭[88]。政府作为学费定价的主导者，要积极鼓励学费价格听证会的开展，会议举办之前还需向各方代表提供高等教育成本信息、居民平均收入信息以及经济承受能力信息等，会议举办过程中要认真听取来自各方代表的利益诉求，以期实现研究生教育的可持续发展；高等学校作为研究生收费制度改革的执行者，也需要将本校学费的制定标准向其他代表阐明；研究生代表可以是已经毕业的，也可以是在读研究生和还未入学的准研究生，已毕业研究生可以客观地发表自己对研究生收费制度的意见与想法，准研究生则有权利知晓研究生教育阶段自己所要支付的学费定价标准，在读研究生相对准研究生和毕业研究生，可能比较了解本校学费的定价标准，与此同时也会忽视对自身权益的诉求；研究生家庭代表主要是阐明家庭对子女研究生教育阶段学费的支付能力以及家庭经济状况。除此之外，学费价格听证会还会邀请相关专业学者，他们可以依据政府提供的学费定价资料，客观地提出可供选择的学费实施方案。综合听证会上各方代表的意见，研究生学费定价会更科学合理，易于被各相关利益主体接受。

总之，充分发挥学费价格听证会等社会监督体系的作用，通过建立社会监督体系，研究生能与高校公平对话[323]，能够运用社会公众和舆论的力量保护自己的合法权益不受损害。只有这样，高校、研究生、政府之间才会形成相互制衡的关系，政府可以提供政策支持，确保经费的投入；高校可以自我管理、自我约束，确保研究生的培养质量，自觉接受社会的监督；研究生本人也可以依据相关法律，自觉履行相关义务，主动维护自身权益，监督研究生收费制度的顺利实施。

（2）加强高等学校经费的预算管理。预算管理贯穿于高校经费预算编制、执行、监督和分析的全过程，是高校财务工作的主线，是顺利进行一切财务活动的前提和依据，加强高等学校的预算管理有助于提高研究生教育经费的使用效率。一方面，建立学校预算执行委员会、财政委员会为主体的高校预算管理体制，明确经费预算的收入和支出范围，科学合理划分预算的控制科目[324]；另一方面，加强对预算工作的审计力度，保证高校经费分配和使用的规范性、科学性和合理性。

（四）完善研究生配套制度，健全激励机制

一方面，要逐步建立和完善研究生奖学金制度，提高研究生奖学金的额度和扩大研究生奖学金的范围，这不仅能够吸引优秀的研究生进入研究生教育阶段继续深造，激发其学习的积极性和潜力，还能解决他们的后顾之忧，使其成为激发研究生教育活力的重要机制。另一方面，也要进一步规范奖学金的制度标准和程序，而不是简单地增加经费，尤其要特别关注不同学校、学科之间已然形成的强弱对比，充分发挥政策体系的杠杆作用，以此来弥补和支持处于竞争劣势的培养单位、学科和专业，主要包括以下几个方面。

1. 完善奖学金动态评价机制、强化奖学金激励作用

研究生奖学金制度是研究生全面收费政策的重要组成部分，也是调动研究生积极性和主动性的重要激励制度，奖学金评定标准合理与否直接影响着全面收费政策的效度。根据研究结论，实施全面收费政策以前入学的研究生的学业满意度和科研满意度均高于实施收费政策以后入学的研究生，这说明奖学金的评定并没有给研究生带来预期的激励作用。有些学校并没有分档设定奖学金标准，或虽然对奖学金进行了分档，但是差别不是很大，因而不能有效地区分研究生在学习方面的努力程度；还有些学校评审标准中"社会工作"的权重未尽合理，研究生通过担任学生干部或者参加课外文体活动就可以获得很高的分值，相比起漫长、枯燥而艰苦的科研过程，更多的研究生更愿意走"社会工作"的"捷径"。

设置奖学金的初衷旨在奖励支持表现良好的研究生更好地完成学业，激发研究生学习动机，让其调整学习策略，积极主动地潜心学术与科研，发表高质量学术论文，积极参与学术活动。但是现有的奖学金评定标准不仅增加了研究生学习生活的负担，也使研究生学习的目的和动机更趋功利化，带来研究生之间的无序竞争。主要表现在以下几个方面。

（1）评价机制动态化。每一学年视不同实际情况、学年特点灵活调整，一年级依据考研入学成绩，二年级应倾斜于课程成绩+学业表现，三年级则应注重学业表现+科研成果，当然还应综合考虑其他重要因素。例如，参加学术相关活

动情况、课外竞赛活动参与情况等。

（2）评价等级金额梯度缩小化。访谈中不少同学表示"甲、乙、丙三个等级奖学金额差距过大，尤其是对于丙等，其实到了研究生阶段，学业表现都不会太差，可能仅比别人少参加了一个活动而已"，另外，部分"985"工程院校研究生表示"学校把这个政策屏蔽掉了，基本都能拿到一样的奖学金 8 000 元，与学费完全相消，所以学业奖学金激励作用不大"。如此看来，部分高校并没有将学业奖学金等级化，可能考虑到让研究生能够不受奖学金影响而潜心学术，但这样并不能体现"奖学"作用。然而，大多数高校将奖学金进行差异化是为了奖励有良好学业表现的学生，但是等级差异化的同时理应适度把握这个差异度，应既能体现一定竞争激励作用又能权衡学生心理，从而不失偏颇，不能让学生将奖学金功利化而弱化了奖学金的真正作用。

（3）评价标准分档化。首先，分档设置合理的评价标准，每一个评价等级应有其最低标准，根据学生的综合表现一一对应各档次最低标准，虽然这个评价过程有些烦琐但能让研究生保证基本学习要求。其次，在制定标准时要充分考虑学科特点、兼顾研究生综合在校表现以及学生意见。奖学金的评价标准要体现维果茨基的最近发展区理论[325]，让更多的研究生能积极地看到适合自己发展和突破的目标所在，进而激发和调动内在动力，实现自我发展和突破。

（4）评价主体应纳入导师。现有的评价过程主要是由学生个人提交真实申请材料，班干部依据材料和学院评定标准进行分数整理计算，再交由学生会干部、学生辅导员、院系领导逐一确认并公布最终结果。上述过程涉及多个评价主体，在一定程度上体现了评价主体的多元化、评价过程的公正性，可整个过程却忽略了一个重要评价主体，即研究生导师，实际上，导师对于研究生的学业表现最具发言权，其对研究生的学习表现根据每次师门会议、参与课题等情况均有清晰了解，故评价主体应加入导师，发挥导师在奖学金评定中的具体作用。

（5）研究生之间应树立合作意识。虽然奖学金评选是针对个人的表现做出综合评价及奖励，但是研究生与研究生之间的学习关系不能被异化，不能为了一点利益而影响同学间的友谊，研究生间应加强合作，相互间多交流沟通、和睦相处，对待学术与科研应以"增强学习动机、提高科研能力"为重，而非为了奖学金或者荣誉弄虚作假。

综上所述，一个动态的奖学金评价机制理应张弛有度、科学客观、规范有理，一套科学合理的奖学金评价标准理应不失公允、真实可靠，计量化指标和综合评价相结合，一个完整的评价主体体系理应涉及方方面面但有所侧重，这样才能充分保证评价结果的公正性，才能让奖学金真正起到"奖学"激励作用，从而激发研究生潜心学术与科研的积极性。

2. 完善国家助学贷款制度，做好贷款工作的认定与监督

伴随研究生全面收费政策的顺利实施，社会大众对研究生助学贷款制度的关注度也日益提高，贷款的对象也已从本科生扩大到研究生，助学贷款政策的完善对研究生而言是减轻家庭经济负担、获得入学机会的最佳途径。但访谈发现，高校、学生对国家助学贷款政策并没有表现出很高的积极性，政策的实施也没有真正起到帮助贫困研究生顺利完成学业的作用。因此，完善国家助学贷款制度势在必行。

其一是打破传统上单一的助学贷款形式，加快构建既包含政策性贷款又包括商业性贷款，既包含贴息、免息贷款又包含非贴息贷款的多样化助学贷款体系，扩大助学贷款的规模和范围[313]。

其二是国家出台针对研究生教育的助学贷款政策，可以适度放宽贷款条件，简化贷款程序，提高贷款金额，以保障研究生的学费、住宿费和生活费，同时延长还款期限，提供灵活多样的还款方式，如除了按照与银行签订的还款合同定期还款以外，还可以设定按照收入比例还款的形式，或者对毕业后去经济欠发达地区或急需行业人才的地区工作一至两年的研究生，可采取减免贷款本息的方式，这样不仅能缓解贫困研究生的还款压力，还能提高银行贷款的积极性。

其三是完善诚信监督机制，加强大学生以及研究生助学贷款相关法律法规的学习，同时完善学生的信用制度建设，建立个人诚信信息系统与社会信用体系[326]，采取信息共享机制将学生是否按时还款的信息与研究生今后的就业等切身利益结合在一起，提高他们的还款意识，缓解因助学贷款而给银行带来的贷款风险，增强学生的法律意识与还款信用，一旦发现违背约定不按时还款的学生，要加大处罚力度。

其四是为增加政策的灵活性，可将研究生国家助学贷款中的学费贷款和生活费贷款相分离[327]，学费贷款的设立是为了让家庭经济困难的学生顺利进入高校接受研究生教育，保障其学业的顺利完成，而生活费贷款可以扩大贷款范围，不仅可以面向贫困生，普通学生也可以拥有申请生活费贷款的资格，这样，学生不仅可以用生活费贷款解决突发问题，还可以根据自身情况，有意识地培养自我理财意识，或者作为创业基金等。

3. 规范"三助"岗位管理，矫正"勤工俭学"导向

研究生"三助"是研究生全面收费政策的重要保障，"三助"岗位的设置旨在鼓励研究生积极参与助教、助研、助管三项工作，并根据研究生参与实绩给予一定薪酬资助，同时高校也在逐步加大"三助"岗位的津贴资助力度。"勤工俭学"本是促进研究生学习，但若管理欠妥，会导致研究生的学习科研时间与"勤

"工俭学"产生矛盾而影响学业，甚至过于看重"勤工俭学"的薪酬待遇而得不偿失。调查中大部分研究生认为学校的"三助"岗位设置合理度有待提高，学生们普遍认为"三助"工作与专业学习关系不大，甚至会影响学习。这就导致参加"三助"工作的研究生学业和科研成就普遍较低，也就直接影响了收费政策的实施效果。针对存在的问题，高校可以从以下几方面完善研究生"三助"工作。

首先，高校要合理规划"三助"岗位的设置。一方面，学校在设置"三助"岗位时要真正考虑实际岗位所需，不能让岗位工作设置空洞无用，仅让研究生帮忙打打杂、跑跑腿而已，应让研究生真正获得实际工作锻炼机会，应考虑以学部、院系为单位，结合不同学科门类和专业来设置助教和助研岗位，助教和助研的工作内容与研究生专业知识相结合，目的在于提高研究生专业发展和科研能力；助管工作应旨在全面培养研究生的综合素质和能力，让学生在工作中有所得。另一方面，在岗位选聘研究生时应综合考虑研究生的专业条件，要进行岗位要求与研究生所学专业的适度匹配，让研究生能够学以致用。

其次，薪资报酬上，应制定科学规范的报酬标准，根据工作量确定薪资，多劳多得，在工作时间以外的加班应适当予以补助。要建立科学合理的配套制度以保障"三助"工作报酬支付的公平，并根据当地经济发展水平、培养单位条件、研究生培养政策的改变而适时调整，鼓励同工同酬。

最后，对于研究生而言，合理规划时间尤为重要。在进行"三助"岗位申请时要结合自己的学业时间，不能为了"勤工俭学"薪酬而不去权衡学业与"勤工俭学"时间，这样会因小失大；另外，在选择岗位时要充分考虑自身所需，让自身所缺乏的能力获得实际锻炼与提升，而不是为了一点薪酬或一点综测分数而盲目选择。

总之，要完善"三助"岗位规范管理，体现"勤工俭学"实际价值，需要高校与研究生共同努力，学校在设置"三助"岗位时要考虑学生的学业时间，同时要从实际工作出发规范管理各岗位，当然研究生也应清楚学业与"勤工俭学"孰轻孰重，不能舍本逐末。

四、结语

本书通过描述研究生全面收费政策的变迁及过程，深入分析了其作为研究生培养机制改革中的重要组成部分，与研究生财政拨款制度、奖助政策体系之间的耦合关系，并从制度变迁的角度分析了研究生全面收费政策的实施是研究生教育自我发展需要、国际比较类推、社会公平需要共同推动的结果，也获得了人力资本理论、教育成本分担理论和公共产品理论的支持，因此，研究生全面收费政策是健全研究生教育投入机制，推进研究生教育综合改革和提高研究生教育质量的必然选择。本书结合全面收费政策的实施过程，分析了政策的目标达成度，无论是在政策效用还是在激励效用的发挥上都起到了应有的作用，虽然在实施过程中存在诸多不平衡性的差异，在政策的认可度和接纳度上还有待提高，在政策实施过程中存在的非预期因素需要规避，但是站在政策分析的角度，政策实施过程中出现的问题都会在政策实施结果中反映出来。本书从两个角度分析了影响研究生全面收费政策效用的因素。一方面来自政策制定过程的局限，分析教育政策的形成过程已经隐含政策限度的内生性和原发性。相应的改进建议理应是对政策的预期有恰当的判断和理性审慎的心理预期，并在后续的执行过程采取必要的措施进行规避。同时，在政策的形成过程中兼顾政策客体的利益表达，兼顾"自下而上"的政策变迁路径。另一方面则来自政策执行过程中的局限，本书分析了利益主体的兼顾不周、社会观念的冲突、现有制度的冲突、执行主体的矛盾等都会带来政策在执行过程中的扭曲和变形，从而影响政策效用的发挥，因此，相应的改进建议要从政策体系调整完善的角度进行考虑。

但是政策实施是一个非常复杂的过程，加上研究生全面收费政策的嵌入性特征，更增加了其在实施过程中的难度，加之政策效用的发挥是一个长周期和动态调整的过程，现存的各种问题可能会泛化，也可能会在调整过程中转化为其他问题，或者消除，无论如何，研究生教育作为我国高等教育中最富创新、创造性的阶段，也是与社会生产活动结合最密切的阶段，希望本书的研究成果能够为我国研究生培养机制改革做阶段性的思考。当然，本书在前期研究和后期撰文过程中还存在诸多不足和未尽完善之处，也希望以此抛砖引玉，更希望引起其他研究者在研究生教育改革和提升研究生教育质量方面有更多的研究和思考。

参 考 文 献

[1] 财政部，国家发展改革委，教育部. 关于完善研究生教育投入机制的意见[EB/OL]. http://www.gov.cn/zwgk/ 2013-03/04/content_2344351.htm，2013-03-04.

[2] 王蓉，魏建国. 关于完善我国研究生教育投入体制机制的思考[J]. 中国高等教育，2012，（10）：15-18.

[3] 董天鹅. 我国硕士研究生教育收费的理据和政策研究[D]. 陕西师范大学硕士学位论文，2006.

[4] 樊来耀，徐毓龙，秦荣. 美国高校办学经费筹措体制研究[J]. 学位与研究生教育，2001，（11）：38-40.

[5] 李本松. 研究生教育全面收费政策之解析[J]. 黑龙江高教研究，2015，（9）：79-81.

[6] 杨明，赵凌. 论普通高校十年扩招中经费投入的特征、问题及对策[J]. 浙江大学学报（文社会科学版），2012，42（5）：165-177.

[7] 杨颉. 对研究生教育的扩招以及发展的若干思考[J]. 中国高教研究，2004，（5）：40-43.

[8] 康永刚，许玉镇，杨洲. 导师在研究生思想政治教育中的作用及其制度建构[J]. 思想教育研究，2010，（12）：103-106.

[9] 袁本涛，延建林. 我国研究生创新能力现状及其影响因素分析——基于三次研究生教育质量调查的结果[J]. 北京大学教育评论，2009，7（2）：12-20.

[10] 马磊，李昊禹. 美国高校研究生资助体系研究[J]. 国家教育行政学院学报，2011，（12）：90-93.

[11] 杨溪. 教育部直属高校研究生收费标准研究[D]. 湖南大学硕士学位论文，2006.

[12] Chatterton P, Goddard J. The response of higher education institutions to regional needs[J]. European Journal of Education, 2000, 35（4）：475-496.

[13] Slaughter S, Rhoades G. Academic Capitalism and the New Economy：Markets, State, and Higher Education[M]. Baltimore：The Johns Hopkins University Press, 2004.

[14] Stephens J C, Hernandez M E, Román M, et al. Higher education as a change agent for sustainability in different cultures and contexts[J]. International Journal of Sustainability in Higher Education, 2008, 9（3）：317-338.

[15] 张文立，孔海燕. 我国研究生教育全面收费政策探析——基于萨缪尔森"公共产品理论"的思考[J]. 山东工商学院学报，2015，29（6）：103-107.

[16] 孙也刚. 论研究生教育成本补偿[J]. 高等教育研究，2003，（3）：45.

[17] 卢晓东. 在市场中确定成本约束的研究生学费定价与财政资助——解决成本分担比例问题的第二种技术方案[J]. 比较教育研究，2006，（6）：65-70.

[18] 周群英. 硕士研究生教育个人投资成本—收益分析[D]. 武汉大学硕士学位论文，2004.

[19] 辛均庚. 我国研究生教育与高层次人才流动的关系研究[D]. 云南师范大学硕士学位论文，2006.

[20] Carnoy M. 教育经济学国际百科全书[M]. 2版. 闵维方，等译. 北京：高等教育出版社，2000.

[21] 卢晓东. 研究生学费定价与资助政策[J]. 高等教育研究，2003，24（5）：73-79.

[22] 孔青. 基于人力资本理论的高等教育个人收益分析[J]. 教育与职业，2010，（24）：167-169.

[23] Spence M. Job market signaling[J]. Quarterly Journal of Economics，1973，87（3）：355-374.

[24] Riley J G. Informational equilibrium[J]. Econometrica，1979，47（2）：331-359.

[25] Stiglitz J，Weiss A. Alternative approaches to analyzing markets with asymmetric information[J]. The American Economic Review，1983，73（1）：246-249.

[26] 袁丹，吴红. 研究生学习动机与行为浅析[J]. 科教导刊（上旬刊），2010，12月（上）：38-39.

[27] 刘喆. 新时期硕士研究生学习动机现状调查与激发对策研究——以江西省A大学为例[D]. 江西师范大学硕士学位论文，2015.

[28] 章志光. 心理学[M]. 3版. 北京：人民教育出版社，2002.

[29] 陈琦，刘儒德. 当代教育心理学[M]. 北京：北京师范大学出版社，2008.

[30] Wolters C A. Self-regulated learning and college students' regulated of motivation[J]. Journal of Educational Psychology，1998，90（2）：224-235.

[31] Rigney J W. Learning strategies：a theoretical perspective[C]//O'Neil Jr H F. Learning Strategies. New York：Academic Press，1978：165-205.

[32] Dansereau D F. Learning strategy research[C]//Segal J W，Chipman S F，Glaser R. Thinking and Learning Skills（Vol.1）. Hillsdale：Erlbaum，1985：209-240.

[33] Wenden A，Rubin J. Learner strategies in language learning[J]. Modern Language Journal，1987，74（4）：509.

[34] Chamot A U，O'Malley J M. The cognitive academic language learning approach：a bridge to the mainstream[J]. TESOL Quarterly，1987，21（2）：227-249.

[35] Sander S I，Duffy T M. Reading skills，reading requirements，learning strategies，and

performance in navy technical schools[Z]. 1982.

[36] Derry S J, Murphy D A. Designing systems that train learning ability：from theory to practice[J]. Review of Educational Research，1986，56（1）：1-39.

[37] Cook V J. Fundamental concepts of language teaching[J]. System，1985，13（3）：291-294.

[38] Weinstein C E, Mayer R E. The teaching of learning strategies[J]. Innovation Abstracts，1983，5（32）：1-4.

[39] Mayer R E. Learning strategies：an overview[C]//Weinstein C E，Goetz E T，Alexander P A. Learning and Study Strategies：Issues in Assessment，Instruction，and Evaluation. New York：Academic Press，1988：11-22.

[40] Ellis R. The Study of Second Language Acquisition[M]. Oxford：Oxford University Press，1994.

[41] Stern H H. Fundamental Concepts of Language Teaching[M]. Oxford：Oxford University Press，1983.

[42] 刘电芝，黄希庭. 学习策略研究概述[J]. 教育研究，2002，（2）：78-82.

[43] O'Mallay J M, Chamot A U. Learning Strategies in Second Language Acquisition[M]. Cambridge：Cambridge University Press，1990.

[44] Oxford R L. Language Learning Strategies：What Every Teacher Should Know[M]. New York：Newbury House Publishers，1990.

[45] 王高. 提高高中物理中等生学业成就的教学策略研究[D]. 苏州大学硕士学位论文，2010.

[46] 陆莹莹. 女大学生的学业成就与社会角色研究[D]. 上海交通大学硕士学位论文，2010.

[47] 赵学勤. 走向人文的小学生学业成就评价[J]. 教书育人，2005，（24）：36-37.

[48] Nietzel M T, Harris M J. Relationship of dependency and achievement/autonomy to depression[J]. Clinical Psychology Review，1990，10（3）：279-297.

[49] 吴明证. 内隐自尊[M]. 上海：上海交通大学出版社，2016.

[50] 刘刚. 大学生创业政策效用评价研究[D]. 天津大学博士学位论文，2016.

[51] 罗竹风. 汉语大词典（第11卷）[M]. 上海：汉语大词典出版社，2001.

[52] 中国社会科学院语言研究所词典编辑室. 现代汉语词典（汉英双语）[M]. 北京：外语教学与研究出版社，2002.

[53] 张振改. 教育政策的限度研究——来自个案的启示[D]. 华东师范大学博士学位论文，2006.

[54] Easten D. The Public System[M]. New York：Knopf，1953.

[55] 奥尔森 M. 国家兴衰探源——经济增长、滞胀与社会僵化[M]. 吕应中，陈槐庆，吴栋，等译. 北京：商务印书馆，1999.

[56] 苏春江. 财政管理创新促进城乡一体化研究[M]. 北京：中国科学技术大学出版社，2014.

[57] Schultz T W. Investment in human capital[J]. The American Economic Journal，1961，51（1）：

1-17.

[58] 王军旗，张康. 西方经济理论本土化研究[M]. 北京：企业管理出版社，2016.

[59] 赵曙明. 国际企业：人力资源管理[M]. 5 版. 南京：南京大学出版社，2016.

[60] 王祖益. 从人力资本投资理论谈研究生教育实行收费[J]. 学位与研究生教育，2000，（4）：53-55.

[61] 陈爱娟，万威武. 关于我国高等学校学费标准的实证分析[J]. 高等教育研究，2002，23（6）：44-49.

[62] 舒尔茨 T W. 论人力资本投资[M]. 吴珠华，等译. 北京：北京经济学院出版社，1990.

[63] Johnstone D B. Sharing the costs of Higher Education：Student Financial Assistance in the United Kingdom，The Federal Republic of Germany，France，Sweden，and the United States[M]. New York：The College Board，1986.

[64] 林文达. 教育经济学[M]. 台北：三民书局股份有限公司，1984.

[65] 衷景州. 教育投资经济分析[M]. 北京：中国人民大学出版社，1996.

[66] 袁连生. 我国居民高等教育支付能力分析[J]. 清华大学教育研究，2001，（3）：162-169.

[67] 孟东军，褚超孚. 我国研究生教育学费标准和实施方案初步研究[J]. 中国高教研究，2004，（2）：26-29.

[68] 冯帮，向光富. 教育知识与能力[M]. 南京：南京大学出版社，2015.

[69] Atkinson J W. An Introduction to Motivation[M]. New York：Van Nostrand Reinhold，1964.

[70] 代晶晶. 硕士研究生学习动机的影响因素及其自我激发策略[J]. 云南电大学报，2007，9（4）：29-32.

[71] 鲁世明. 高中物理学习策略的培养研究[D]. 苏州大学硕士学位论文，2010.

[72] 吴越. 大学生学习策略与场认知方式、学习风格、学习动机以及学业成就关系的研究[D]. 陕西师范大学硕士学位论文，2004.

[73] Nunan D. Strategy training in the language classroom：an empirical investigation[J]. RELC Journal，1997，28（2）：56-81.

[74] 纪康丽. 外语学习中元认知策略的培训[J]. 外语界，2002，（3）：14，20-26.

[75] 姚本先. 高等教育心理学[M]. 合肥：合肥工业大学出版社，2005.

[76] Brown H D. Affective factors in second language learning[C]//Alatis J E. The Second Language Classroom：Directions for the 1980s. New York：Oxford University Press，1981：111-129.

[77] Stern H H. Fundamental Concepts of Language Teching[M]. Oxford：Oxford University Press，1983.

[78] Arnold J. Affect in Language Learning[M]. Cambridge：Cambridge University Press，1999.

[79] 张岩. 场域理论视角下的研究生收费并轨政策分析[D]. 东北财经大学硕士学位论文，2013.

[80] 艾舍尔 J C. 欧洲的高等教育投资模式[J]. 国际高等教育研究，2001，（2）：18-24.

[81] 张红峰，谢安邦. 高等教育投资模式的分类、比较与思考[J]. 中国高教研究，2008，（5）：24-27.

[82] 干勤. 中国高等教育个人投资负担水平研究[M]. 北京：科学出版社，2009.

[83] 张民选. 英国大学生资助政策的演进和启示[J]. 比较教育研究，2007，（5）：1-6.

[84] 衣萌，王腾飞，牟晖，等. 发达国家研究生收费制度与资助体系比较研究[J]. 学位与研究生教育，2014，（5）：62-66.

[85] Washington Higher Education Coordinating Board. Washington state tuition and fee report[R]. 2003.

[86] Hick N. Education and Economic Growth Economics of Education：Research and Studies Edited by Psacharopoulos[M]. Oxford：Pergamon Press，1987.

[87] 约翰斯通 D B. 高等教育成本分担中的财政与政治[J]. 李红桃，沈红译. 比较教育研究，2002，（1）：26-30.

[88] 汪亚洋. 研究生教育全面收费制度实施的前景分析——基于对云南省昆明市呈贡大学城高校的调查[D]. 云南师范大学硕士学位论文，2014.

[89] 吴开俊，陈细娣. 美国高校硕士研究生学费与资助政策探讨[J]. 广州大学学报（社会科学版），2013，12（8）：55-58.

[90] Leslie L L, Brinkman P T. Student price response in higher education：the student demand studies[J]. Journal of Higher Education，1987，58（2）：181-204.

[91] Sloan F A. The demand for higher education：the case of medical school applicants[J]. The Journal of Human Resources，1971，6（4）：466-489.

[92] Hoenack S A, Weiler W C. Cost-Related tuition policies and university enrollments[J]. The Journal of Human Resources，1975，10（3）：332-360.

[93] Bemstein A. A British to America's college tuition problem? How a radical scheme proposed by tony blair might work here? [J]. Business Week，2004，（9）：72.

[94] Flint T A. Predicting student loan defaults[J]. Journal of Higher Education，1997，68（3）：322-354.

[95] Volkwein J F, Szdest B P. Individual and campus characteristics associated with student loan default[J]. Research in Higher Education，1995，36（1）：41-72.

[96] Department of Education and Skill. The Future of Higher Education[M]. London：HMSO，St Clemeuts House，1999.

[97] Ehrenberg R G, Mavros P G. Do doctoral students' financial support patterns affect their times-to-degree and completion probabilities? [J]. The Journal of Human Resources，1995，30（3）：581-609.

[98] NSF. Graduate education reform in Europe，Asia and Americas and international mobility of scientists and engineers：proceeding of an NSF workshop[Z]. 2000.

[99] Hoffer T B，Selfa L，Welch Jr V，et al. Doctorate Recipients from United States Universities：Summary Report 2003[M]. Chicago：National Opinion Research Center，2004.

[100] Wilson B G. Metaphors for instruction：why we talk about learning environments[J]. Educational Technology，1995，35（5）：25-30.

[101] Tinto V. Dropout from higher education：a theoretical synthesis of recent research[J]. Review of Educational Research，1975，45（1）：89-125.

[102] Cabrera A，Stampen J，Hansen W. Exploring the effects of ability to pay on persistence in college[J]. The Review of Higher Education，1990，13（3）：303-336.

[103] Girves J E，Wemmerus V. Developing models of graduate student degree progress[J]. Journal of Higher Education，1988，59（2）：163-189.

[104] Cabrera A F，Nora A，Castaneda M B. College persistence：structural equations modeling test of an integrated model of student retention[J]. Journal of Higher Education，1993，（2）：123-139.

[105] Bean J P. Reviewed work：leaving college：rethinking the causes and cures of student attrition by Vincent Tinto[J]. Journal of Higher Education，1988，59（6）：708-711.

[106] Stater M. The impact of financial aid on college GPA at three flagship public institutions[J]. American Educational Research Journal，2009，46（3）：782-815.

[107] Cornwell C，Lee K H，Mustard D B. The effects of state-sponsored merit scholarships on course selection and major choice in college[Z]. 2006.

[108] John E P，Paulsen M B，Starkey J B. The nexus between college choice and persistence[J]. Research in Higher Education，1996，37（2）：175-220.

[109] 孙也刚. 论研究生教育成本补偿[D]. 北京大学博士学位论文，2002.

[110] 陈迁. 对硕士教育收费问题的思考[J]. 学位与研究生教育，2000，（1）：69-71.

[111] 郑向荣. 研究生教育收费的合理性、必要性及可行性[J]. 理工高教研究，2002，21（6）：54-55.

[112] 廖启靖. 浅议实行研究生收费教育的必要性和可行性[J]. 医学与社会，1999，12（3）：55-58.

[113] 王效仿. 研究生教育收费的必要性及收费可能产生的现实问题[J]. 清华大学教育研究，2002，（4）：39-45.

[114] 靳希斌，郑晓鸿. 个人收益——高等教育成本补偿的理论基础[J]. 辽宁高等教育研究，1999，（5）：48-51.

[115] 厉以宁. 关于教育产品的性质和对教育的经营[J]. 教育发展研究，1999，（10）：9-14.

[116] 王善迈. 论高等教育的学费[J]. 北京师范大学学报（人文社会科学版），2000，（6）：24-29.

[117] 潘军. 深化学费制度改革 发展高等教育消费[J]. 消费经济，2000，（4）：49-52.

[118] 陈娟，赵静. 经济学视角下的研究生教育成本个人分担问题[J]. 高教与经济，2007，20（3）：5-8.

[119] 刘俊. 实行研究生收费制度及若干问题思考[J]. 清华大学教育研究，2001，（4）：49-53.

[120] 邓朴，石正义，冯文全. 我国研究生教育成本分担的多元化模式初探[J]. 经济体制改革，2006，（4）：160-163.

[121] 陈淑梅. 高等学校学生培养成本个案分析[D]. 北京大学硕士学位论文，2003.

[122] 崔邦焱. 高等学校学生培养成本计量研究[D]. 北京师范大学博士学位论文，2003.

[123] 陈敬良，陈康民，袁明芳. 上海高校应实行准成本收费[J]. 上海高教研究，1998，（4）：15-19.

[124] 卢晓东. 研究生学费定价与资助政策研究综述[J]. 高等教育研究，2003，24（5）：39-43.

[125] 陈爱娟，万威武，薛伟贤. 高等学校学费水平影响因素分析[J]. 价格理论与实践，2003，（1）：46-48.

[126] 赵乐东，颜日初. 高校收费标准与我国居民的支付能力[J]. 经济经纬，2004，（1）：92-95.

[127] 苏良军，孙便霞. 高校学费影响因素及空间相关性分析[J]. 数理统计与管理，2006，25（6）：400-406.

[128] 刘桂清. 关于研究生收费的几点思考[J]. 高教研究与实践，2006，（1）：54.

[129] 钟宇平，龚放，陆根书. 中国高等教育财政筹划刍议[J]. 高等教育研究，1996，（6）：29-41.

[130] 王栾井，李茜倩，蔡越. 研究生教育收费政策研究[J]. 江苏高教，2005，（3）：107-109.

[131] 鲍威，吴宇川. 研究生培养机制改革推进及其成效的实证分析[J]. 学位与研究生教育，2011，（7）：4-10.

[132] 李海生. 我国博士生延期完成学业的影响因素分析——基于对 42 所研究生院的问卷调查[J]. 学位与研究生教育，2012，（5）：9-15.

[133] 彭安臣，沈红. 博士生资助与博士生培养质量——基于 12 所大学问卷调查数据的实证分析[J]. 学位与研究生教育，2012，（7）：53-60.

[134] 刘文娟. 研究生资助对学生学业成就的影响机制研究——基于首都高校的实证分析[J]. 教育学术月刊，2014，（2）：79-84.

[135] 周佳玲，石龙. 中南财经政法大学研究生培养机制改革绩效评价——以学业奖学金制度为例[J]. 高等教育评论，2013，（1）：155-165.

[136] 耿精. 奖学金制度下硕士研究生学习投入度的实证研究[J]. 中国高等教育评估，2014，（4）：23-27.

[137] 杨孟孟. 研究生收费政策对研究生群体的影响及对策[J]. 科协论坛，2010，（7）：160-161.

[138] 陈超. 收费政策下贫困研究生相关问题的界定与资助对策[J]. 徐州工程学院学报（社会科学版），2012，27（4）：95-99.

[139] 郑美玉. 中国研究生全面收费政策的制度性思考[J]. 煤炭高等教育，2007，25（2）：106-108.

[140] 王玉云，康玉唐. 研究生教育全面收费制度的负面效应及对策[J]. 文史博览，2005，（10）：48-49.

[141] 魏静. 利益相关者视角下研究生收费制度博弈关系研究[J]. 研究生教育研究，2014，（4）：15-20.

[142] 金晓晨，林子赛. 研究生自费政策对大学生考研意愿的影响———项基于浙江师大的调查[J]. 沧桑，2014，（4）：147-149.

[143] 王帅，郭业才，范文波. 研究生收费政策对大学生考研情况影响的调查研究[J]. 大学教育，2014，（18）：10-12.

[144] 罗曼，李涓，袁瑛. 研究生收费制度对大学生考研影响的调查研究——以湖北省在校大学生为例[J]. 金融经济，2014，（6）：136-138.

[145] 唐利华，陈敏. 研究生教育收费制度的公平问题[J]. 学位与研究生教育，2002，（12）：31-34.

[146] 李琳，明世法. 科研贡献视角下的研究生教育收费问题与对策[J]. 当代教育论坛，2006，（3）：23-25.

[147] 姜云飞. 收费政策对地方高校研究生招生的影响及对策[J]. 湖北经济学院学报（人文社会科学版），2014，11（7）：158-159.

[148] 罗珍恣. 浅谈我国研究生收费政策[J]. 科技创业月刊，2017，（7）：113-114.

[149] 吴渝，曾立梅. 高校研究生收费制下奖学金评定的问题和对策[J]. 重庆邮电大学学报（社会科学版），2009，21（1）：133-136.

[150] 赵思思. 我国研究生收费改革的政策研究[D]. 电子科技大学硕士学位论文，2015.

[151] 范国庆. 研究生教育收费问题的经济学思考[J]. 中国高教研究，2004，（12）：25-28.

[152] 贺芳玲. 上海研究生收费问题的情况调查与分析[J]. 上海高教研究，1997，（9）：59-62.

[153] 赵玉珍，许克毅. 关于研究生教育收费改革的思考[J]. 中国高教研究，2003，（11）：56-58.

[154] 季明，鲁越华，郭晓冬. 新形势下我国研究生教育管理工作问题分析[J]. 江苏高教，2007，（6）：86-88.

[155] 樊华强. 困境与出路：我国研究生收费政策的理性思考[J]. 黑龙江高教研究，2011，（6）：13-15.

[156] 刘霓. 现行研究生奖学金制度的利弊分析[J]. 长春大学学报, 2010, 20（6）: 111-114.

[157] 彭安臣, 曾洁. 关于研究生教育收费政策改革的思考[J]. 中华医学教育探索杂志, 2005, 4（4）: 205-207, 266.

[158] 瞿曲. 研究生教育收费问题的思考[J]. 教育财会研究, 2001, （6）: 15-18, 33.

[159] 李文利, 杨希. 教育收益视角下研究生资助的专业差异[J]. 北京大学教育论, 2011, 9（1）: 53-67.

[160] Dye T R. Understanding Public Policy[M]. Englewood Cliffs: Prentice Hall, 1972.

[161] 朱春奎. 公共政策学[M]. 北京: 清华大学出版社, 2016.

[162] 马国贤, 任晓辉. 公共政策分析与评估[M]. 上海: 复旦大学出版社, 2012.

[163] Haddad W D. The Dynamics of Education Policymaking: Case Studies of Burkina Faso, Jordan, Peru, and Thailand [M]. Washington D C: The World Bank, 1994.

[164] 孙绵涛. 关于教育政策分析若干理论问题的探讨[J]. 教育研究与实验, 2002, （2）: 1-6.

[165] 张芳全. 教育政策分析与策略[M]. 台北: 师大书苑, 1999.

[166] 袁振国. 教育政策学[M]. 南京: 江苏教育出版社, 1996.

[167] 吴光芸. 公共政策学[M]. 天津: 天津人民出版社, 2015.

[168] 斯图尔特 Jr J, 赫奇 D M, 莱斯特 J P. 公共政策导论[M]. 韩红译. 北京: 中国人民大学出版社, 2011.

[169] 雅斯贝尔斯 K. 什么是教育[M]. 邹进译. 北京: 生活·读书·新知三联书店, 1991.

[170] 廖湘阳, 王战军. 改革开放以来我国研究生教育政策的文本分析[J]. 高等教育研究, 2004, 25（6）: 36-43.

[171] 刘舒畅. 改革开放以来学位与研究生教育政策的建设与发展[J]. 聊城大学学报（社会科学版）, 2010, （2）: 195-197.

[172] 郑浩. 我国研究生教育的发展历史研究（1902~1998）[D]. 湖南师范大学硕士学位论文, 2005.

[173] 中华人民共和国教育部. 中共中央关于教育体制改革的决定[EB/OL]. http://www.moe.gov.cn/publicfiles/business/htmlfiles/moe/moe_177/200407/2482.html, 2004-07.

[174] 中华人民共和国教育部. 中国教育改革和发展纲要[EB/OL]. http://www.moe.gov.cn/jyb_sjzl/moe_177/tnull_2484.html, 1993-02-13.

[175] 钟小川. 硕士研究生教育收费双轨制下的不公平问题及原因探讨[J]. 惠州学院学报（社会科学版）, 2007, 27（4）: 92-95.

[176] Baker E M. The threads of public policy: a study in policy leadership[J]. American Political Science Review, 1973, 67（3）: 907-1014.

[177] Krasner S D. Defending the national interest: raw materials investments and U.S. foreign policy[J]. The American Political Science Review, 1980, 7（1）: 296-299.

[178] 卫兴华. 经济体制改革的重要文献及其理论创新——纪念《中共中央关于经济体制改革的决定》发表 20 周年[J]. 党政干部学刊，2004，（12）：4-6.

[179] 张欣媛. 我国高等教育成本分担政策变迁研究[D]. 南京师范大学硕士学位论文，2017.

[180] 冷雄辉. 政府主导的需求诱致性制度变迁：一个理论假说[J]. 现代商业，2009，（21）：208-209.

[181] 严金华，陈亚兰，谢仁国. 政府与高校利益关系及价值取向[J]. 学术交流，2013，（11）：204-207.

[182] Bentler P M. Covariance structure analysis: statistical practice, theory, and directions[J]. Annual Review of Psychology, 1996, 47: 563-592.

[183] 邱皓政，林碧芳. 结构方程模型的原理与应用[M]. 北京：中国轻工业出版社，2009.

[184] 王琳媛，等. 解密高校博物馆 全国高校博物馆文化育人发展研究报告[M]. 上海：上海交通大学出版社，2016.

[185] 荣泰生. AMOS 与研究方法[M]. 重庆：重庆大学出版社，2009.

[186] Breckler S J. Applications of covariance structure modeling in psychology: cause for concern[J]. Psychological Bulletin, 1990, 107（2）：260-273.

[187] 刘洪霖，包宏. 化工冶金过程人工智能优化[M]. 北京：冶金工业出版社，1999.

[188] 王思梦，邵云飞，李成刚，等. 基于 SEM 的产业联盟政策治理对创新能力的影响[J]. 系统工程，2017，35（11）：85-98.

[189] 马勇，曾兰兰. 江西省绿色信贷发展的影响因素研究——基于 SEM 模型[J]. 金融与经济，2017，（6）：35-46.

[190] 段荟. 基于 SEM-PLS 的浙江省软件产业发展策略研究[J]. 中国商论，2016，（31）：138-139.

[191] 封铁英. 土地流转背景下新型农村社会养老保险研究[M]. 西安：西安交通大学出版社，2013.

[192] 曾福生，李星星. 扶持政策对家庭农场经营绩效的影响——基于 SEM 的实证研究[J]. 农业经济问题（月刊），2016，（12）：15-22.

[193] 楼靓. 基于 SEM 模型的二胎政策对教师职业的影响分析——以石家庄市为例[J]. 统计与管理，2017，（1）：46-48.

[194] 刘波，王莉，王华光. 地方政府网络治理运行稳定性与关系质量研究[J]. 西安交通大学学报（社会科学版），2011，31（6）：63-71.

[195] 刘波，王少军，王华光. 地方政府网络治理稳定性影响因素研究[J]. 公共管理学报，2011，8（1）：26-34.

[196] 柴彦威. 时空间行为研究前沿[M]. 南京：东南大学出版社，2014.

[197] 单文暄. 我国高等教育实施全面品质管理教职员认知与成效分析——以淡江大学为例[D]. 淡江大学公共行政学系公共政策硕士在职专班学位论文，2010.

[198] 张艳菊. 基于 SEM 的我国农村义务教育质量评价研究[D]. 哈尔滨工程大学硕士学位论文，2011.

[199] 李志峰，赵承福. 基于 SEM 的义务教育满意度研究——以山东省为例[J]. 中国人民大学教育学刊，2013，（1）：102-111.

[200] 李苗在. 结构方程分析在普通高中学生学业成绩研究中的应用[D]. 华东师范大学硕士学位论文，2005.

[201] 张田，傅安球. 学业自我效能感与学习策略对高二学生学业成绩的影响：SEM 的建立和等值模型的选择[J]. 心理研究，2011，4（6）：50-55.

[202] 杨雪，刘武. 中国高等教育顾客满意度指数模型及其应用[J]. 辽宁教育研究，2006，（10）：7-10.

[203] 常亚平，侯晓丽，刘艳阳. 中国高校大学生求学满意度测评体系和评价模型研究[J]. 高等教育研究，2007，28（9）：82-87.

[204] 王菁，颜军，孙富惠. 大学生专业满意度与就业态度相关性实证研究分析——以非师范类思想政治教育专业学生为例[J]. 国家教育行政学院学报，2013，（6）：78-84.

[205] 苏琪. 远程学习者元认知、自我效能感对学业成绩的影响路径研究[J]. 职业技术教育，2014，35（7）：62-67.

[206] 陈宇. 策略、动机和学业成就之间的结构方程模型研究[D]. 东北林业大学硕士学位论文，2012.

[207] 郑谦，汪伟忠，赵伟峰，等. 应用型高校实践教学质量评价指标体系研究[J]. 高教探索，2016，（12）：36-40.

[208] 陈莹，经纬，李心丹. 基于 SEM 的南京大学本科教学质量综合评价体系研究[J]. 中国高教研究，2014，（8）：105-110.

[209] 李玉倩. 基于结构方程模型的高等教育学生满意度研究[J]. 高教探索，2017，（2）：45-50.

[210] 刘凯. 模式：趋向高等教育现代化的行为手段——兼论西藏高等教育现代化模式[J]. 民族教育研究，2014，25（2）：5-10.

[211] 刘武，杨雪. 中国高等教育顾客满意度指数模型的构建[J]. 公共管理学报，2007，4（1）：84-88.

[212] 李飞. 基于结构方程模型（SEM）的高校教育服务满意度研究[D]. 天津大学硕士学位论文，2009.

[213] 刘慧. 基于 PLS-SEM 的中国高等教育学生满意度测评研究[D]. 江苏大学博士学位论文，2011.

[214] 苏胜强. 结构方程模型视角下的远程学习者满意度实证研究[J]. 中国远程教育，2012，（3）：49-55.

[215] 徐占东，梅强，李洪波，等. 大学生创业环境、创业动机与新创企业绩效关系研究[J].

科技管理研究，2017，（19）：147-154.

[216] 周印东，李全生，徐可. 基于 PLS-SEM 的高校创业教育学生满意度模型研究[J]. 心理与行为研究，2018，16（3）：421-426.

[217] 李德显，魏新岗. 研究生教育综合发展水平测评及省域差异研究——基于 PLS 结构方程模型的分析[J]. 辽宁师范大学学报（社会科学版），2018，41（3）：83-91.

[218] 马永红，张乐，李开宇. 校外人员参与促进培养目标达成路径研究[J]. 研究生教育研究，2018，（1）：76-82.

[219] 石丽. 基于 PLS 路径模型的中国省域研究生教育竞争力综合评价研究[J]. 价值工程，2015，（2）：264-265.

[220] 卢颀. 基于 LISREL 的黑龙江省研究生教育满意度评价研究[D]. 哈尔滨工程大学硕士学位论文，2011.

[221] 马永红，张乐，李开宇，等. 全日制专业学位研究生教育满意度的调查分析——基于部分全国重点高校应届毕业生的视角[J]. 高教探索，2015，（12）：89-98.

[222] 张建功. 中美专业学位研究生培养模式比较研究[D]. 华南理工大学博士学位论文，2011.

[223] Linnenbrink E A, Pintrich P R. Motivation as an enabler for academic success[J]. School Psychology Review, 2002, 31（3）：313-327.

[224] 王振宏，刘萍. 动机因素、学习策略、智力水平对学生学业成就的影响[J]. 心理学报，2000，32（1）：65-69.

[225] Tinto V. Leaving College：Rethinking the Causes and Cures of Student Attrition[M]. 2nd ed. Chicago：The University of Chicago Press，1993.

[226] 刘儒德. 论学习策略的实质[J]. 心理科学，1997，21（2）：179-181.

[227] 周振朝，闫及恒. 学习困难学生心理不良特征与教育措施初探[J]. 教育理论与实践，2000，20（5）：54-56.

[228] 谭顶良. 学习风格与教学策略[J]. 教育研究，1995，（5）：72-75.

[229] Pintrich P R. Multiple goals，multiple pathways：the role of goal orientation in learning and achievement[J]. Journal of Educational Psychology，2000，92（3）：544-555.

[230] 徐方忠，朱祖祥. 目标倾向与自我调节活动及绩效的关系研究综述[J]. 应用心理学，2000，6（1）：39-43.

[231] Vollmeyer R，Rheinberg F. Motivational effects on self-regulated learning with different tasks[J]. Educational Psychology Review，2006，18（3）：239-253.

[232] Hair Jr J F，Black W C，Babin B J，et al. Multivariate Data Analysis：A Global Perspective[M]. 7th ed. Upper Saddle River：Person Education，2010.

[233] Fornell C，Larcker D F. Evaluating structural equation models with unobservable variables and measurement error[J]. Journal of Marketing Research，1981，18（1）：39-50.

[234] 范柏乃, 蓝志勇. 公共管理研究与定量分析方法[M]. 2 版. 北京: 科学出版社, 2013.

[235] 张润杰, 张亚伶, 杨娜, 等. 研究生学习动机与学习策略研究——基于北京地区研究生的调查分析[J]. 学位与研究生教育, 2015, (7): 57-62.

[236] 罗嘉文, 简晓明, 王月芳. 学习动机、外语学习策略与学习成绩之间的关系研究[J]. 教学研究, 2004, 27 (2): 146-151.

[237] 常正霞, 杨阳, 郑友芬. 基于社会认知视角的硕士研究生学业满意度影响因素模型构建[J]. 教育研究, 2013, (8): 96-102.

[238] 吴明隆. 结构方程模型 Amos 实务进阶[M]. 重庆: 重庆大学出版社, 2013.

[239] 王运武, 朱明月. 学习方式何以变革: 标准与路径[J]. 现代远程教育研究, 2015, (3): 27-35.

[240] 张双双, 薛谦. 运用元认知策略　促进研究生学习效率提高[J]. 石油教育 (双月刊), 2010, (4): 53-56.

[241] 蒋勇. "三助一辅" 对地方高校研究生培养作用及对策[J]. 淮阴工学院学报, 2015, 24 (4): 76-79.

[242] 田慧生, 孙智昌. 学业成就调查的原理与方法[M]. 北京: 教育科学出版社, 2012.

[243] 刘复兴. 教育政策价值分析的三维模式[J]. 教育研究, 2002, (4): 15-19, 73.

[244] Johnstone D B. Cost sharing in higher education: tuition, financial assistance, and accessibility in a comparative perspective[J]. Sociologický Časopis/Czech Sociological Review, 2003, 39 (3): 351-374.

[245] 程水源, 江军民, 程瑶池. 大学多元化投资体系与办学效益研究[M]. 北京: 中国商业出版社, 2014.

[246] 邬力祥. 研究生教育论坛: 2005[M]. 长沙: 中南大学出版社, 2006.

[247] 袁本涛, 王传毅, 吴青. 我国在校研究生的学术贡献有多大? [J]. 高等工程教育研究, 2015, (1): 154-160.

[248] 张建玲. 扩招后我国大学生学习动机的因素结构研究[D]. 湖南师范大学硕士学位论文, 2004.

[249] 王文龙. 农学类硕士研究生专业认同问题研究[D]. 江西农业大学硕士学位论文, 2014.

[250] 贡咏梅. 关于研究生收费教育制度的探究[J]. 辽宁教育研究, 2006, (8): 85-86.

[251] 祝小宁. 公共管理的新发展与新挑战——2014 年公共管理国际会议论文续集[M]. 成都: 电子科技大学出版社, 2015.

[252] 科尔巴奇 H K. 政策——西方社会科学基本知识[M]. 张毅, 韩志明译. 长春: 吉林人民出版社, 2005.

[253] 黑尧 M. 现代国家的政策过程[M]. 赵成根译. 北京: 中国青年出版社, 2004.

[254] 李勇军, 周惠萍. 公共政策[M]. 杭州: 浙江大学出版社, 2013.

[255] 马金斯基 P M. 心理学与工作: 工业与组织心理学导论[M]. 姚翔, 邓英欣, 等译. 北

京：机械工业出版社，2014.

[256] 田瑞，赵娜，张竞乾. 农学类大学生跨专业考研现象分析[J]. 现代农村科技，2016，（19）：55-57.

[257] 朱国云. 美国公共行政理论的超越理性取向[J]. 国外社会科学，1999，（6）：42-45.

[258] 阿罗 K J. 社会选择：个性与多准则[M]. 钱晓敏，孟岳良译. 北京：首都经济贸易大学出版社，2000.

[259] Manuelli R，Seshadri A. Human capital and the wealth of nations[Z]. 2014.

[260] Lasswell H D. Preview of Policy Sciences[M]. Oxford：Elsevier Science Technology，1971.

[261] Caplan B. The Myth of the Rational Voter：Why Democracies Choose Bad Policies[M]. Princeton：Princeton University Press，2006.

[262] Jenkins H. The cultural logic of media convergence[J]. International Journal of Cultural Studies，2004，7（1）：33-43.

[263] Wilson W J. The Truly Disadvantaged：The Inner City，the Underclass，and Public Policy[M]. Chicago：The University of Chicago Press，1987.

[264] Dryzek J S. Reviewed work：reframing public policy：discursive politics and deliberative practices by frank fischer[J]. Policy Science，2004，37（1）：89-93.

[265] 张金马. 政策科学导论[M]. 北京：中国人民大学出版社，1992.

[266] 陈振明. 非市场缺陷的政治经济学分析——公共选择和政策分析学者的政府失败论[J]. 中国社会科学，1998，（6）：89-105.

[267] 吴琼恩. 论公共行政学之本土化与国际化：知识创造和理论建构的特殊性与普遍性[J]. 公共管理评论，2004，（2）：159-166.

[268] 叶澜. 教育概论[M]. 北京：人民教育出版社，1991.

[269] 孙绵涛. 教育政策学[M]. 北京：中国人民大学出版社，2010.

[270] 张乐天. 教育政策法规的理论与实践[M]. 上海：华东师范大学出版社，2002.

[271] 黄明东. 教育政策与法律[M]. 武汉：武汉大学出版社，2007.

[272] 成有信，等. 教育政治学[M]. 南京：江苏教育出版社，1993.

[273] 颜国梁. 教育政策执行理论与应用[M]. 台北：师大书苑，1997.

[274] Trowler P. Education Policy[M]. London：Routledge，2003.

[275] 范国睿，等. 教育政策的理论与实践[M]. 上海：上海教育出版社，2011.

[276] 贾志兰，杜作润. 国外高校改革探析[M]. 上海：上海大学出版社，2001.

[277] Allison G，Zelikow P. Essence of Decision：Explaining the Cuban Missile Crisis[M]. 2nd ed. New York：Person Education，2008.

[278] 诺斯 D C. 经济史中的结构与变迁[M]. 陈郁，罗华平，等译. 上海：上海三联书店，上海人民出版社，1994.

[279] 杜威 J. 民主主义与教育[M]. 王承绪译. 北京：人民教育出版社，2001.

[280] 杨秀芹. 高等教育制度变迁的过程与实质[J]. 现代教育管理，2010，（4）：1-4.

[281] Samuelson P A. The pure theory of public expenditure[J]. The Review of Economics and Statistics，1954，36（4）：387-389.

[282] 薄存旭. 当代中国中小学校组织变革的价值范式研究[M]. 北京：教育科学出版社，2016.

[283] 刘复兴. 教育政策的价值分析[M]. 北京：教育科学出版社，2003.

[284] 钟启泉. 教育政治学的新方向：教育政策分析[M]. 北京：教育科学出版社，2001.

[285] 王绍光. 安邦之道——国家转型的目标与途径[M]. 北京：生活·读书·新知三联书店，2007.

[286] 景跃进. 政治空间的转换——制度变迁与技术操作[M]. 北京：中国社会科学出版社，2004.

[287] Hansmann H B. The role of nonprofit enterprise[J]. The Yale Law Journal，1980，89（5）：835-901.

[288] Weisbrod B A. The future of the nonprofit sector：its entwining with private enterprise and government[J]. Journal of Policy Analysis and Management，1997，16（4）：541-555.

[289] Buchanan J M. Public finance and public choice[J]. National Tax Journal，1975，28（4）：383-394.

[290] 王名，刘培峰，等. 民间组织通论[M]. 北京：时事出版社，2004.

[291] Osborne D，Gaebler T. Reinventing Government：How the Entrepreneurial Spirit Is Transforming the Public Sector[M]. New York：Addison-Wesley，1992.

[292] Salamon L M. Voluntary Failure Theory Correctly Viewed[M]. Baltimore：The Johns Hopkins University，2003.

[293] 任金秋，刘伟. 我国非政府组织志愿失灵问题探讨[J]. 内蒙古大学学报（哲学社会科学版），2008，40（2）：44-48.

[294] Fishburn P C. Arrow's impossibility theorem：concise proof and infinite voters[J]. Journal of Economic Theory，1970，2（1）：103-106.

[295] Krueger A O. The political economy of the rent-seeking society[J]. American Economic Review，1974，64（3）：291-303.

[296] Lal D. Unintended Consequences：the impact of factor endowments，culture，and politics on long-run economic performance[M]. Cambridge：MIT Press，1998.

[297] Stiglitz J E. Self-selection and pareto efficient taxation[J]. Journal of Public Economics，1982，17（2）：213-240.

[298] Coombs F S. Opportunities in the comparison of State education policy systems[R]. Annual Meeting of the American Educational Research Association. Boston. April 7-11，1980.

[299] 程祥国，韩艺. 国际新公共管理浪潮与行政改革[M]. 北京：人民出版社，2005.

[300] 张振改. 教育政策的限度研究[D]. 华东师范大学博士学位论文，2006.

[301] 丁煌. 政策执行阻滞机制及其防治对策[M]. 北京：人民出版社，2002.

[302] Dwenger N, Storck J, Wrohlich K. Do tuition fees affect the mobility of university applicants? Evidence from a natural experiment [J]. Economics of Education Review, 2012, 31（1）: 155-167.

[303] 姚晓春. 论教育政策的能力限度[J]. 教育理论与实践，2000，20（5）: 16-20.

[304] 毛笛，毛建青. 全日制学术型研究生全面收费的实证研究——基于 91 所"211 高校"的数据分析[J]. 研究生教育研究，2018，（1）: 16-20, 43.

[305] 国家统计局. 中国统计年鉴（2011）[EB/OL]. http://www.stats.gov.cn/tjsj/ndsj/2011/indexch.htm.

[306] 罗尔斯 J. 正义论[M]. 何怀宏，何包钢，廖申白译. 北京：中国社会科学出版社，1988.

[307] 魏红梅，陈宇. 研究生"全面收费"政策的合理性研究[J]. 研究生教育研究，2014，（2）: 14-18.

[308] 李娇. 我国当前研究生培养机制改革的问题与挑战[D]. 复旦大学硕士学位论文，2009.

[309] 芦麟凤. 研究生教育学费制度变迁思考[J]. 现代职业教育，2016，（9）: 70.

[310] 吴唐凤. 研究生教育收费背景下的资助体系构建[J]. 思想教育研究，2013，（10）: 96-99.

[311] 马强，蔡茂华，鲍金勇. 国外高校研究生资助体系及其对地方院校教育管理的启示[J]. 教育与职业，2013，（27）: 96-98.

[312] 曾婉珍. 我国研究生教育收费制度改革研究[D]. 三峡大学硕士学位论文，2015.

[313] 於洁. 三圈理论视角下研究生教育收费制度改革研究[D]. 南京师范大学硕士学位论文，2014.

[314] 余兴厚. 完善地方高校研究生导师评价机制的思路与对策[J]. 长江师范学院学报，2014，30（5）: 112-115.

[315] 康建军. 我国研究生扩招对培养质量的影响及对策研究[J]. 理工高教研究，2007，26（5）: 59-61.

[316] 张茹琴. 影响我国研究生培养质量的因素及思考[J]. 科技信息，2009，（5）: 476, 516.

[317] 陈少雄，王静一，尹柳银. 美、英、德、日四国研究生教育特色研究[J]. 佛山科学技术学院学报（社会科学版），2004，22（3）: 89-93.

[318] 朱伯玉，刘辉. 我国研究生考核评价制度探究[J]. 考试周刊，2015，（10）: 136-137.

[319] 赵海涛，黄蓉，封克，等. 研究生科研兴趣缺失与培养途径浅析[J]. 职业时空，2014，10（1）: 96-99.

[320] Bird R A. Reflections on the british government and higher education[J]. Higher Education Quarterly, 1994, 48（2）: 73-84.

[321] 张贵贞，万娟. 中美高校研究生教育收费及其资助政策研究[J]. 科教导刊，2011，

（3）：29，41.

[322] 余芳. 公立学校教育收费价格听证会制度探析[J]. 教育评论，2002，（4）：26-28.

[323] 廖琪. 我国研究生教育学费制度变迁研究[D]. 四川师范大学硕士学位论文，2007.

[324] 李国助，农丽媛. 论加强高等学校的教育经费预算管理[J]. 广西广播电视大学学报，2013，24（4）：54-56，68.

[325] 洪柳，李娜. 美英研究生教育收费制度变迁研究及其现实启示[J]. 黑龙江高教研究，2017，（11）：73-77.

[326] 彭少春. 硕士研究生教育的成本收益分析及其相关政策研究[D]. 山东师范大学硕士学位论文，2007.

[327] 周贤超. 全面收费背景下我国研究生资助制度研究[D]. 浙江师范大学硕士学位论文，2016.

附　　录

附录 1　研究生收费政策与学业成就的关系模型及影响机制研究访谈问卷

1. 当您得知国家要实行研究生全面收费政策时，您有何想法？
2. 该项政策的实施对您的家庭和您本人造成经济压力了吗？
3. 国家在实施该项政策的同时加大了研究生奖助学金的力度，您认为国家提供的奖助学金金额足以支付您的日常支出吗？
4. 实施该项政策后，您是否愿意花费更多的时间和精力在学习和科研上？
5. 您认为国家实施该项政策的目的是什么？它能更好地体现教育公平和提升研究生教育质量吗？
6. 较之前的研究生公费政策，您认为哪项政策更有利于提高研究生的学业成就？
7. 您认为研究生全面收费政策存在哪些弊端？对此您有何建议？
8. 学校的教学服务质量是否与收费标准相符？如果感觉不符，那对学校提供的服务（含教学、科研等）有什么样的需求？
9. 您认为研究生收费标准是否合理？应该上调还是下调？

附录2　研究生收费政策与学业成就的关系模型及影响机制调查问卷

亲爱的同学：

您好！我们是《研究生收费政策与学业成就的关系模型及影响机制研究》课题组的成员，为了更好地做好此项课题研究，我们特别设计了此份问卷，该课题的研究需要您的参与和帮助。本问卷采用匿名方式作答，所有数据仅供研究使用，请您放心填写。在此，我们对您的帮助表示真诚的感谢！

《研究生收费政策与学业成就的关系模型及影响机制研究》课题组

一、基本情况

1. 您的性别是（　　）

A 男　　　B 女

2. 您就读的专业所属的学科门类为（　　）

A 哲学　　B 经济学　　　C 法学　　　D 教育学　　　E 文学　　　F 历史学

G 理学　　H 工学　　　　I 农学　　　J 医学　　　　K 艺术学　　L 管理学

3. 您攻读的是（　　）

A 学术型硕士研究生　　B 专业型硕士研究生　　　C 博士研究生

4. 您的入学年份是（　　）

A 2013 年及以前　　　　B 2014 年　　　　　　　C 2015 年

5. 您的家庭所在地是（　　）

A 农村　　　　　B 中小城市　　C 省会城市及直辖市

6. 您的家庭年收入情况（　　）

A 3 万以下元　　　B 3 万~6 万元　　　C 6 万~10 万元　　　D 10 万元及以上

7. 您读研期间，平均每月的日常开支是（　　）

A 600 元以下　　B 600~800 元　　C 800~1 200 元　　D 1 200 元以上

8. 您每年的学费标准是人民币_____元/年（免费生请跳至第二部分）

9. 您就读研究生的学费主要来源于（可多选）（　　）

A 父母提供　　B 奖学金和助学金　　C 助学贷款　　D 校外兼职

E 其他_____（请填写）

二、您对下列描述的态度是？请在相应的表格中打"√"。

描述	非常不同意	不同意	一般	比较同意	非常同意
1. 我认为研究生教育不是义务教育，实行全面收费是合理的					
2. 研究生教育实行全面收费对我选择读研高校没有任何影响（免费生请跳至第 8 题）					
3. 我认为研究生全面收费政策制定的奖助学金额度很合理					
4. 我认为各个专业的研究生收费标准应该相同					
5. 就目前所在高校提供的教育资源，我认为已交的研究生学费是值得的					
6. 研究生全面收费后，我会更加理性地看待考研					
7. 研究生全面收费后，我会参加勤工助学或校外兼职					
8. 我攻读研究生是因为我喜欢所学专业，打算在本领域有所发展					
9. 我相信读研能够提升自身素质和专业能力					
10. 我相信读研之后能获得更好的工作机会					
11. 为了获得更高的奖学金，我努力学习专业知识，潜心从事科学研究					
12. 为了在奖学金评定中提高综合测评分数，我积极参加各种学术和课外活动					
13. 我了解自己科研能力的优势和劣势					
14. 我有自己的学习计划，平时会花大量时间用于学习和科研，并努力写文章力求发表					
15. 我与导师保持密切的师生关系，积极配合导师完成各项科研任务					
16. 当我学习遇到困难时，我会主动请教导师与同学					
17. 导师在学习和科研上对我悉心指导，鼓励参与各种课题研究，注重学术规范，传授科学研究方法					
18. 学校课程的设置注重学科间的交叉与融合，课程内容充实新颖，课程考核方式科学、合理、公平					
19. 教师专业能力较强，教学内容能够与科研学术紧密结合，教学方式灵活多样，注重培养学生的自主创新能力					
20. 学校为研究生参与项目与课题研究提供大力支持，鼓励开展各种科研活动，且科研经费充裕					

描述	非常不同意	不同意	一般	比较同意	非常同意
21. 学校为研究生自主开展科研活动提供良好的场地、设备和资源支持					
22. 学校的研究生助管、助教、助研等岗位设置合理					
23. 学校为研究生提供的科研补助充足且发放及时					
24. 学校各项研究生奖助学金评比制度公正合理					

再次感谢您的合作!